# GANHAR COM A BIO DIVERSIDADE

## Oportunidades de Negócio em Portugal



**João Pereira Miguel, Luis Ribeiro Rosa e Susana Barros**

Coordenação de **Francisco Mendes Palma**

**ACTUAL EDITORA**
**Conjuntura Actual Editora, L.da**

**MISSÃO**
Editar livros no domínio da Gestão e da Economia e tornar-se uma editora de referência nestas áreas. Ser reconhecida pela sua qualidade técnica, **actualidade** e relevância de conteúdos, imagem e *design* inovador.

**VISÃO**
Apostar na facilidade e compreensão de conceitos e ideias que contribuam para informar e formar estudantes, professores, gestores e todos os interessados, para que através do seu contributo participem na melhoria da sociedade e gestão das empresas em Portugal e nos países de língua oficial portuguesa.

**ESTÍMULOS**
Encontrar novas edições interessantes e **actuais** para as necessidades e expectativas dos leitores das áreas de Economia e de Gestão. Investir na qualidade das traduções técnicas. Adequar o preço às necessidades do mercado. Oferecer um *design* de excelência e contemporâneo. Apresentar uma leitura fácil através de uma paginação estudada. Facilitar o acesso ao livro, por intermédio de vendas especiais, *website*, *marketing*, etc.
Transformar um livro técnico num produto atractivo.
Produzir um livro acessível e que, pelas suas características, seja **actual** e inovador no mercado.

# GANHAR COM A BIODIVERSIDADE

## Oportunidades de Negócio em Portugal

**João Pereira Miguel, Luis Ribeiro Rosa e Susana Barros**

Coordenação de **Francisco Mendes Palma**

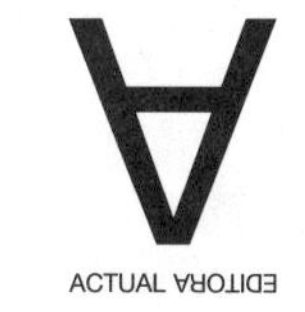


www.actualeditora.com

Lisboa — Portugal

ACTUAL EDITORA
Conjuntura Actual Editora, L.da
Caixa Postal 180
Rua Correia Teles, 28-A
1350-100 Lisboa
Portugal

TEL: (+351) 21 3879067
FAX: (+351) 21 3871491

*Website*: www.actualeditora.com

**Título:** *Ganhar com a Biodiversidade*
**Autores:** João Pereira Miguel, Luis Ribeiro Rosa e Susana Barros. Coordenação de Francisco Mendes Palma (Espírito Santo Research Sectorial).

**Edição:** Actual Editora - Maio de 2008

**Revisão:** Marta Pereira da Silva
***Design* capa:** Brill Design, UK
**Paginação:** Fernando Mateus
**Impressão:** Guide – Artes Gráficas, L.da
**Depósito Legal:** 276433/08
ISBN: 978-989-8101-32-7

# Índice

# Agradecimentos

Gostaríamos de agradecer às seguintes pessoas e instituições pelo seu valioso contributo para os conteúdos deste livro:

- Ana Berliner – Associação Transumância e Natureza;
- António Cunhal Sendim e Ana Fonseca – Herdade do Freixo do Meio;
- António Neves de Carvalho – EDP;
- António Espírito Santo Silva Salgado, Rita Alfacinha e Carlos Pacheco – Herdade da Poupa;
- António Sousa de Macedo – Metacortex
- João Menezes, Tito Rosa e Henrique Pereira dos Santos – ICNB;
- Luís Costa – SPEA;
- Maria do Resgate de Melo Almadanim, Maria Pia Imperatori, Bernardo de Sousa Coutinho, Luís Jordão e Margarida Serra – Herdade dos Fartos;
- Nuno Ferrand de Almeida, Teresa Andresen, José Teixeira e Joana Fontes – Centro de Investigação em Biodiversidade e Recursos Genéticos (CIBIO);

- Paula Guimarães – Portucel;
- Vítor Verdelho - AlgaFuel, Necton;
- Henrique Ribeiro – Departamento de Municípios e Institucionais Norte BES;
- João Paulo Alpendre e José Guerreiro de Sousa – ES Ventures;
- Paulo Padrão, Paulo Tomé, Mariana Cary e Cláudia de Sousa – Departamento de Comunicação BES;
- Pedro Toscano Rico, Ema Paula e Carlos Morais – Departamento de Grandes Empresas BES.

À restante equipa do Departamento do Espírito Santo Research, por todo o apoio dado e pelas várias e estimulantes discussões que muito contribuíram para o desenvolvimento dos conteúdos do estudo.

# Prefácios

**Mensagem do Presidente da Comissão Executiva do Banco Espírito Santo, Ricardo Espírito Santo Salgado.**

O Banco Espírito Santo apresentou, em Maio de 2007, uma estratégia inédita no sector financeiro português, de compromisso e apoio à conservação da biodiversidade em Portugal, assumindo-se como a primeira empresa portuguesa a assinar a "Declaração de Compromisso pela Biodiversidade".

Esta estratégia enquadrou-se na iniciativa *Business & Biodiversity* (B&B), que Portugal promoveu como prioridade durante a Presidência Portuguesa da União Europeia, no segundo semestre de 2007.

É precisamente no contexto da estratégia então traçada que surge a publicação deste livro, pretendendo, antes do mais, ser um sinal muito claro do firme propósito do Banco Espírito Santo em valorizar este compromisso, assumindo-o como eixo de referência do pilar ambiental da sua gestão.

A elaboração de um estudo subordinado ao tema "Oportunidades de Negócio da Biodiversidade" pela Espírito Santo Research, objecto deste livro, reflecte um novo olhar lançado sobre a realidade da biodiversidade por parte das entidades públicas, das empresas e dos indivíduos. Um olhar que, reflectindo a crescente consciência de todos os intervenientes relativamente à impossibilidade de negligenciar os impactos das suas actuações sobre os ecossistemas de que simultaneamente dependem, nos transporta para níveis de exigência, em termos da racionalidade e eficácia das abordagens efectuadas, capazes de transformar riscos em oportunidades e desalento em ânimo.

O mundo está a mudar a um ritmo que impõe à sociedade, e em particular às empresas, a necessidade de encontrar respostas inovadoras e sustentáveis. O conjunto de conhecimentos reunidos nesta publicação, sendo disponibilizado a todos os que se interessam pelos novos desafios ligados à preservação da biodiversidade, é também um contributo do Banco Espírito Santo para o esforço comum de mobilização de novas vontades, indispensáveis à realização de um trajecto que, apenas juntos, poderemos percorrer.

Lisboa, Maio de 2008

Ricardo Espírito Santo Salgado

## Mensagem de João C. Rosmaninho de Menezes (Ex-Presidente do ICNB).

Imagine-se um mundo onde toda a actividade humana gera uma pegada ecológica neutra. Imagine-se a possibilidade de termos a opção, em todos os locais onde vivemos, de usar bens e serviços que, para além de incrementarem o bem-estar das nossas comunidades, seriam igualmente regeneradores dos ciclos da natureza e garantias da equidade numa atmosfera de conforto, beleza e saúde física e espiritual. Pense-se numa sociedade mais eficiente onde disporíamos somente de produtos seguros, desenhados para serem reaproveitados noutros bens ou para poderem ser fertilizadores de solos ou geradores de energia, eliminando o conceito de lixo. Considere-se a possibilidade da existência de cidades energeticamente eficientes, pensadas para a mobilidade e vida local e onde o rural e o urbano constituiriam uma entidade única e saudável. Imagine-se enfim, e entre outros, um território com uma paisagem ordenada, com os ciclos da água restaurados e os seus usos minimizados, com solos férteis e com a garantia de que espécies e ecossistemas estariam protegidos e a ser regenerados. Por fim, considere-se o que estas mudanças relativamente à nossa realidade poderiam trazer de revitalização à nossa economia, à nossa sociedade e à forma como nos poderíamos relacionar com a vida.

Estes factores de mudança não pertencem apenas ao domínio da utopia, estão a emergir por todo o planeta, trazendo energia e dinâmica à nossa sociedade. Existe hoje uma enorme colectânea de experiências que reflectem os princípios da sustentabilidade, envolvendo empresas, governos, ONGs, universidades e outros agentes. Estes relacionamentos e acções são a fonte de novas práticas empresariais associadas ao reconhecimento, pelas empresas, de responsabilidades sociais e ambientais, mas são também o embrião de novas políticas ambientais onde se misturam virtuosamente regulamentação, regulação, medidas fiscais ambientais e acções voluntárias.

Por elas passa a construção de uma sociedade mais justa e sustentável, com uma economia mais robusta e inovadora. É neste contexto que nasce a Iniciativa *Business and Biodiversity* (B&B).

A biodiversidade é o sistema de suporte, a infra-estrutura, que garante a vida na Terra. O Homem sempre conviveu com alterações à biodiversidade, mas o crescimento populacional e a expansão do consumo das últimas décadas vieram colocar em risco a diversidade biológica e a necessidade de parar a sua perda no planeta.

Sobrevivência é também algo que é inerente aos negócios. Para as empresas, a garantia de um futuro e de um presente competitivos não passa apenas pela rendibilidade, mas também pela apresentação de bons desempenhos sociais e ambientais. A integração da biodiversidade no *core business* das empresas permite gerir riscos, capitalizar oportunidades e assegurar responsabilidades empresariais.

O principal objectivo da Iniciativa B&B da União Europeia, que Portugal – através do ICNB – concebeu e iniciou durante a Presidência do Conselho da União, é o da integração do conceito de biodiversidade nos sistemas de gestão empresariais. A Iniciativa, centrada na empresa, reconhece os contributos dos vários parceiros que se estabelecem e promove, através de acordos voluntários de longa duração que sejam favoráveis para ambos os lados, compromissos que levem à acção. Não se trata de filantropia ou de algo marginal às empresas, mas sim de gerir a biodiversidade como elemento integrante dos sistemas de operações das empresas através de uma metodologia, de um plano de acções concretas e de um sistema de avaliação e referência pública.

Em Portugal, em menos de um ano de vida da Iniciativa, perto de 40 empresas ou grupos empresariais de diferentes indústrias manifestaram a sua adesão. Nem todas as empresas são iguais, mas todos os aderentes encontraram nesta Iniciativa uma forma de tornar melhor o acesso formal e informal a uma permissão social para operar, melhorar a envolvente à indústria e à empresa, potenciar relacionamentos, produtividades e uma imagem inovadora e de responsabilidade e procurar novas oportunidades de negócio. Aliás, desafios também partilhados por perto de 250 gestores internacionais, em representação de mais de 140 empresas europeias, que estiveram em Lisboa em Novembro passado na conferência que marcou o arranque desta Iniciativa.

A B&B é já hoje um sucesso, não só por ter ocupado um espaço diferente que demonstra a vitalidade da sociedade civil, remetendo o Estado apenas para onde tem de estar, mas fundamentalmente porque muitos, nas empresas e no ICNB, acreditaram neste projecto e fazem o que é necessário para que ele se concretize.

Por fim, uma palavra especial de reconhecimento e agradecimento àquele que foi o primeiro aderente à Iniciativa B&B – o Banco Espírito Santo – e ao seu Presidente, Dr. Ricardo Salgado. A sua visão e o seu empenho foram fundamentais para o sucesso da Iniciativa, ficando bem espelhados neste livro sobre as Oportunidades de Negócio que a Biodiversidade apresenta para a Sociedade.

Lisboa, Abril de 2008

João Menezes

**Mensagem da representante do CIBIO, Teresa Andresen.**

*Ganhar com a Biodiversidade*. Este livro resulta de uma parceria estabelecida entre o Banco Espírito Santo, o Instituto da Conservação da Natureza e da Biodiversidade e o Centro de Investigação em Biodiversidade e Recursos Genéticos da Universidade do Porto, uma iniciativa no âmbito da iniciativa *Business & Biodiversity* enquadrada na Presidência Portuguesa da União Europeia, durante o segundo semestre de 2007.

Neste contexto, identificou-se como uma das acções a desenvolver o estudo das oportunidades de negócio no âmbito da biodiversidade por parte da Research Sectorial do BES que, numa primeira fase e ainda de certo modo no rescaldo da Presidência Portuguesa, resultou na presente publicação: *Ganhar com a Biodiversidade. Oportunidades de Negócio em Portugal*. Outras iniciativas decorrentes da parceria têm dado também origem a acções, entre as quais se destacam: i) a criação do Prémio BES Biodiversidade, um prémio anual para projectos associados à biodiversidade, com actuação em duas vertentes – investigação e empreendedorismo –, que teve a sua primeira edição em 2007; ii) a avaliação de impactos da actividade do BES na biodiversidade e recomendações para um plano de acção que resultou no relatório "A Actividade do BES e a Biodiversidade. Relatório de Avaliação de Impactos e Recomendações para o Plano de Acção"; e iii) a concepção de uma linha de financiamento destinada a empresas de serviços ambientais para a biodiversidade.

Estas acções podem ser consideradas como os primeiros passos para uma mudança de cultura nas instituições envolvidas na parceria, as quais entendem ser vantajoso "contagiarem-se" a fim de potenciarem caminhos para a descoberta de novos contributos e soluções para os problemas ambientais que, por natureza, são transversais a qualquer actividade humana, assim como criar oportunidades de diálogo na busca de uma partilha de conceitos, princípios e práticas, cujo resultado seja um melhor ambiente. Estamos, assim, a falar de um processo que reclama dinâmica, tempo, vontade, disponibilidade para conhecer e que aponta para um processo que só pode ser aparentemente lento, pois a mudança hoje é realistamente rápida.

O sector financeiro só recentemente começou a interiorizar o ambiente como uma questão sua, quer como oportunidade de investimento quer como factor de risco do investimento. Mas, como um sector aberto à mudança e à inovação, ele começa a encontrar formas estratégicas e eficazes de concretizar a referida mudança de cultura, incluindo as questões prementes de ser um parceiro activo e responsável pelo cumprimento do objectivo de travar a perda da diversidade biológica.

*Ganhar com a Biodiversidade.* Este livro tem como objecto central a biodiversidade, valorizando simultaneamente os riscos associados à sua perda, bem como as oportunidades de negócio que ela abre. Elaborado pela ES Research, é uma primeira abordagem na perspectiva de uma instituição financeira que a assume e reconhece ser útil apresentar o resultado da sua reflexão à sociedade.

Porto, Maio de 2008

Teresa Andresen

# Biodiversidade

"A protecção da natureza e da biodiversidade não é um domínio apenas reservado a ecologistas e amantes das aves. Proteger a natureza é garantir que os sistemas naturais continuem a funcionar, sistemas esses que nos fornecem o ar, os alimentos e a água. É reduzir os riscos de inundações, evitando a destruição das florestas e a utilização errada dos terrenos agrícolas."

Ambiente 2010: O Nosso Futuro, A Nossa Escolha

6º Programa de Acção Comunitário em Matéria de Ambiente 2001-2010

# Introdução

Ao longo do século XX, observou-se uma alteração profunda do contexto em que operam as empresas, como unidades-base do processo de criação de riqueza. Efectivamente, a gestão com uma tendência marcadamente direccionada para a satisfação dos accionistas confronta-se com a crescente percepção do desajustamento entre elementos de avaliação das *performances* empresariais, excessivamente contabilísticos, e os sucessivos desafios com que as empresas se debatem, resultado de uma maior maturação dos mercados e exigência das sociedades, e materializados através da interacção com os diferentes grupos de interesse. Sobretudo quando perspectivada no longo prazo, a gestão não se pode alhear do impacto que a empresa exerce sobre o ambiente e a sociedade em que opera, ainda que a aparente intangibilidade dos valores que lhe estão associados reduza a sua evidência. O futuro desempenho das organizações e a satisfação do accionista dependerá em larga medida da capacidade evidenciada pela gestão para lidar com os novos desafios para que é convocada.

A realidade hoje observada, resulta de uma dinâmica com origem no século passado, e assume no século XXI uma centralidade na gestão empresarial que a torna incontornável para uma empresa que se pretenda perspectivar num horizonte mais alargado no tempo. Com efeito, de uma geração empresarial principalmente centrada no resultado, num contexto quase sem restrições, para além de uma conjuntura concorrencial mais ou menos condicionada, evoluiu-se, numa segunda fase, para a necessidade de operar em meios acentuadamente mais regulados em que o cumprimento dos enquadramentos legais se tornou, mais do que uma referência, uma exigência. Hoje, o mero cumprimento legal já não é suficiente; vive-se uma terceira fase, ainda que não reconhecida pelos mais distraídos, em que o "capital", perante o qual o esforço de gestão responde, não é detido unicamente pelos accionistas. Observa-se uma necessidade acrescida de prestar contas a uma "plateia" alargada de intervenientes, os quais, com legitimidades próprias e níveis de exigência que já não podem ser negligenciados, desenvolvem um capital de expectativas que, se não apropriadamente atendidas, podem comprometer a sobrevivência futura de uma empresa.

Hoje, a empresa já não pode ignorar estes outros grupos de detentores do seu capital: as comunidades em que está inserida, os clientes, os colaboradores, os fornecedores e as autoridades aos diferentes níveis em que se coloca. Trata-se de um escrutínio permanente, e implacável, quando devidamente percepcionado na real amplitude das suas implicações no tempo.

Ao integrar a esfera da ética empresarial no cerne das preocupações da gestão, não como um obstáculo ao crescimento e à rentabilidade mas como elemento fundamental da sustentabilidade do negócio, a empresa é obrigada, no seu próprio interesse, a considerar o seu envolvimento ambiental e social factores estratégicos fundamentais, geradores de oportunidades de negócio e diferenciação.

Este trabalho, que se centra na biodiversidade, não deixa de a perspectivar no quadro dos novos desafios da gestão empresarial, no pleno reconhecimento dos riscos e oportunidades que encerra. Surge também da plena convicção da inutilidade de um exercício de negação de uma realidade que, não sendo devidamente abordada e apropriadamente gerida (e dada a transversalidade que a caracteriza no contexto do pilar ambiental de uma gestão responsável), se ergueria naturalmente, a prazo, como elemento determinante de um insucesso inevitável.

Sendo as oportunidades de negócio da biodiversidade o eixo condutor de toda a análise, procurou-se numa primeira fase (Capítulos 1 e 2) identificar claramente o conceito e integrá-lo numa perspectiva histórica da progressiva tomada de consciência, nacional e internacional, da sua relevância. Em seguida, procura-se compreender de uma forma genérica os principais riscos e oportunidades que a temática da biodiversidade encerra no contexto da vida empresarial (Capítulo 3), relacionando-os com as diferentes vertentes da sua intervenção. O Capítulo 4, detendo-se mais prolongadamente na realidade portuguesa, sem a preocupação de ser exaustivo, procede a um levantamento sectorial do significado da biodiversidade na economia nacional. Finalmente, o Capítulo 5 identifica um conjunto de projectos, em diferentes fases de maturação, nos quais a biodiversidade surge como um *driver* estruturante do negócio.

Através da integração de múltiplos contributos em realidades diferenciadas, este trabalho assume como primeiro objectivo a intenção de reunir num documento único, sob uma perspectiva portuguesa, um conjunto de conhecimentos, muitas vezes dispersos ou desenvolvidos com enfoques alternativos. Um segundo objectivo, talvez mais ambicioso, é o de conseguir mobilizar aqueles que ainda não se encontram despertos para a necessidade de ponderar as questões relativas à biodiversidade nas opções de gestão, ou que, tendo adquirido essa consciência, pretendam compreender melhor a realidade portuguesa na área das oportunidades de negócio da biodiversidade.

CAPÍTULO 1

# Biodiversidade. O que representa?

*A natureza não faz nada em vão.*
Aristóteles

## 1.1 Biodiversidade: O conceito

Trata-se de um conceito abrangente que integra toda a variedade de vida que ocorre no planeta Terra. Encerra em si a soma da variabilidade e processos biológicos de todos os organismos. A nível do processo de tomada de decisão, a biodiversidade é normalmente perspectivada segundo os diferentes níveis organizacionais que a compõem:

- Genético – Soma da informação genética contida nos genes de plantas, animais e microrganismos;
- Espécies – Conjunto de indivíduos que possuem as mesmas características genéticas ou que provêm de uma mesma linhagem evolutiva, podendo cruzar-se entre si em condições naturais e gerar descendentes férteis;
- *Habitats* – Variedade de lugares específicos habitados por um organismo ou população;

- Ecossistemas – Universo dinâmico de comunidades vegetais, animais, microrganismos e respectivo meio inorgânico, que interagem como uma unidade funcional;
- Processos que suportam os ecossistemas – Funções necessárias à produção de todos os serviços que estão associados aos ecossistemas (formação do solo, ciclos dos nutrientes, produtividade primária).

No *Millennium Assessment*[1], o ecossistema é entendido como um complexo dinâmico de plantas, animais, microrganismos e o meio em que, interagindo, se inserem como uma unidade funcional. Neste contexto, podem ser consideradas todas as classes de ecossistemas: florestais, marinhos, costeiros, lagos, rios, montanha, ilhas, desertos, polares, áreas agrícolas e zonas urbanas.

Seja qual for a definição adoptada, o que é objecto de um consenso cada vez mais alargado é estarmos na presença de um processo de perda da biodiversidade. De acordo com o *Millennium Assessment*, cerca de dois terços dos serviços ecossistémicos encontram-se em declínio em todo o mundo, tendo ficado demonstrado que os ecossistemas da Europa sofreram uma maior fragmentação induzida pelo Homem do que os ecossistemas de qualquer outro continente. A Europa perdeu mais de metade das suas zonas húmidas e a maior parte das suas terras agrícolas de elevado valor natural; muitos dos ecossistemas marinhos encontram-se degradados e são muito expressivos os impactos sobre a generalidade das espécies do continente, observando-se reduções significativas de populações e mesmo extinções. Associado a este cenário, encontra-se subjacente uma ampla perda de diversidade genética.

É possível identificar dois *drivers* fundamentais do movimento observado (directos e indirectos):

| ***Drivers* Directos** | ***Drivers* Indirectos** |
|---|---|
| Alteração de *habitats* | Crescimento económico |
| Mudanças climáticas | Alterações demográficas |
| Espécies invasoras | Factores político-sociais |
| Exploração excessiva | Factores culturais e religiosos |
| Poluição | Evolução tecnológica |

A alteração de *habitats* tem sido o principal *driver* directo das mudanças observadas a nível de ecossistemas terrestres, em virtude da continuada transformação de áreas florestais em áreas agrícolas, incluindo pastagens. As mudanças climáticas, sendo ainda hoje objecto de controvérsia, pelo menos na amplitude dos seus efeitos e contornos temporais, têm emergido como causa apontada de significativas alterações ambientais com impactos directos na perda da biodiversidade (como a alteração dos padrões de distribuição, migração e reprodução). As espécies invasoras, espécies não habituais ou alóctones, através da sua intrusão na cadeia trófica, revelam-se frequentemente catastróficas para as espécies autóctones, causando prejuízos económicos importantes ao afectarem actividades como o turismo, a pesca, a agricultura e o tratamento da água. No caso da exploração excessiva de recursos, o problema que se coloca é um nível de depredação dos recursos superior à sua capacidade de renovação. Na área da biodiversidade, os problemas provocados pela poluição surgem principalmente associados à agricultura intensiva (prática agrícola que não permite que as terras se regenerem quanto aos seus nutrientes naturais, dada a continuidade do uso), devido à utilização continuada de fertilizantes com consequências danosas sobre rios e aquíferos.

Enquanto *driver* indirecto, o crescimento económico, através das suas múltiplas manifestações, tem tido um papel determinante na aceleração do processo de destruição da biodiversidade, não se prevendo, pelo contrário, que seja pelo abrandamento do ritmo de crescimento da economia global que se possa esperar uma desaceleração do ritmo de exploração destes recursos. Se associarmos a este quadro de crescimento económico continuado uma pressão demográfica crescente (a população mundial deverá passar de 2 mil milhões em 1930 para aproximadamente 6.5 mil milhões no ano 2050, ocorrendo simultaneamente um processo de crescente urbanização e consequente aumento de padrões de consumo), então facilmente se compreende o *stress* a que têm vindo a ser sujeitos a generalidade dos ecossistemas a nível global. Subjacente a estes dois *drivers* indirectos, mais determinantes, encontra-se outro conjunto de elementos culturais, religiosos, políticos e tecnológicos que se revelam, sob circunstancialismos diversos, propiciadores ou até potenciadores de pressão acrescida sobre o ritmo de destruição dos ecossistemas. Tratam-se, contudo, de áreas em que intervenções bem dirigidas podem converter aparentes debilidades em oportunidades de travagem do processo de perda de biodiversidade, alterando percepções, recorrendo a tecnologias mais eficientes e clarificando processos de decisão.

Finalmente, a *globalização* veio acentuar a pressão que os factores referenciados exercem sobre a biodiversidade e os serviços dos ecossistemas, devido ao efeito "alavanca" gerado e à maior facilidade de propagação de espécies alóctones invasoras.

## 1.2 Qual é o valor da Biodiversidade?

São vários os motivos que podem ser aduzidos para justificar a nossa preocupação com a preservação da biodiversidade no planeta:

- Económicos – Apesar das divergências quanto ao real valor dos bens e serviços providos pelos ecossistemas, não se questiona estarmos na presença de valores da maior relevância que, em situação extrema de não provisão, colocariam inclusivamente em causa a sobrevivência humana;
- Ambientais – Conjunto de serviços essenciais que vão desde a sequestração de carbono e purificação da água até à moderação climática, redução de impactos de catástrofes ambientais ou polinização;
- Éticos – Fundamentam-se na responsabilidade perante as gerações futuras de manter a diversidade da vida na Terra;
- Emocionais – Preservação da natureza como fonte de inspiração, recreio, realização e cultura.

A defesa destes valores, para cujo início de consciencialização a nível da população geral muito contribuiu o impacto mediático da Conferência do Rio (Brasil) em 1992, passa pela continuada atenção a três dimensões fundamentais da problemática da biodiversidade nos múltiplos contextos em que ela se manifesta, nomeadamente: (i) Clara compreensão dos valores em presença, que frequentemente não estão reflectidos no funcionamento dos mercados; (ii) Explicitação das principais determinantes das suas ameaças; (iii) Elaboração de modelos de articulação entre os diferentes agentes capazes de permitir a captura dos valores económicos revelados.

O facto de as políticas económicas e os mercados considerarem, de forma deficiente, os valores associados à biodiversidade e à conservação dos ecossistemas (Tabela 1) tem estado na origem da sua excessiva degradação ao longo do tempo. A razão principal, subjacente à erosão da biodiversidade, é precisamente a diferença observada entre os custos e benefícios, sociais e privados, que lhe estão associados. Frequentemente, o que é bom para um indivíduo (agricultor, pescador, industrial) é penalizador para a sociedade ou, inversamente, o que é bom para a sociedade, podendo ser igualmente positivo para o indivíduo, depara-se com a inexistência de soluções institucionais capazes de capturar esse valor do grupo, de forma a que este se possa reflectir sobre o indivíduo e, assim, influenciar as decisões tomadas a nível local.

**TABELA 1**

| **Serviços dos ecossistemas** | | |
|---|---|---|
| **Serviços de Provisão** | **Serviços de Regulação** | **Serviços Culturais e Recreacionais** |
| • Alimento<br>• Água doce<br>• Lenha<br>• Fibra<br>• Bioquímicos<br>• Recursos genéticos | • Regulação climática<br>• Polinização<br>• Regulação de cheias<br>• Regulação de doenças<br>• Destoxificação | • Educacionais<br>• Recreação e ecoturismo<br>• Espirituais e religiosos<br>• Fonte de inspiração<br>• Herança cultural<br>• Estéticos |
| **Serviços de Suporte** | | |
| • Formação do solo | • Ciclo dos nutrientes | • Produtividade primária[2] |

**Fonte:** Avaliação Portuguesa do *Millennium Ecosystem Assessment*.

Existem dois tipos de falhas de mercado fundamentais: falhas locais e falhas globais. As falhas locais prendem-se com a incapacidade de os mercados locais capturarem, total ou parcialmente, alguns dos benefícios proporcionados pela conservação da biodiversidade. As segundas emergem do facto de poderem existir benefícios, decorrentes de acções de conservação, que se repercutem sobre populações muito para lá da região ou país em cujo âmbito tem lugar o processo de decisão sobre as políticas a adoptar. Se a este tipo de falhas, falhas de mercado, adicionarmos as que muitas vezes decorrem de intervenções governamentais desajustadas, tendo em conta os valores em presença, então irá compreender-se a absoluta necessidade de abordar estas questões da biodiversidade de uma forma integrada, procurando dar resposta às três dimensões atrás mencionadas.

A correcta identificação dos valores presentes torna-se, assim, um elemento fundamental para o aperfeiçoamento do processo de tomada de decisão quando estão em causa elementos de natureza ambiental.

Não é suficiente saber que os ecossistemas são valiosos. É necessário saber: Qual o seu valor? Para quem? De que forma é afectado por diferentes opções de gestão? O esforço de conservação de um ecossistema tem benefícios, mas também custos associados; não só os custos directos das acções de conservação, mas também os custos de oportunidade associados a usos alternativos.

Identificar e estimar o valor destes impactos pode permitir a elaboração mais apropriada de acções de conservação ou mecanismos de compensação. O seguimento detalhado da distribuição de benefícios e custos pelos diferentes *stakeholders*, sobretudo a nível local, na medida em que é normalmente a este nível que se "joga" a gestão efectiva da generalidade dos ecossistemas, permite antecipar as consequências da implementação de diferentes estratégias de intervenção.

A Economia tenta abordar a questão da valorização dos bens ambientais a partir da identificação das diferentes formas de utilização que lhe estejam associadas, recorrendo para tal ao consolidado conceito de Valor Económico Total (*Total Economic Value* – TEV). Este método, baseado em técnicas de avaliação que têm vindo a ser alvo de progressivo aperfeiçoamento nas últimas décadas[3], permite capturar uma gama alargada de valores, desde que estes se reflictam de algum modo nas preferências humanas. Sendo assim, valores baseados em razões de natureza ética ou filosófica, que atribuem um valor intrínseco aos ecossistemas, independentemente da sua contribuição para o bem-estar humano, não são explicitamente considerados.

Este facto, não retira propriedade à utilização do TEV como indicador indispensável no processo de tomada de decisão. Este método permite-nos valorizar um conjunto muito alargado de serviços proporcionados pelos bens ambientais que, no caso concreto da biodiversidade, se encontram presentes e por isso mesmo reflectidos nas diferentes formas de uso (ou não uso) que lhe estão associadas. São assim tidos em consideração valores tão diversos como:

- Valores de uso directo – Refere-se a bens e serviços que são utilizados directamente pelo Homem, podendo esse uso envolver formas de consumo mais ou menos concorrenciais, quer se esteja a contemplar a extracção de bens alimentares, produtos florestais e minerais, caça ou bens medicinais; ou apenas a utilização lúdica/cultural dos espaços sem recurso à extracção.
- Valores de uso indirecto – Corresponde ao conjunto de serviços proporcionado pelo ecossistema (regulação climática e atmosférica, reciclagem de resíduos, polinização) cujo impacto tende a transcender o âmbito local, embora, enquanto serviços de suporte ambiental, não deixem de ser relevantes também nesse contexto.
- Valores de opção – Valor que os indivíduos atribuem à possibilidade de manutenção em aberto da opção de utilizar ou não, futuramente, determinado bem ou serviço ambiental. Variando com os autores, poderá igualmente ser considerado dentro desta denominação o valor que se atribui à manutenção desta opção em aberto para terceiros ou futuras gerações (normalmente referenciado como *bequest value*).

- Valores de existência – Reconhecimento do valor que os indivíduos podem atribuir ao simples conhecimento da preservação de determinado recurso ambiental, ainda que este não corresponda o desenvolvimento de qualquer expectativa futura de usufruto directo.

Neste ponto, é importante deixar claro que existe subjacente ao desenvolvimento deste trabalho uma opção deliberada pela abordagem que a economia nos propõe quando nos defrontamos com a necessidade, hoje consensualmente urgente, de preservação da biodiversidade. Esta opção não deve ser entendida como o não reconhecimento da legitimidade de outras correntes filosóficas, mas apenas como a convicção de que o Utilitarismo, enquanto fundamento filosófico do normativo económico, é o pano de fundo mais adequado para a formulação de um conjunto de problemas cuja simultânea complexidade e importância não são compatíveis com a ausência de decisão.

Sendo necessário travar o ritmo de perda de biodiversidade a nível global, e sendo claro que não existem orçamentos ilimitados para fazer face ao desenvolvimento de acções de conservação, há que definir prioridades e estas não são compatíveis com a simples noção do direito à existência de todos os ecossistemas. A abordagem utilitária, se outra virtude não tem, tem seguramente a de ser aquela que melhor nos permite compreender o fenómeno da perda de biodiversidade, esse sim de ocorrência não discutível, na medida em que os indivíduos se comportam geralmente de forma utilitária nas decisões que tomam neste contexto

Ao reconhecimento comum do excessivo ritmo de degradação da biodiversidade global deve contrapor-se o necessário pragmatismo no desenvolvimento de metodologias de actuação que permitam, numa moldura social, financeira e temporal, razoável e exequível, evitar que se atinjam níveis de biodiversidade irreversivelmente baixos relativamente à sua reposição futura, com custos que atingiriam, então sim, valores tendencialmente infinitos. O caminho da sustentabilidade na área da biodiversidade passa por evitar activamente posições extremadas, que de igual forma se traduzem no adiamento da definição de um conjunto de incentivos e restrições, ao nível do comportamento dos agentes, susceptíveis de alterar evoluções hoje claramente diagnosticadas como não sustentáveis e que, a prazo, se traduzirão na maior escassez e crescente valorização de um bem ambiental indispensável ao suporte da vida humana.

Quando falamos de biodiversidade, outra questão que se coloca é também a de sabermos exactamente o que estamos a valorizar. Muitas vezes, quando se fala de avaliação da biodiversidade o que de facto se está a considerar é a avaliação de serviços ambientais que estão associados à preservação dos recursos biológicos. Este facto deriva não tanto da não consciência da diferença entre estas duas realidades, mas sim da maior dificuldade de formalização e quantificação que o primeiro tipo de abordagem encerra. Deste modo, deparamo-nos frequentemente com estudos que procuram avaliar, numa área específica reconhecida pela sua diversidade biológica, o impacto de diferentes tipos de intervenção nos serviços daí decorrentes.

A valorização da diversidade obrigará sempre a ir mais longe, avaliando explicitamente a disposição para pagar por diferentes padrões de variedade a nível de espécies e *habitats*. Em sentido amplo, a biodiversidade pode ser entendida como um *stock* de recursos biológicos, mas no seu sentido mais correcto corresponde à diversidade associada a esses recursos. Maximizar o *stock* de recursos biológicos não é o mesmo que maximizar a diversidade.

Em termos de esforço de conservação, independentemente da óptica adoptada e da escala em que a formulação se coloque, o problema do decisor económico é identificar o nível óptimo desse esforço, que não pode deixar de ser aquele em que o respectivo benefício marginal iguala o custo marginal que lhe está associado.

Todos os ecossistemas, enquanto fornecedores de serviços à humanidade, têm valor económico. O ponto fulcral é: Qual a grandeza desse valor? Da perspectiva da formalização económica do problema, à procura dos serviços do ecossistema fornecidos através de mercados bem estabelecidos, em que a moeda surge como meio de troca, deverá ser somada a procura relativa a todos os outros serviços do ecossistema, independentemente da existência actual de mercados.

Como qualquer procura dirigida a outro tipo de bens e serviços, quanto maior o nível de fornecimento de serviços dos ecossistemas menor a valorização que os indivíduos farão de uma unidade adicional. Contudo, para níveis muito reduzidos de provisão, num mundo com níveis de degradação ambiental muito elevados (florestas escassas, oceanos poluídos, atmosfera com um alto índice de dióxido de carbono e gases com efeito de estufa), a disponibilidade para pagar por uma unidade adicional de serviços ambientais será extremamente elevada, existindo mesmo um nível mínimo de serviço dos ecossistemas, estritamente indispensável ao suporte de alguma forma de vida humana, a partir do qual a noção de valor económico se torna inapropriada.

A qualquer nível de serviço dos ecossistemas estão, por sua vez, associados os custos directos da sua gestão e manutenção e, os não menos relevantes, custos de oportunidade. O custo de oportunidade da conservação é o custo dos benefícios não usufruídos devido à conversão do ecossistema noutro tipo de uso: agrícola, urbano, turístico ou industrial.

Quando nos confrontamos com um registo histórico de subfinanciamento das áreas protegidas, acompanhado por um fenómeno de progressiva conversão de ecossistemas naturais para outros fins e um ritmo aparentemente crescente de extinção de espécies, a questão que se coloca ao decisor é a de saber se a já consensualmente reconhecida redução dos ecossistemas corresponde a áreas cuja conservação não devia de facto estar a ser feita.

Ou se, pelo contrário, nos encontramos já abaixo dos níveis socialmente óptimos deste serviço e o movimento a que assistimos não é mais do que o reflexo das falhas presentes de mercado. O facto de algumas das principais fontes de financiamento das despesas de conservação não passarem por um teste de negociação de tipo *coasiano*[4] leva a que a sua mera constatação nada nos diga sobre a relação custo/benefício subjacente (despesas com áreas protegidas, assistência bilateral à biodiversidade).[5]

É precisamente esta necessidade absoluta de recolha de informação, susceptível de suportar os processos de tomada de decisão por parte de responsáveis políticos e económicos na área da biodiversidade, que conduz à iniciativa da Comissão Europeia, em 14 de Novembro de 2007, no seguimento dos compromissos decorrentes da Cimeira de Potsdam em Março do mesmo ano, de efectuar um apelo[6] junto de todos os *stakeholders* interessados na Europa e no mundo, para a recolha e divulgação de evidência científica e económica relativa à biodiversidade e aos serviços dos ecossistemas, onde expressamente se afirma o propósito de realização de um estudo em que:

*"...we will initiate the process of analyzing the global economic benefit of biological diversity, the costs of the loss of biodiversity and the failure to take protective measures versus the costs of effective conservation."*[7]

A evidência recolhida destina-se precisamente a alcançar uma melhor compreensão das razões por que será economicamente justificável o desenvolvimento de acções que travem a perda de biodiversidade:

*"Whilst human-made changes to ecosystems have often generated large economic gains, biodiversity loss damages the functioning of ecosystems and leads to a decline in essential services,*

*which may have severe economic consequences, particularly in the longer term. The review aims to improve our understanding of the economic costs which may result from present and future trends of biodiversity loss and related declines in ecosystem services, and of the economic challenges associated with halting these trends."*[8]

Necessitamos de compreender a real dimensão do problema, qual a importância efectiva da perda de biodiversidade. Não poderá a criatividade humana e a tecnologia compensar os serviços ecossistémicos perdidos? Haverá um limite para esta capacidade de substituição? Ainda que exista a possibilidade real de compensar os serviços perdidos, a que custo tal seria alcançável? Qual a relação desse custo com o decorrente da simples conservação da biodiversidade? Quais os limiares mínimos a partir dos quais não há mais opção e a extinção assume contornos de irreversibilidade? Como assegurar a repartição justa e equitativa dos benefícios resultantes dos usos da biodiversidade e dos serviços ambientais pelos seus detentores? São questões cuja resposta, exaustiva e concreta, é urgente, não só para direccionar e dimensionar actuações futuras, como para avaliar as intervenções efectuadas e/ou presentemente em curso.

Elevados níveis de incerteza inviabilizam que se dimensione com precisão o valor dos serviços ambientais prestados pela biodiversidade e o seu potencial valor económico, reduzindo a eficácia dos esforços para a sua conservação. A redução dessas incertezas é indispensável para alcançar as metas para 2010 definidas pela Convenção sobre Diversidade Biológica, a nível global, e pela União Europeia, para o espaço comunitário.

CAPÍTULO 2

# Metas para a Biodiversidade

*Crises são oportunidades.*
Jean Monnet

## 2.1 O percurso até 2008 – acontecimentos mais relevantes

Desde a Conferência do Rio (1992), em que foi adoptada a Convenção sobre Diversidade Biológica (CDB), que o reconhecimento explícito do fenómeno da perda de biodiversidade tem assumido um papel crescente no contexto das preocupações da comunidade internacional.

A União Europeia tem desempenhado um papel determinante para impulsionar compromissos à escala global, fixando a si própria objectivos tendencialmente mais concretos e ambiciosos.

É possível destacar alguns dos momentos mais marcantes, quer à escala europeia, quer à escala global, num percurso (Figura 1) de progressiva consciência e compreensão da necessidade incontornável de fazer suster, e futuramente inverter, a tendência de delapidação do património em biodiversidade, indispensável à sustentabilidade do crescimento económico mundial e mesmo, em última instância, da vida na Terra:

- 5 de Junho de 1992 – Rio de Janeiro (Brasil) – A Conferência do Rio teve na CDB um dos seus resultados mais emblemáticos, envolvendo mais de 180 Estados e a União Europeia. Já nessa altura a perda de biodiversidade a nível mundial se revelava uma preocupação global e procurava-se a elaboração de novos paradigmas de desenvolvimento, susceptíveis de reduzir as taxas do seu decréscimo. Desde aí, os múltiplos factores que afectam as diferentes dimensões da biodiversidade passaram a estar no centro do debate político a nível nacional, regional e global. A CDB é constituída por 42 artigos que estabelecem um programa para reconciliar o desenvolvimento económico com a necessidade de preservar todos os aspectos da diversidade biológica, sendo definidos três objectivos fundamentais: *conservação* da diversidade biológica; *utilização* sustentável das componentes da biodiversidade; e *partilha* justa e equitativa dos benefícios que advêm da utilização dos recursos genéticos.

- 23 a 25 de Outubro de 1995 – Sófia (Bulgária) – Os Ministros do Ambiente presentes na terceira conferência ministerial "Environment for Europe" aprovaram a Estratégia Pan-Europeia da Diversidade Biológica e Paisagística - PEBLDS (inicialmente proposta na declaração de Maastricht, *Conserving Europe National Heritage* - 1993). Esta estratégia surge como a resposta europeia à adopção da CDB na Cimeira do Rio e procura concertar a acção a desenvolver pelos diferentes países europeus, podendo, em muitos aspectos, ser vista como um instrumento regional para a sua implementação. A PEBLDS tem como principal objectivo contrariar o declínio de diversidade biológica e paisagística na Europa e assegurar a sustentabilidade ambiental. O carácter inovador da PEBLDS, estratégia pensada para um período de 20 anos, 1996-2016, é-lhe conferido por promover uma abordagem europeia a todas as iniciativas na área da diversidade biológica e da paisagem. Paralelamente, revela-se como uma estratégia pró-activa, na medida em que procura envolver estas dimensões na área económica e social (por exemplo, agricultura, energia, indústria, floresta, caça e pesca, turismo e recreação, transportes, planeamento urbano e rural, gestão da água, defesa, políticas estruturais e regionais).

- 24 a 29 de Janeiro de 2000 – Montreal (Canadá) - No contexto da primeira conferência extraordinária dos participantes da CDB, cujos trabalhos tinham tido início a 22 de Fevereiro de 1999 em Cartagena, Colômbia, foi adoptado o que ficaria conhecido como Protocolo de Cartagena sobre Biossegurança.

  O Protocolo de Cartagena sobre Biossegurança é o primeiro acordo realizado no âmbito da Convenção sobre Diversidade Biológica. Visa assegurar um nível adequado de protecção no campo da transferência, da manipulação e do uso seguro dos organismos geneticamente modificados (OGM) resultantes da biotecnologia moderna, evitando efeitos adversos na conservação e no uso sustentável da diversidade biológica, levando em conta os riscos para a saúde humana decorrentes do movimento transfronteiriço. Também cria as bases para ajudar a melhorar a capacidade de os países em desenvolvimento protegerem a sua biodiversidade. O Protocolo de Cartagena foi transposto para o direito interno português pelo Decreto-Lei n.º 7/2004, de 17 de Abril.

- 5 de Junho de 2001 – Nova Iorque (EUA), Turim (Itália) e Tóquio (Japão) – Lançamento, a nível mundial, pelo Secretário-Geral das Nações Unidas, da iniciativa internacional *Millennium Assessment* (MA). Pretendia responder às necessidades de informação científica das Convenções da

Diversidade Biológica, do Combate à Desertificação[1] e de Ramsar[2]. É uma avaliação a múltiplas escalas (local, subglobal e global), concebida para fornecer informação e para criar capacidade de analisar e de fornecer essa informação. A estrutura conceptual do MA coloca o bem-estar humano no centro da avaliação, assumindo uma dinâmica interactiva entre os indivíduos e os ecossistemas.

- 15 e 16 de Junho de 2001 – Gotemburgo (Suécia) – Sob a presidência sueca, os Chefes de Estado e de Governo da União Europeia acordaram uma Estratégia comum para o Desenvolvimento Sustentável (EDS). Em resposta ao claro declínio da biodiversidade, foi mencionado pela primeira vez o "objectivo 2010", ou seja, este ser o ano de referência para travar a perda de biodiversidade na Europa. Nesta cimeira foi também assumida a promessa de que se procuraria dar passos no sentido da preservação dos ecossistemas.

- 7 a 19 de Abril de 2002 – Haia (Holanda) – Sexta conferência dos participantes da CDB. Os 188 participantes da CDB fizeram do "objectivo 2010" um elemento de referência para se alcançar a meta comum de conservação da biodiversidade, do uso sustentável das suas componentes e do justo e equitativo usufruto dos seus benefícios. O desafio assumido foi o de alcançar até 2010 uma significativa redução do ritmo de perda de biodiversidade. A decisão VI/26 aprova um plano estratégico para a CDB e procura levar os diferentes *stakeholders* a examinar as suas estratégias e planos de acção sobre diversidade biológica, tendo em conta o plano estratégico da CDB.

- 4 de Setembro de 2002 – Joanesburgo (África do Sul) - Cimeira Mundial sobre o Desenvolvimento Sustentável, que pretendia promover a contenção da degradação ambiental e o combate à pobreza. Nesta cimeira, foi identificado o papel fundamental da biodiversidade e reafirmado o compromisso para com o "objectivo 2010".

  A Cimeira de Joanesburgo gerou dois documentos importantes: a Declaração de Joanesburgo em Desenvolvimento Sustentável e o Plano de Implementação (PI). O primeiro assume diversos desafios interrelacionados e associados ao desenvolvimento sustentável; o segundo identifica várias metas como a erradicação da pobreza, a alteração de padrões de consumo e de produção e a protecção dos recursos naturais.

- 21 a 23 de Maio de 2003 – Kiev (Ucrânia) – Os Ministros do Ambiente e Chefes de Delegação de 51 países da Comissão Económica das Nações Unidas para a Europa – UNECE (*United Nations Economic Commission for Europe*) adoptaram a "Resolução de Kiev para a Biodiversidade" na 5ª Conferência Ministerial "Environment for Europe", assumindo o "objectivo 2010" e expandindo o compromisso da União Europeia a uma dimensão pan-europeia. Definiram-se objectivos-chave para alcançar o "objectivo 2010" nas seguintes áreas: floresta e biodiversidade, agricultura e biodiversidade, rede ecológica pan-europeia (PEEN), espécies alienígenas invasoras, financiamento da biodiversidade, monitorização da biodiversidade, reforço da participação e envolvimento público.

- 9 a 27 de Fevereiro de 2004 – Kuala Lumpur (Malásia) – Sétima conferência dos participantes da CDB. Foi adoptado um programa de acção, consagrado na decisão VII/30, onde foi reconhecida a necessidade de: (i) Facilitar a aferição dos progressos em direcção ao "objectivo 2010"; (ii) Promover a coerência entre os programas de trabalho no âmbito da CDB; (iii) Fornecer um enquadramento operacional flexível, em cujo contexto os objectivos nacionais e regionais possam ser colocados e os respectivos indicadores determinados quando as partes assim o desejarem; (iv) Contar com um mecanismo de revisão da aplicação do acordo. Há sete áreas consideradas centrais: 1) Proteger a biodiversidade e suas componentes; 2) Promover um uso sustentável da biodiversidade; 3) Combater as ameaças à biodiversidade; 4) Manter a integridade e provisão dos bens e serviços dos ecossistemas enquanto suporte do bem-estar humano; 5) Proteger o conhecimento tradicional, inovações e práticas; 6) Assegurar a partilha justa e equitativa dos benefícios derivados do uso dos recursos genéticos; 7) Mobilizar recursos técnicos e financeiros. Para este conjunto de áreas centrais foram também definidos um grupo de objectivos e metas.

- 25 a 27 de Maio de 2004 – Malahide (Irlanda) – A conferência de Malahide promoveu uma larga consulta aos diferentes *stakeholders*, no intuito de rever a estratégia e os planos de acção da União Europeia para a biodiversidade. Desta conferência resultou a "Mensagem de Malahide", em que se sublinha a importância de actuar em áreas e sectores fundamentais, especialmente a agricultura, as pescas, as florestas, a água, os transportes, a energia, a construção, o desenvolvimento rural, as políticas económicas, o comércio, a saúde humana e o planeamento espacial e regional, para que se atinja o uso sustentável dos recursos naturais e a redução das pressões sobre a biodiversidade.

  A Conferência de Malahide também previu um primeiro conjunto de indicadores principais de biodiversidade para avaliar, no contexto da União Europeia, a evolução observada em direcção ao "objectivo 2010".

- 30 de Março de 2005: O relatório das Nações Unidas "*Millennium Assessment*" sobre o estado do planeta, lançado a nível mundial (também em Lisboa), concluiu que as actividades humanas estavam a ameaçar a capacidade da Terra para manter as gerações futuras. A comunidade internacional das nações comprometeu-se com o objectivo de, até 2010, conseguir uma diminuição significativa da actual taxa de redução de biodiversidade a nível global, regional e nacional.

- 22 de Maio de 2006 – Bruxelas (Bélgica) – A Comissão Europeia produziu uma comunicação denominada "Travar a perda da biodiversidade até 2010 e mais além – Preservar os serviços ecossistémicos para o bem-estar humano". Através deste documento, pretende-se preparar o "objectivo 2010" definindo-se dez metas prioritárias repartidas por quatro domínios políticos (biodiversidade na União Europeia, biodiversidade no mundo, biodiversidade e alterações climáticas, base de conhecimentos da biodiversidade) e um plano detalhado contendo mais de 150 medidas concretas e quantificáveis, com clara divisão de responsabilidades entre os Estados-membros e a UE. Pretende-se realizar o "objectivo 2010" e lançar a biodiversidade no caminho da recuperação.

- 15 a 17 de Março de 2007 – Potsdam (Alemanha) – Encontro dos Ministros do Ambiente do G8, em conjunto com os Ministros do Ambiente do Brasil, da Índia, da China, do México e da África do Sul, o Comissário europeu responsável pelo Ambiente e altos representantes da ONU e do IUCN – *Internacional Union for Conservation of Nature*. Foi alcançado um acordo em torno da denominada "Potsdam Initiative – Biological Diversity 2010", tendo, entre outras iniciativas, sido especificamente mencionada a necessidade de envolver o sector financeiro de forma a integrar a biodiversidade nos respectivos processos de tomada de decisão, tendo sido expressamente proposto pelo Governo alemão a realização de um estudo sobre o significado económico da perda global de diversidade biológica.

- 10 a 12 de Outubro de 2007 – Belgrado (Sérvia) – A sexta conferência ministerial "Environment for Europe" reafirmou o seu compromisso para com a implementação da resolução de Kiev para a biodiversidade. Foi sublinhado o estatuto central do PEEN para a protecção da biodiversidade na Europa, potenciando programas que visem o desenvolvimento, a recuperação e o fortalecimento da integração ecológica entre as regiões europeias.

- 12 a 13 de Novembro de 2007 – Lisboa (Portugal) – Conferência de alto nível sob o tema *Business and Biodiversity*[3], organizada no contexto da presidência portuguesa da União Europeia. A "Mensagem de Lisboa", no contexto dos esforços de implementação da CDB e, em particular, da decisão VIII/17 sobre o envolvimento do sector privado, "reconhece a necessidade urgente de promover a conservação da biodiversidade nas micro, pequenas e médias empresas, particularmente aquelas com uma forte ligação à conservação da biodiversidade e à economia rural, assegurando-lhes a informação, experiência e instrumentos necessários às respectivas condições operacionais. Reconhece também o valioso papel das associações empresariais e o potencial dos *clusters* de grupos de interesses que operam em contextos físicos específicos".

Apesar de todos os acordos internacionais, parece continuar a verificar-se um défice a nível do esforço global para fazer face a novos desafios como o aquecimento global ou, no que mais directamente nos diz respeito, à conservação da biodiversidade. Independentemente da abundância de Tratados e de produção legislativa, existe a convicção generalizada de que a maioria dos Tratados não se repercute de forma significativa sobre os comportamentos observados. É verdade que, se outra virtude não têm, os Tratados são formas de converter direitos de acesso essencialmente abertos aos recursos ambientais em direitos de acesso parcialmente limitados. A questão é saber se o fornecimento de serviços de natureza ambiental, inserido num contexto tendencialmente associado à provisão de bens comuns, poderá evitar, em tempo útil, uma delapidação dos ecossistemas para níveis irreversivelmente baixos e incompatíveis com a manutenção dos padrões de vida humana que conhecemos. A evidência existente é que o ritmo de transformação institucional tem-se caracterizado por uma excessiva lentidão.

**FIGURA 1**

**Acontecimentos mais relevantes desde a Conferência do Rio**

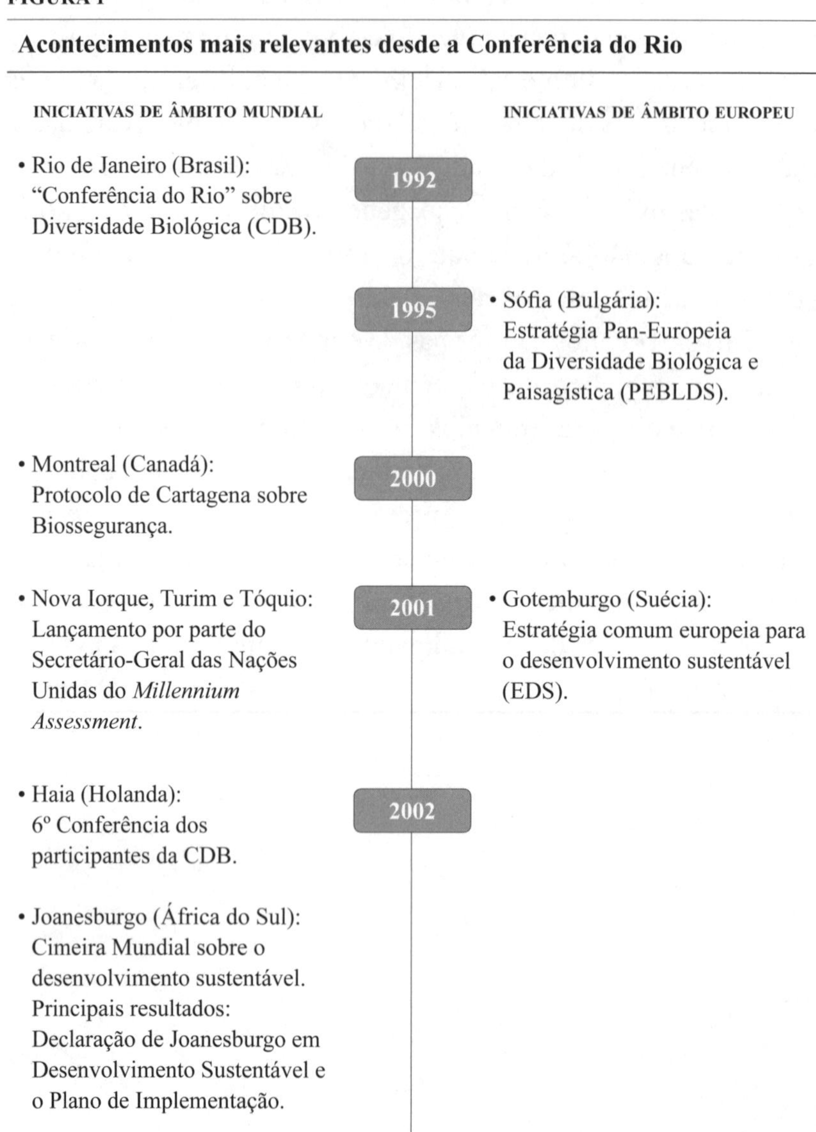

FIGURA 1 (cont.)

## Acontecimentos mais relevantes desde a Conferência do Rio

| INICIATIVAS DE ÂMBITO MUNDIAL | | INICIATIVAS DE ÂMBITO EUROPEU |
|---|---|---|
| • Kiev (Ucrânia): 5º Conferência ministerial "Environment for Europe" - Alargamento dos objectivos da União Europeia para 2010 para uma dimensão pan-europeia. | 2003 | |
| • Kuala Lumpur (Malásia): 7º Conferência dos participantes da CDB. | 2004 | • Malahide (Irlanda): Mensagem de Malahide - definição de um conjunto de indicadores com vista a aferir a evolução observada em direcção aos objectivos para 2010. |
| • Relatório das Nações Unidas *Millennium Assessment* sobre o estado do planeta. | 2005 | |
| | 2006 | • Bruxelas (Bélgica): Publicação por parte da União Europeia do documento "Travar a perda da biodiversidade até 2010 e mais além - Preservar os serviços ecossistémicos para o bem-estar humano". |
| • Potsdam (Alemanha): "Potsdam Iniciative - Biological Diversity 2010".<br>• Belgrado (Sérvia): 6ª Conferência ministerial "Environment for Europe".<br>• Lisboa (Portugal): Conferência de alto nível sob o tema *Business and Biodiversity*. | 2007 | |

**Fonte**: ES Research – Research Sectorial.

## 2.2 A estratégia europeia

A comunicação da Comissão feita a 22 de Maio de 2006, intitulada "Travar a perda da biodiversidade até 2010 e mais além – Preservar os serviços ecossistémicos para o bem-estar humano", destaca duas ameaças específicas à biodiversidade no espaço europeu: i) Utilização e desenvolvimento irreflectido dos solos; ii) Impacto crescente das alterações climáticas e das respectivas medidas de adaptação e de mitigação.

A política de conservação da natureza da União Europeia dentro das suas fronteiras tem tido na Directiva 92/43/CE, "Directiva dos *Habitats*" (posteriormente alterada pela Directiva 97/62/CE), e na Directiva 79/409/CEE, "Directiva das Aves" (relativa à conservação das aves selvagens), os seus elementos estruturantes.

A "Directiva dos *Habitats*" surge com o objectivo de favorecer a manutenção da biodiversidade através da conservação e preservação dos *habitats* naturais, da fauna e da flora selvagens. Juntamente com a "Directiva das Aves", estabelece as bases para a identificação, designação e gestão dos sítios que constituirão uma rede ecológica europeia, a Rede Natura 2000[4], aproximadamente 20% do território da União Europeia.

A Rede Natura 2000 integra as ZPE (Zonas de Protecção Especiais), concebidas no âmbito da "Directiva das Aves", e as ZEC (Zonas Especiais de Conservação), constituídas no âmbito da "Directiva dos *Habitats*".[5]

A "*Estratégia da União Europeia em matéria de diversidade biológica*", adoptada a 4 de Fevereiro de 1998, assume pretender:

"Antecipar, prevenir e atacar na fonte as causas da grande redução ou perda da biodiversidade. Contribuirá assim para inverter a actual tendência de redução ou perda da biodiversidade e para conservar satisfatoriamente as espécies e ecossistemas, o que inclui os agro-ecossistemas, dentro e fora do território da União Europeia".

A estratégia europeia para a biodiversidade desenvolve-se em torno de quatro temas principais:

1) Conservação e utilização sustentável da diversidade biológica;
2) Partilha dos benefícios resultantes da utilização de recursos genéticos;
3) Investigação, identificação, monitorização e intercâmbio de informações;
4) Educação, formação e sensibilização do público.

Em conformidade com o n.º 2 do artigo 130º-R (modificado) do Tratado de Roma:

"As exigências em matéria de protecção do ambiente devem ser integradas na definição das demais políticas comunitárias."

A estratégia europeia incide especificamente na integração das questões da biodiversidade nas políticas de sectores relevantes, em especial: da conservação dos recursos naturais, da agricultura, da pesca, da política regional e do ordenamento do território, das florestas, da energia e transportes, do turismo e do desenvolvimento e cooperação económica.

A adopção da Estratégia, em matéria de Diversidade Biológica, representou o primeiro passo da Comissão no sentido de implementar a sua obrigação mais importante enquanto parte da Convenção sobre a Diversidade Biológica (CDB). O segundo passo consistia no desenvolvimento e execução dos planos de acção e de outras medidas que afectam as políticas nos domínios em causa.

Foram precisamente estes planos de acção que, em Março de 2001[6], foram adoptados, detalhando as acções a serem desenvolvidas para a implementação da estratégia. Foram definidos quatro planos de acção para a biodiversidade nos domínios da conservação dos recursos naturais, da agricultura, da pesca e do desenvolvimento e cooperação económica.

A Comunicação da Comissão ao Conselho, ao Parlamento Europeu, ao Comité Económico e Social e ao Comité das Regiões, datada de 24 de Janeiro de 2001, relativa ao sexto programa comunitário de acção em matéria de ambiente ("Ambiente 2010: o nosso futuro, a nossa escolha"), assinala o objectivo de proteger e restaurar a estrutura e o funcionamento dos sistemas naturais, pondo um fim à degradação da biodiversidade na União Europeia e no mundo. As acções propostas para atingir esse objectivo são as seguintes:

1) Aplicar a legislação ambiental, nomeadamente nos domínios da água e do ar;
2) Alargar o âmbito de aplicação da Directiva Seveso II[7];
3) Coordenar a nível comunitário as acções dos Estados-membros na sequência de acidentes e catástrofes naturais;
4) Estudar a protecção dos animais e das plantas face às radiações ionizantes;
5) Proteger, conservar e restaurar as paisagens;
6) Proteger e promover o desenvolvimento sustentável das florestas;
7) Estabelecer uma estratégia comunitária de protecção dos solos;
8) Proteger e restaurar os *habitats* marinhos e o litoral e tornar a rede Natura 2000 extensível a esses *habitats*;
9) Reforçar a rotulagem, o controlo e a rastreabilidade dos OGM;
10) Integrar a protecção da natureza e da biodiversidade na política comercial e de cooperação para o desenvolvimento;
11) Estabelecer programas de recolha de informações relativas à protecção da natureza e da biodiversidade;
12) Apoiar os trabalhos de investigação no domínio da protecção da natureza.

Quando, em Junho de 2001, no Conselho Europeu de Gotemburgo, os Chefes de Estado e de Governo dos países-membros adoptam a EDS, foi adicionado um terceiro pilar à estratégia europeia[8]: o pilar ambiental. Assume-se a intenção de que um desempenho económico sólido se faça acompanhar de um uso sustentável dos recursos da natureza, mantendo a biodiversidade, preservando os ecossistemas e evitando a desertificação. É enunciado o "objectivo 2010" para travar o declínio da biodiversidade na União. Para ir ao encontro destes desafios o Conselho Europeu decidiu que:

"– a Política Agrícola Comum e a sua evolução futura deverão incluir, entre os seus objectivos, o de contribuir para alcançar um desenvolvimento sustentável, pondo maior ênfase em produtos saudáveis de qualidade elevada, em métodos de produção sustentáveis do ponto de vista ambiental, incluindo a produção biológica, as matérias-primas renováveis e a protecção da biodiversidade;

– a revisão da Política Comum das Pescas deverá, com base num debate público alargado, abordar a pressão exercida sobre os recursos haliêuticos, mediante a adaptação do esforço de pesca da União Europeia aos recursos disponíveis, tendo em conta o impacto social e a necessidade de evitar a sobrepesca;

– a política integrada de produtos da União Europeia destinada a reduzir a utilização de recursos e o impacto ambiental de resíduos deve ser implementada em cooperação com as empresas;"

A EDS foi completada em 2002 com uma dimensão externa pelo Conselho Europeu de Barcelona, tendo em vista a cimeira mundial sobre desenvolvimento sustentável de Joanesburgo, em Setembro do mesmo ano.

Em Julho de 2002, a UE adoptou o sexto programa de acção em matéria de ambiente (apresentado ao Parlamento Europeu no ano anterior), que estabelece um quadro de dez anos, entre 2002 e 2012, para prioridades no âmbito da EDS. O programa aborda as questões da protecção da biodiversidade e da natureza como uma das suas quatro prioridades.

O processo de revisão da estratégia da UE para a biodiversidade inicia-se em 2003, vindo a culminar em Maio de 2004 com a "Mensagem de Malahide". Foi aprovado um conjunto de indicadores de biodiversidade, com base na CDB, tendo em vista alcançar o "objectivo 2010".

Em Maio de 2006, a Comissão, reconhecendo que grande parte do desenvolvimento observado estava associado a um declínio da biodiversidade e que a nível comunitário estava, em grande parte, criado o quadro político necessário para travar a perda da biodiversidade na UE, apresentou um novo plano de acção relativo à biodiversidade: "Travar a perda da biodiversidade até 2010 e mais além – Preservar os serviços ecossistémicos para o bem-estar humano". Contrariamente aos planos que o precederam, em vez de propor uma nova e mais ambiciosa legislação procura atribuir responsabilidades concretas, quer às instituições comunitárias, quer aos Estados-membros, relativamente à implementação da legislação existente e com vista à coordenação das respectivas actuações. Construído com base na estratégia da União Europeia para a biodiversidade, e os subsequentes planos de acção, tem em consideração os desenvolvimentos entretanto ocorridos ao nível da Política Agrícola Comum (PAC)[9], da Política Comum de Pescas (PCP)[10] e da Política de Coesão[11], tendentes a melhor adoptar a preocupação com as espécies e os *habitats*, nomeadamente através do financiamento de investigação na área da biodiversidade.

O plano de acção da UE contempla quatro domínios políticos fundamentais, traduzidos em dez objectivos prioritários e consubstanciados num conjunto diversificado de actuações (Tabela 2).

A prossecução deste plano de acção prevê um conjunto de medidas de suporte consideradas fundamentais para o respectivo sucesso:

1) Garantia de financiamento adequado[12];
2) Reforço do processo de tomada de decisão da UE;
3) Constituição de parcerias;
4) Melhoria do ensino, da sensibilização e da participação do público.

Neste contexto, quer a Comissão quer o Parlamento Europeu[13] são unânimes em sublinhar a responsabilidade que cabe aos Estados-membros pela utilização de todas as possibilidades que lhes são conferidas no contexto da PAC, da PCP, dos Fundos Estruturais e de Coesão, do LIFE+ e do 7º Programa-Quadro. Também a Directiva relativa à responsabilidade ambiental[14] em termos de prevenção e reparação de danos ambientais dá aos Estados-membros, aplicando o princípio do "poluidor pagador", uma possibilidade adicional, de aplicação desejável, para o financiamento das respectivas medidas de alcance ambiental (Secção 3.1.2.2).

Igualmente consensual é a preocupação revelada no sentido de uma melhor concertação, a nível nacional, entre os vários planos e programas que afectam a biodiversidade, e a garantia de que o processo de tomada de decisão a nível regional e local é consistente com os compromissos assumidos a alto nível em matéria de biodiversidade.

Na área das parcerias, é sublinhada a importância de desenvolver parcerias entre poderes públicos, universidades, especialistas, proprietários, sector empresarial, sector financeiro, sector educativo, comunicação social e utilizadores diversos, inclusivamente para lá dos limites da União Europeia, com vista ao melhor enquadramento e exequibilidade das soluções recomendadas.

Finalmente, está previsto que o plano de acção seja sujeito a um processo de avaliação e revisão anual, sendo o ano de 2010 particularmente relevante a nível da avaliação do grau de cumprimento dos objectivos delineados e da implementação das acções preconizadas. Neste sentido, é particularmente importante o desenvolvimento dos indicadores de referência. Em Outubro de 2007, no âmbito do SEBI 2010 (*Streamlining European 2010 Biodiversity Indicators*[15]), foi proposto um novo conjunto de indicadores para monitorizar os progressos alcançados na Europa[16].

Os sucessivos relatórios até final de 2013 irão ainda fundamentar a avaliação da realização do 6º Programa de Acção Comunitário em matéria de Ambiente e de todos os objectivos pós-2010 estabelecidos no plano de acção, contribuindo deste modo para a formulação das políticas seguintes.

TABELA 2

**Domínios políticos fundamentais, objectivos e acções prioritárias**

| PLANO DE ACÇÃO DA UNIÃO EUROPEIA ATÉ 2010 E MAIS ALÉM | | | |
|---|---|---|---|
| Domínio Político 1 **Biodiversidade na União Europeia** | Domínio Político 2 **A União Europeia e a Biodiversidade Global** | Domínio Político 3 **Biodiversidade e Alterações Climáticas** | Domínio Político 4 **Base de Conhecimentos** |
| OBJECTIVOS | | | |
| 1. Salvaguarda dos *habitats* e espécies mais importantes da UE.<br>2. Conservação e recuperação da biodiversidade e dos serviços ecossistémicos na generalidade das zonas rurais.<br>3. Conservação e recuperação da biodiversidade e dos serviços ecossistémicos na generalidade do meio marinho.<br>4. Reforço da compatibilidade do desenvolvimento regional e territorial com a biodiversidade na UE.<br>5. Redução substancial do impacto na biodiversidade da UE de espécies alóctones invasoras e de genótipos. | 6. Reforço substancial da eficácia da governação internacional em matéria de biodiversidade e serviços ecossistémicos.<br>7. Reforço substancial do apoio à biodiversidade e aos serviços ecossistémicos no âmbito da ajuda externa da UE.<br>8. Redução substancial do impacto do comércio internacional na biodiversidade e em serviços ecossistémicos a nível global. | 9. Apoio para a adaptação da biodiversidade às alterações climáticas. | 10. Reforço substancial da base de conhecimentos para a conservação e utilização sustentável da biodiversidade, na União Europeia e a nível global. |

TABELA 2 (cont.)

**Domínios políticos fundamentais, objectivos e acções prioritárias**

| PLANO DE ACÇÃO DA UNIÃO EUROPEIA ATÉ 2010 E MAIS ALÉM | | | |
|---|---|---|---|
| Domínio Político 1<br>**Biodiversidade na União Europeia** | Domínio Político 2<br>**A União Europeia e a Biodiversidade Global** | Domínio Político 3<br>**Biodiversidade e Alterações Climáticas** | Domínio Político 4<br>**Base de Conhecimentos** |
| | ACÇÕES | | |
| Finalizar a Rede Natura 2000 reforçando a sua gestão coerência, conectividade e flexibilidade.<br><br>Desenvolver planos de acção relativamente a espécies ameaçadas.<br><br>Reduzir as principais pressões sobre a biodiversidade nas águas interiores, no meio marinho, em áreas agrícolas e arborizadas e terras florestais de elevado valor natural (incêndios florestais, poluentes diversos, impacto das actividades da pesca nos ecossistemas marinhos, abandono agrícola).<br><br>Assegurar que os fundos de coesão e estruturais contribuem para a biodiversidade e não a prejudicam.<br><br>Implementar um sistema de alerta precoce de presença de espécies alóctones invasoras.<br><br>Desenvolver uma estratégia europeia abrangente relativamente às espécies invasoras. | Reforçar a implementação da CDB.<br><br>Melhorar a governação a nível dos oceanos.<br><br>Reforçar a integração da biodiversidade em programas sectoriais e geográficos.<br><br>Assegurar a canalização de fundos para a biodiversidade (GEF – *Global Environment Facility*, assistência bilateral).<br><br>Rápida implementação do FLEGT – *Forest Law Enforcement, Governance and Trade*, indispensável para travar o desflorestamento tropical.<br><br>Identificar os principais impactos do comércio internacional da UE na biodiversidade, procurando reduzir os impactos negativos.<br><br>Credibilizar a UE a nível internacional, através da adopção das melhores práticas nos territórios ultramarinos dos Estados-membros ricos em biodiversidade. | Cortar substancialmente as emissões globais de gases com efeito de estufa, a fim de não comprometer os esforços para a conservação e utilização sustentável da biodiversidade.<br><br>Minimizar e compensar quaisquer potenciais danos para a biodiversidade, decorrentes de medidas de mitigação e adaptação às alterações climáticas.<br><br>Melhorar a conectividade e coerência da Rede Natura 2000, garantindo a sua adaptação a regimes térmicos e hídricos em mudança. | Criar um mecanismo independente de âmbito europeu com a autoridade necessária para aconselhar no processo de implementação e desenvolvimento de políticas na área da conservação e uso sustentável da biodiversidade.<br><br>Reforçar o espaço europeu com investigação sobre o estado, tendências, ameaças e eficácia de políticas na área da biodiversidade e dos serviços ecossistémicos.<br><br>Melhorar a interoperabilidade de dados no domínio da biodiversidade, explorando as novas tecnologias da informação e das comunicações. |

**Fonte**: Comissão Europeia.

## 2.3 Indicadores de Biodiversidade

Tanto a comunidade científica como os Governos e entidades não governamentais ambientalistas têm vindo a alertar para a perda da diversidade biológica em todo o mundo, particularmente nas regiões tropicais. A degradação biótica que tem afectado o planeta encontra raízes nos comportamentos humanos contemporâneos, agravados pelo crescimento explosivo da população, consumismo e distribuição desigual da riqueza. A perda da diversidade biológica envolve aspectos sociais, económicos, culturais e científicos.

Sabemos que os principais processos responsáveis pela perda de biodiversidade são: a perda e fragmentação dos *habitats*; a introdução de espécies e doenças exóticas invasoras; a exploração insustentável de espécies de plantas e animais; o uso de híbridos e monoculturas na agro-indústria e nos programas de reflorestação; a contaminação do solo, da água e da atmosfera por poluentes; e as mudanças climáticas.

As interrelações das diferentes causas de perda de biodiversidade, como a mudança do clima e o funcionamento dos ecossistemas, apenas agora começam a ser vislumbradas.

A importância de dispor de indicadores sobre a biodiversidade decorre do facto de permitirem sintetizar e gerir informação complexa através de fórmulas simples e claras. Governos, empresas e sociedade civil, todos precisam de ter informação que, entre outras necessidades, lhes possibilitem:

*Governos*:

- Avaliar a eficácia das políticas seguidas e fundamentar novas intervenções;
- Monitorizar o desenvolvimento e compatibilidade de políticas sectoriais, regionais e locais;
- Aferir os níveis de cumprimento das exigências legais.

*Empresas*:

- Compreender a escala e potencial da ocorrência de impactos sobre a biodiversidade decorrentes da sua actividade, de forma a poder minimizá-los;
- Reconhecer áreas de potencial conflito com a regulação existente a nível da biodiversidade;
- Satisfazer as necessidades de *reporting* junto de organismos responsáveis e *stakeholders* envolvidos.

*Sociedade Civil*:

- Dispor de uma base de conhecimento que lhe permita participar construtivamente no diálogo sobre a biodiversidade junto dos outros envolvidos, quer estejam em causa políticas governamentais ou projectos e práticas empresariais.

Um bom indicador, independentemente da realidade a cuja aplicação se destina, deve observar a denominada filosofia SMART – *Specific, Measurable, Achievable, Relevant and Timely**. No caso concreto da biodiversidade, os indicadores devem ser suficientemente sensíveis para produzir avisos de possíveis alterações, antes que os danos a eles associados se tornem irreversíveis. Têm de ser capazes de identificar valores críticos que delimitem a fronteira entre a mudança significativa e não significativa no plano local, regional e global.

O desenvolvimento de indicadores de monitorização de biodiversidade foi assumido, na Quinta Conferência Ministerial "Environment for Europe" de 2003 em Kiev[17], como um dos sete alvos-chave para atingir o "objectivo 2010":

*"By 2008, a coherent European programme on biodiversity monitoring and reporting, facilitated by the European Biodiversity Monitoring and Indicator Framework, will be operational*

* **N. A.** Específico, Mensurável, Executável, Relevante e Oportuno.

*in the pan-European region, in support of nature and biodiversity policies, including by 2006 an agreed core set of biodiversity indicators developed with the active participation of the relevant stakeholders."*[18]

No contexto da CDB, foi alcançado em 2004, na sétima conferência dos participantes, um consenso em torno de uma lista de indicadores de referência, agrupados em sete áreas centrais[19]. Esta lista foi adaptada ao contexto europeu em Malahide (2004), através de um primeiro conjunto de 15 indicadores de referência da biodiversidade.

Em 2005, na cidade de Copenhaga, foi dado início ao processo pan-europeu/UE *Streamlining European 2010 Biodiversity Indicators* (SEBI 2010), que integrou as actividades anteriormente desenvolvidas a nível do *European Biodiversity Monitoring and Indicator Framework*[20], de acordo com o que ficara previsto na resolução de Kiev. O processo SEBI 2010, previsto para se manter operacional até 2012, foi desencadeado com o intuito de seleccionar um conjunto de indicadores de biodiversidade capazes de monitorizar os progressos alcançados em direcção ao "objectivo 2010" e, simultaneamente, auxiliar na sua prossecução. Em Outubro de 2007[21], foram apresentados os resultados da primeira fase dos trabalhos (2005-2007), tendo sido proposto um conjunto de 26 indicadores (Tabela 3).

Os indicadores estão agrupados em sete áreas centrais e procuram atender às referências definidas pela União Europeia/PEBLDS em termos de necessidade imediata de linhas de orientação. Trata-se também de um conjunto de indicadores que procura atender não só ao estado da biodiversidade e dos serviços dos ecossistemas, mas simultaneamente aferir a evolução das pressões exercidas, impactos sofridos, principais *drivers* de transformação e respostas implementadas. Em suma, permite descrever o conjunto de interacções que se estabelecem entre o ambiente e a sociedade.

O SEBI 2010 encontra-se agora na segunda das quatro fases inicialmente previstas (2007-2008), em que o objectivo se orienta para a construção de conjuntos de dados, relacionamento de indicadores, identificação e supressão de lacunas e avaliação dos progressos obtidos a nível europeu face ao "objectivo 2010". Desde já, identificam-se algumas áreas que, para além das sete áreas centrais consideradas ou outras com uma presença insuficiente entre elas, emergem como novos desafios de importância fundamental para que se venha a atingir as metas para a biodiversidade, não só em 2010, mas também no futuro posterior: Alterações Climáticas, Ecossistemas Marinhos, Desenvolvimento Territorial, Integração Sectorial e Governação.

O conjunto de indicadores de biodiversidade deve ser entendido como uma realidade, ainda em fase de desenvolvimento, capaz de incluir futuramente elementos adicionais hoje não contemplados ou a necessitar de maior elaboração.

TABELA 3

**SEBI 2010 – Indicadores de biodiversidade europeia agrupados por áreas centrais da CDB**

| Área central da CDB | Referências UE/PEBLDS | SEBI 2010<br>26 Indicadores Propostos |
|---|---|---|
| Situação e tendências das componentes da diversidade biológica. | Tendências na abundância e distribuição das espécies seleccionadas. | 1. Abundância e distribuição de espécies seleccionadas. |
| | Alteração da situação de espécies ameaçadas e/ou protegidas. | 2. *Red List Index* das espécies europeias. |
| | | 3. Espécies de interesse europeu. |
| | Tendências na magnitude de determinados biomas, ecossistemas e *habitats*. | 4. Cobertura por principais ecossistemas. |
| | | 5. *Habitats* de interesse europeu. |
| | Tendências na diversidade genética de animais domésticos, plantas cultivadas e espécies piscícolas de maior significado socioeconómico. | 6. Diversidade genética dos animais domésticos. |
| | Cobertura de áreas protegidas. | 7. Designação de áreas protegidas nacionais. |
| | | 8. Áreas designadas de acordo com a directiva dos *habitats* e a directiva das aves. |

TABELA 3 (cont.)

**SEBI 2010 – Indicadores de biodiversidade europeia agrupados por áreas centrais da CDB**

| Área central da CDB | Referências UE/PEBLDS | SEBI 2010<br>26 Indicadores Propostos |
|---|---|---|
| Ameaças à biodiversidade. | Deposição de nitrogénio. | 9. Nitrogénio acima dos níveis críticos. |
| | Tendências nas espécies alóctones invasoras. | 10. Espécies alóctones invasoras na Europa. |
| | Impacto das alterações climáticas na biodiversidade. | 11. Ocorrência de espécies sensíveis à temperatura. |
| Integridade dos ecossistemas e respectivos bens e serviços. | Índice trófico marinho. | 12. Índice trófico marinho dos mares europeus. |
| | Conectividade/fragmentação dos ecossistemas. | 13. Fragmentação de áreas naturais e seminaturais. |
| | | 14. Fragmentação de sistemas hidrográficos. |
| | Qualidade da água em ecossistemas aquáticos. | 15. Nutrientes em águas costeiras, marinhas e de transição. |
| | | 16. Qualidade da água doce. |
| Uso sustentável. | Área de ecossistemas florestais, agrícolas, piscícolas e de aquacultura sujeitos a uma gestão sustentável. | 17. Floresta:*stock*,crescimento e corte. |
| | | 18. Floresta: volume de árvores mortas em pé ou no solo. |
| | | 19. Agricultura: saldo de nitrogénio (*inputs-outputs*). |
| | | 20. Agricultura: área sob práticas de gestão potencialmente de suporte de biodiversidade. |
| | | 21. Recursos piscícolas: *stocks* comerciais piscícolas europeus. |
| | | 22. Aquacultura: qualidade dos efluentes lançados no meio ambiente. |
| | Pegada ecológica dos Estados europeus. | 23. Pegada ecológica dos Estados europeus. |
| Situação em termos de acesso e partilha de benefícios. | Percentagem europeia de pedidos de patentes por invenções baseadas em recursos genéticos. | 24. Pedidos de patentes baseados em recursos genéticos. |
| Situação em termos de transferência de recursos e sua utilização. | Financiamento da biodiversidade. | 25. Financiamento da gestão da biodiversidade. |
| Opinião pública (não resultante da CDB). | Sensibilização e participação do público. | 26. Sensibilização pública. |

**Fonte**: Agência Europeia do Ambiente.

Os indicadores propostos devem ser considerados individualmente e de forma combinada, de modo a permitir plataformas de aferição adequadas e consistentes. Efectivamente, a selecção de diferentes subconjuntos de indicadores permite perspectivas alternativas, direccionadas a sectores, ecossistemas, pressões ambientais ou à aferição dos progressos alcançados em direcção ao "objectivo 2010". Esta flexibilidade, se devidamente interpretada pelos decisores, pode conferir a este conjunto de indicadores uma versatilidade e escala de aplicabilidade que, não descurando a margem de aperfeiçoamento já reconhecida, se pode traduzir numa determinação de prioridades e numa avaliação de políticas na área da biodiversidade mais fundamentadas.

À imagem da iniciativa europeia SEBI 2010, outros indicadores têm estado em fase de desenvolvimento no contexto de iniciativas regionais: ARK 2010 na América Latina, CBMP na região do Árctico. À escala nacional, diversos países têm desenvolvido os seus próprios indicadores de biodiversidade.

Em Julho de 2007, em Paris, foi lançada a parceria 2010BIP (*Biodiversity Indicators Partnership*) com o apoio da agência das Nações Unidas UNEP – *United Nations Environment Programme* e o financiamento do GEF – *Global Environment Facility*. Trata-se de uma parceria desenvolvida a uma escala global por um conjunto alargado de organizações, incluindo agências das Nações Unidas, institutos de investigação, universidades e ONGs que, partindo dos 22 indicadores identificados pela conferência dos participantes da CDB[22] e através da coordenação de uma vasta rede de contributos, tem por objectivo o desenvolvimento de um grupo de indicadores no sentido de uma monitorização e de uma avaliação mais compreensivas e consistentes da biodiversidade global.

O projecto 2010BIP, com o "objectivo 2010" como "pano de fundo", irá trabalhar no sentido de identificar necessidades emergentes à escala nacional e internacional, explorando várias formas de apresentação e aplicabilidade dos indicadores. A primeira fase do projecto deverá decorrer até 2010.

## 2.4 Estratégia e contexto português

### 2.4.1 Estratégia, instrumentos e enquadramento internacional

A estratégia portuguesa na área da biodiversidade assenta num documento fundamental: a "Estratégia Nacional de Conservação da Natureza e da Biodiversidade" (ENCNB). Os princípios da ENCNB, e respectivas opções específicas que serão enumeradas mais à frente, foram estabelecidos no quadro da obrigação jurídica internacionalmente assumida por Portugal no contexto da Convenção sobre Diversidade Biológica e em harmonia com a estratégia europeia neste domínio. A definição desta estratégia vem, aliás, ao encontro do cumprimento de obrigações fundamentais do Estado consagradas constitucionalmente:

"*Proteger e valorizar o património cultural do povo português, defender a natureza e o ambiente, preservar os recursos naturais e assegurar um correcto ordenamento do território*".

Art.º 9º (Tarefas Fundamentais do Estado)
Constituição da República Portuguesa

Também a Lei de Bases do Ambiente, Lei n.º 11/87[23] de 7 de Abril, define as bases da política de ambiente em cumprimento do disposto nos artigos 9º e 66º da Constituição da República. Integra quatro grupos principais de disposições:

O primeiro grupo estabelece os princípios gerais e os princípios específicos em matéria de defesa do ambiente.

Há um princípio geral da protecção do ambiente, definido no artigo 2º: "Todos os cidadãos têm direito a um ambiente humano e ecologicamente equilibrado e o dever de o defender, incumbindo ao Estado, por meio de organismos próprios e por apelo a iniciativas populares e comunitárias, promover a melhoria da qualidade de vida, quer individual quer colectiva."

Quanto aos princípios específicos, reconhecidos no artigo 3º, a lei enumera oito, nomeadamente: o princípio da prevenção, o princípio do equilíbrio, o princípio da participação, o princípio da unidade de gestão e acção, o princípio da cooperação internacional, o princípio do nível mais adequado de acção, o princípio da recuperação e o princípio da responsabilização.

O segundo grupo de disposições é o que faz o enquadramento da política de ambiente. Diz-se no artigo 2º, n.º 2: "A política de ambiente tem por fim optimizar e garantir a continuidade da utilização dos recursos naturais, qualitativa e quantitativamente, como pressuposto básico de um desenvolvimento auto-sustentado". São também enumerados os "objectivos e medidas" da política de ambiente e os "instrumentos da política do ambiente"[24].

Em terceiro lugar, aparece-nos a lista dos valores ambientais protegidos/comportamentos humanos reprimidos pela lei. A Lei de Bases distingue entre os "componentes ambientais naturais" e os "componentes ambientais humanos". Os seis componentes ambientais naturais que a lei enumera são o ar, a luz, a água, o solo, o subsolo, a flora e a fauna. Quanto aos componentes ambientais humanos, são referidos: a paisagem, o património natural e construído e a poluição (nas suas diferentes manifestações e origens).

Finalmente, podemos agregar num quarto grupo o conjunto de disposições que se ocupa das intervenções preventivas e repressivas da Administração Pública, dos direitos e deveres dos cidadãos e da regulamentação de pormenor.

Quando, em 11 de Outubro de 2001, o Decreto-Lei n.º 151/2001 vem reconhecer que a Estratégia Nacional de Conservação da Natureza e da Biodiversidade (ENCNB) constitui o instrumento fundamental para a prossecução de uma política integrada para a área da biodiversidade, fá-lo num contexto de uma centralidade crescente, quer internamente quer externamente, no quadro da política de ambiente e sustentabilidade.

A Estratégia Nacional de Conservação da Natureza e da Biodiversidade, prevista para vigorar até 2010, assenta nos seguintes dez princípios fundamentais:

1) Princípio do nível de protecção elevado, que visa uma efectiva salvaguarda dos valores mais significativos do nosso património natural;
2) Princípio da utilização sustentável dos recursos biológicos, que promove a compatibilização em todo o território nacional do desenvolvimento socioeconómico com a conservação da natureza e da diversidade biológica, ao serviço da qualidade de vida das populações e das gerações futuras;
3) Princípio da precaução, que aplica à conservação da natureza e da diversidade biológica o princípio *in dubio pro*[25] ambiente, tal como vem sendo reconhecido pela ordem jurídica;
4) Princípio da prevenção, que impõe uma intervenção antecipatória ou cautelar face aos riscos de degradação do património natural e que privilegia a acção sobre as respectivas causas;
5) Princípio da recuperação, que determina a limitação ou eliminação dos processos degradativos nas áreas relevantes para a conservação da natureza e a adopção de medidas de salvaguarda e requalificação dessas áreas;
6) Princípio da responsabilização, que assume, para além do princípio do "poluidor pagador", a responsabilidade de cada um dos agentes na utilização sustentável dos recursos biológicos e entende a defesa do património natural como uma responsabilidade partilhada pela comunidade, pelos agentes económicos, pelos cidadãos e suas associações representativas e, nos termos da lei, pela Administração central, regional e local;

7) Princípio da integração, que defende que a estratégia de conservação da natureza e da biodiversidade seja assumida, de forma coordenada, pelas diferentes políticas sectoriais relevantes, reconhecendo-se a sua interdependência;
8) Princípio da subsidiariedade, que implica uma distribuição de atribuições e competências que confie as decisões e as acções ao nível da administração mais próxima das populações, salvo quando os objectivos visados sejam realizados a nível superior, materializando-se assim, conforme mais apropriado, nos subprincípios da descentralização, da desconcentração ou da centralização;
9) Princípio da participação, que promove a informação e a intervenção dos cidadãos e das suas associações representativas na discussão da política e na realização de acções para a conservação da natureza e para a utilização sustentável dos recursos biológicos;
10) Princípio da cooperação internacional, que articula a presente Estratégia e a sua implementação com os objectivos prosseguidos pela comunidade internacional e pela União Europeia, valoriza os processos de cooperação internacional em curso, reconhece a especial relevância da cooperação luso-espanhola neste domínio e aposta no reforço da cooperação com os países de língua oficial portuguesa em matéria de conservação da natureza e da biodiversidade.

São assumidos três objectivos gerais: a conservação da natureza e da diversidade biológica, a promoção da utilização sustentável dos recursos biológicos e a contribuição para a prossecução dos objectivos visados pelos processos de cooperação internacional na área da conservação da natureza em que Portugal está envolvido.

Para a concretização destes objectivos, a ENCNB formula dez opções estratégicas:

1) Promover a investigação científica e o conhecimento sobre o património natural, bem como a monitorização de espécies, *habitats* e ecossistemas;
2) Constituir a Rede Fundamental de Conservação da Natureza e o Sistema Nacional de Áreas Classificadas, integrando neste a Rede Nacional de Áreas Protegidas;
3) Promover a valorização das áreas protegidas e garantir a conservação do seu património natural, cultural e social;
4) Assegurar a conservação e a valorização do património natural dos sítios e das zonas de protecção especial integrados no processo da Rede Natura 2000;
5) Desenvolver em todo o território nacional acções específicas de conservação e gestão de espécies e *habitats*, bem como de salvaguarda e valorização do património paisagístico e dos elementos notáveis do património geológico, geomorfológico e paleontológico;
6) Promover a integração da política de conservação da natureza e do princípio da utilização sustentável dos recursos biológicos na política de ordenamento do território e nas diferentes políticas sectoriais;
7) Aperfeiçoar a articulação e a cooperação entre a administração central, regional e local;
8) Promover a educação e a formação em matéria de conservação da natureza e da biodiversidade;
9) Assegurar a informação, sensibilização e participação do público, bem como mobilizar e incentivar a sociedade civil;
10) Intensificar a cooperação internacional.

A promoção da integração de políticas, destacada na opção 6, é explicitamente assumida como uma opção estratégica central da ENCNB, em sintonia com a estratégia da União Europeia em matéria de diversidade biológica e com a alínea f), artigo 66º, da Constituição da República Portuguesa. Nesse sentido, são formuladas orientações em matéria de conservação da natureza e da biodiversidade para diferentes políticas sectoriais: ordenamento do território, litoral e ecossistemas marinhos, recursos hídricos, desenvolvimento regional, agrícola, florestal, cinegética, pescas e aquicultura, turismo, industrial, energética, alterações climáticas, transportes, defesa, saúde, investigação e educação.

A ENCNB tem de ser enquadrada com as restantes estratégias, políticas e programas nacionais, nomeadamente: a Estratégia Nacional de Desenvolvimento Sustentável[26], a Estratégia de Lisboa, o Plano Tecnológico, o Programa Nacional de Política de Ordenamento do Território, a Estratégia Nacional para o Mar[27], a Estratégia de Gestão Integrada da Zona Costeira[28], o Plano Estratégico Nacional de Turismo, o Plano Nacional de Turismo de Natureza, a Estratégia Nacional para a Energia, o Plano Estratégico Nacional das Pescas, os Planos de Ordenamento da Orla Costeira, a Estratégia Nacional para as Florestas[29] e o Programa de Desenvolvimento Rural[30].

A ENCNB pretende ser um elemento de referência de orientação estratégica e de integração para qualquer tipo de intervenção, pública ou privada, que directa ou indirectamente interfira com a protecção da biodiversidade, valores naturais e paisagísticos. Neste sentido, e nos termos da Resolução do Conselho de Ministros n.º147/2006, procurou-se garantir a articulação do PEN – Plano Estratégico Nacional e respectivos PDR – Programas de Desenvolvimento Rural com o QREN – Quadro de Referência Estratégica Nacional[31] e respectivos programas operacionais. Sendo simultaneamente assegurada a sua coerência com a Estratégia Nacional de Conservação da Natureza e da Biodiversidade.

A presidência portuguesa da União Europeia, no segundo semestre de 2007, elegeu como uma das suas prioridades a inclusão da biodiversidade nas decisões empresariais, procurando envolver as empresas na protecção da biodiversidade, nomeadamente através da criação de procuras por parte dos consumidores que, cada vez mais, reflictam os valores associados à biodiversidade. Temas como as alterações climáticas, a escassez de água e a seca, o ordenamento do território e o desenvolvimento regional, com evidente expressão na abordagem dos desafios que a preservação da biodiversidade coloca, foram elevados ao estatuto de prioridades políticas no contexto da presidência portuguesa, reforçando a centralidade que a temática da biodiversidade vem adquirindo no contexto das opções políticas tomadas nos diferentes sectores da vida nacional.

### 2.4.2 A diversidade biológica em Portugal – algumas referências e ameaças

Portugal encontra-se geograficamente distribuído por três regiões biogeográficas entre as nove regiões biogeográficas europeias (Figura 2): a região Atlântica e a Mediterrânica, no continente, e a região Macaronésica nos arquipélagos da Madeira e dos Açores. Assim, apesar da sua reduzida dimensão geográfica, o país apresenta uma elevada diversidade biológica (Quadro 1), a qual se traduz no terceiro lugar que Portugal ocupa, entre os 27 Estados europeus, em área terrestre coberta pelos designados SIC (Sítios de Importância Comunitária). Apenas superado pela Eslovénia (31.4%) e pela Espanha (23.4%), Portugal, com 94 sítios designados (34 dos quais nos arquipélagos dos Açores e da Madeira), ultrapassa, de forma muito significativa, os 12.8% para a média comunitária, registando 17.4% do território abrangido pela Rede Natura 2000.[32]

QUADRO 1

## Aspectos relevantes da biodiversidade portuguesa

- Portugal[33] está integrado num dos 34 *hotspots* mundiais de biodiversidade[34], a "Bacia Mediterrânea"

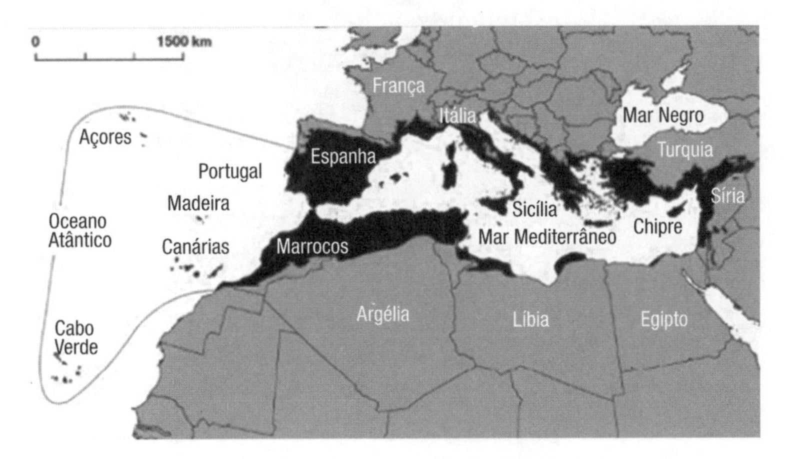


**Fonte**: *International Union for the Conservation of Nature and Natural Resources* – IUCN.

- Em Portugal existem 90 IBA[35], áreas consideradas prioritárias para a conservação das aves e dos seus *habitats* (totaliza, 14 606 km$^2$, 15.9% do território). Igualmente, duas das seis regiões EBA[36] europeias, regiões críticas para a conservação de espécies de existência geograficamente confinada, situam-se no país, nomeadamente nos arquipélagos dos Açores e da Madeira.

- O WWF (*World Wildlife Fund*) incluiu Portugal numa das denominadas *Global 200 Ecoregions*: "*Mediterranean Forests, Woodlands and Scrub*". Tratam-se de regiões seleccionadas pelo seu significado a nível de espécies, endemismo e singularidade ecológica.

FIGURA 2

**Regiões biogeográficas europeias**

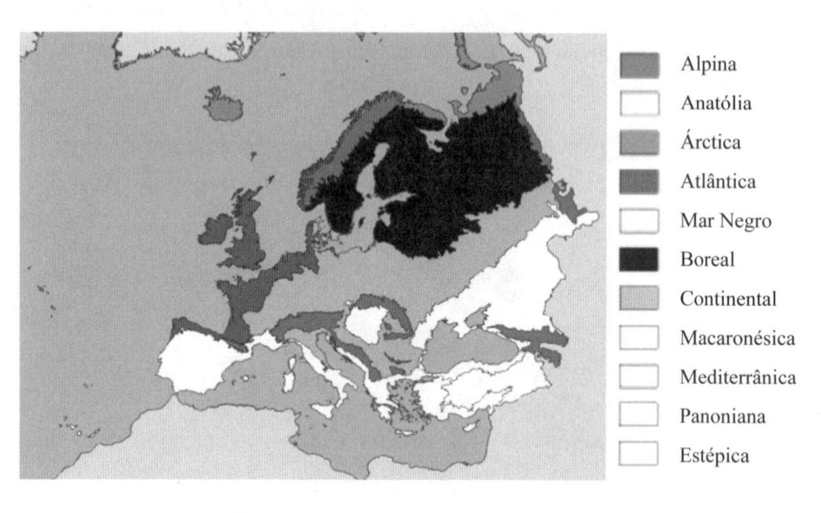


**Fonte**: Agência Europeia do Ambiente.

Em sintonia com a ênfase atribuída na Convenção da Biodiversidade à conservação *in situ*, reconhecendo que a protecção das espécies passa obrigatoriamente pela protecção dos *habitats*, existe em Portugal continental uma Rede Nacional de Áreas Protegidas que integra[37]:

1 Parque Nacional (área com ecossistemas pouco alterados pelo Homem, amostras de regiões naturais características, paisagens naturais ou humanizadas, locais geomorfológicos ou *habitats* de espécies com interesse ecológico científico e educacional[38]):

1) Parque Nacional da Peneda-Gerês[39].

13 Parques Naturais (área que se caracteriza por conter paisagens naturais, seminaturais e humanizadas, de interesse nacional, sendo exemplo de integração harmoniosa da actividade humana e da natureza e que apresenta amostras de um bioma ou região natural):

1) Parque Natural do Alvão;
2) Parque Natural da Arrábida;
3) Parque Natural do Douro Internacional;
4) Parque Natural de Montesinho;
5) Parque Natural da Ria Formosa;
6) Parque Natural da Serra da Estrela;
7) Parque Natural da Serra de S. Mamede;
8) Parque Natural das Serras de Aire e Candeeiros;
9) Parque Natural de Sintra-Cascais;
10) Parque Natural do Sudoeste Alentejano e Costa Vicentina;
11) Parque Natural do Vale do Guadiana;
12) Parque Natural do Tejo Internacional;
13) Parque Natural do Litoral Norte.

9 Reservas Naturais (área destinada à protecção de *habitats* de flora e fauna):

1) Reserva Natural das Berlengas;
2) Reserva Natural das Dunas de São Jacinto;
3) Reserva Natural do Estuário do Sado;
4) Reserva Natural do Estuário do Tejo;
5) Reserva Natural das Lagoas de Santo André e da Sancha;
6) Reserva Natural do Paul de Arzila;
7) Reserva Natural do Paul do Boquilobo;
8) Reserva Natural do Sapal de Castro Marim e Vila Real de Santo António;
9) Reserva Natural da Serra da Malcata.

FIGURA 3

**Parques e Reservas da rede nacional de áreas protegidas**

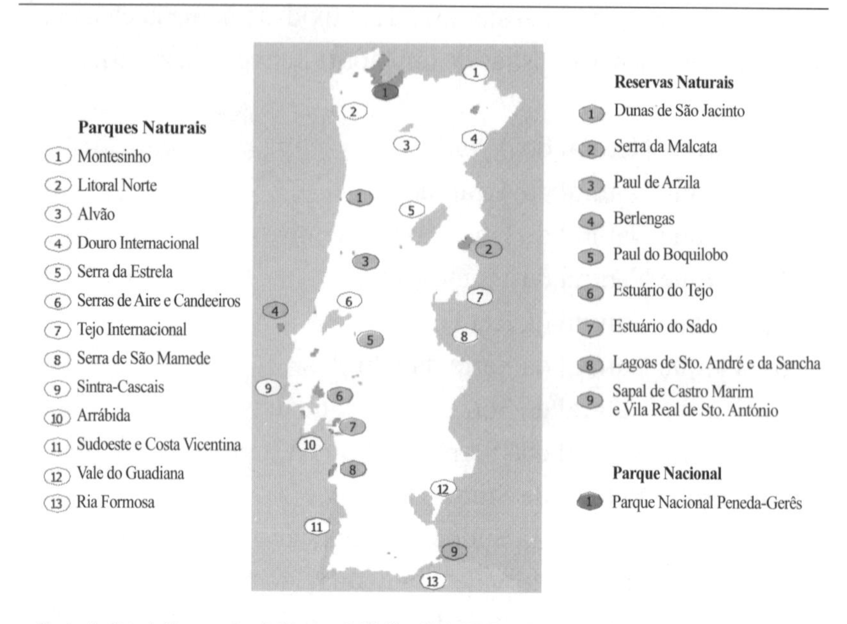


**Fontes**: Instituto da Conservação e da Natureza, da Biodiversidade (ICNB), ES Research – Research Sectorial.

Em Portugal, com excepção dos ecossistemas polares, encontramos exemplos das diferentes grandes categorias de ecossistemas considerados no *Millennium Assessment*: ecossistema florestal (inclui a área de montado[40] que se sobrepõe com as denominadas *drylands*[41]); ecossistema de montanha (principalmente no Centro e Interior Norte de Portugal); ecossistema agrícola (áreas cultivadas); ecossistema urbano; ecossistema marinho (áreas marítimas abaixo dos 50 metros de profundidade); ecossistema costeiro (zona de *interface* entre o oceano e a superfície terrestre); ilhas (corresponde fundamentalmente aos arquipélagos da Madeira e dos Açores); e águas interiores (principalmente rios, lagoas e albufeiras).

É de salientar que Portugal detém a maior Zona Económica Exclusiva da União Europeia, com uma área de um milhão e setecentos mil quilómetros quadrados (os arquipélagos dos Açores e da Madeira são responsáveis por aproximadamente 80% da área total).

Quanto à superfície terrestre, o ecossistema florestal, nas suas diferentes formas, representa 36% da superfície total, nele se encontrando cerca de 45% das espécies portuguesas de mamíferos, pássaros, anfíbios, répteis e borboletas (PtMA 2004). O pinheiro bravo é a espécie mais significativa (971 mil ha), seguindo-se o eucalipto (743 mil ha, espécie que tem vindo sempre a crescer em área de implantação), o sobreiro (643 mil ha, área que se admite subestimada por ainda não considerar novas arborizações) e a azinheira (462 mil ha).[42] Contrariamente à floresta nativa, a floresta não nativa, como os povoamentos de eucalipto, caracteriza-se pela sua baixa biodiversidade.[43] Por outro lado, os montados, predominantes no Alentejo, são referenciados como exemplo de um sistema tradicional sustentável de uso da terra, aliando ao seu elevado valor produtivo um papel relevante na conservação da biodiversidade, dada a sua elevada diversidade a nível da fauna e da flora, constituindo regiões de alimento e descanso para aves migratórias e diversas espécies de morcegos.

À área agrícola que, segundo o IFN-3ª revisão, ocupa sensivelmente um terço do território nacional, são associadas 45% das espécies portuguesas de mamíferos, pássaros, anfíbios, répteis e borboletas (PtMA 2004). Destacam-se pelo seu significado neste domínio, os lameiros, as pastagens, os arrozais, as cearas, as vinhas de encosta e os olivais.

A biodiversidade em Portugal, à semelhança do que pode ser observado a nível da União Europeia, encontra-se sujeita a diversas ameaças relacionadas não só com novos usos da terra (expansão urbana, construção de infra-estruturas), mas também com a alteração de práticas agrícolas (dimensão, intensidade e especialização da exploração agrícola), a invasão de espécies alóctones e as alterações climáticas. Os ecossistemas costeiros e marinhos, comungando de algumas das ameaças descritas, são também alvo de ameaças específicas, como o caso da sobre-exploração de recursos, da contaminação e das práticas pesqueiras destrutivas. No caso português, surge também com particular intensidade o flagelo dos incêndios florestais.

Desempenhando as florestas um papel importante na conservação da natureza e da preservação do ambiente, enquanto elementos fundamentais no ciclo do carbono e importantes sumidouros de carbono, factor de controlo do ciclo hidrológico e elemento preventivo da erosão dos solos, os fogos florestais, pondo em causa todo este conjunto de serviços ecossistémicos, colocam directamente em risco a sobrevivência das espécies que dependem desses serviços. Portugal, mesmo entre o conjunto dos países do Sul da União Europeia, destacou-se tradicionalmente de forma negativa em termos de área ardida (2003 e 2005 foram anos em que a área ardida em Portugal superou a do conjunto formado por França, Espanha, Itália e Grécia). Contudo, os últimos dois anos caracterizaram-se por uma quebra acentuada dos valores registados, evoluindo-se de 425.7 mil ha em 2003 para 74.3 mil ha em 2006 e 16.6 mil ha em 2007.[44] Valor substancialmente inferior à média dos cinco anos anteriores, que se situara em aproximadamente 218 mil hectares (Figura 4).

Na apresentação intercalar de 2004, o relatório português do *Millennium Assessment*, traça um cenário pobre ou regular para a biodiversidade nos diferentes ecossistemas nacionais (Figura 5), com a única excepção do montado, em que é reportada uma boa condição geral. Paralelamente, constata-se que as respectivas tendências de evolução são de manutenção ou de deterioração deste serviço ecossistémico.

FIGURA 4

## Área ardida em Portugal, 2000-2007

(Milhares de hectares)

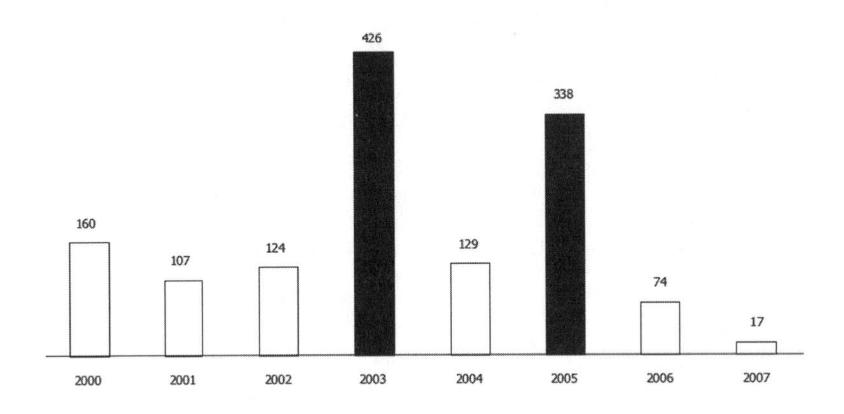


**Fonte**: Direcção-Geral dos Recursos Florestais.

FIGURA 5

## Situação e tendência da biodiversidade em cada ecossistema português

| Ecossistema | Marítimo | Costeiro | Águas Interiores | Floresta | Montado | Cultivo | Urbano |
|---|---|---|---|---|---|---|---|
| Biodiversidade | ↘ | ↘ | ↘ | → | → | → | ↘ |

Regular Bom Pobre → Tendência

**Fonte**: Avaliação Portuguesa do *Millennium Ecosystem Assessment*.

CAPÍTULO 3

# As empresas e a Biodiversidade

*...não podemos resolver os problemas usando o mesmo nível de pensamento que usámos quando os criámos.*

Albert Einstein

## 3.1 Riscos (BBRs)[1] ou Oportunidades (BBOs)[2]?

*"How much should society be prepared to spend to protect nature? The answer will in large measure determine whether humanity ends up living in a world of whales, wild tigers, and wetlands or a world of pavement, iPods and pollution. Better yet, we can hope that (...) market mechanisms will make it possible for the pavement and the iPods to co-exist comfortably with the whales and the wetlands."* [3]

Ricardo Bayon, *2008 State of the World – Innovations for a Sustainable Economy*

Perante a reconhecida degradação dos ecossistemas a uma escala global, o desafio que se coloca às empresas é identificar em que medida este cenário se traduz em novos riscos e oportunidades.

É amplamente reconhecido o papel que o sector privado pode desempenhar na conservação da biodiversidade. O desafio consiste em direccionar a intervenção dos privados para actividades que potenciem a biodiversidade, evitando aquelas que, pelo contrário, a comprometeriam.

Existem muitas actividades para as quais o investimento na área da biodiversidade se prefigura como potencialmente relevante e até incontornável para a manutenção das respectivas actividades (Tabela 4):

- Actividades que são utilizadoras directas da biodiversidade; inclui por exemplo a actividade florestal, o sector das pescas, o turismo ou a actividade agrícola.
- Actividades com impacto na biodiversidade; inclui por exemplo o sector da energia, o sector da construção, a indústria extractiva ou o sector dos transportes.

**TABELA 4**

| **Actividades mais relevantes na área da biodiversidade** |
|---|
| **Agricultura**<br>• Agricultura biológica;<br>• Produtos agrícolas qualificados. Denominação de origem Protegida (DOP), Indicação Geográfica Protegida (IGP) e Especialidade Tradicional Garantida (ETG);<br>• Agricultura biodinâmica e permacultura;<br>• Uso de plantas aromáticas e medicinais autóctones para produtos farmacêuticos, cosméticos e de limpeza. |
| **Produção animal**<br>• Criação e comercialização de raças autóctones (ovinas, caprinas, bovinas, suínas, equinas, asininas, caninas);<br>• Pecuária biológica;<br>• Aproveitamento de biogás;<br>• Apicultura biológica. |

TABELA 4 (cont.)

| Actividades mais relevantes na área da biodiversidade |
|---|
| **Floresta**<br>• Floresta autóctone sustentável e seus produtos (madeira certificada, cortiça);<br>• Cogumelos silvestres;<br>• Frutos silvestres e culturas amigas da biodiversidade (castanha, amoras, framboesas, mirtilos);<br>• Reflorestação, limpeza de matas, eliminação de espécies exóticas invasoras;<br>• Energia de biomassa. |
| **Alimentação**<br>• Produção de espécies autóctones para repovoamentos florestais e uso em espaços públicos (parques, jardins, quintas pedagógicas). |
| **Arboricultura**<br>• Distribuição, transformação, fabrico e comercialização de produtos alimentares biológicos e com denominação de origem protegida. |
| **Caça**<br>• Caça sustentável;<br>• Repovoamentos com espécies cinegéticas (com controlo da origem). |
| **Pesca e Aquacultura**<br>• Aquacultura de espécies ameaçadas;<br>• Apanha de algas e outros produtos do mar;<br>• Zonas de pesca sustentáveis;<br>• Repovoamentos com espécies de peixes dulciaquícolas autóctones (com controlo da origem). |
| **Energia**<br>• Energias renováveis (mini-hídrica, eólica, solar, biogás);<br>• Eficiência energética (carros, electrodomésticos e lâmpadas de baixo consumo). |
| **Construção ecológica**<br>• Materiais de construção ecológicos (reciclados, não tóxicos, certificados);<br>• Eficiência energética (isolamento térmico);<br>• Energias renováveis (mini-hídrica, eólica, solar);<br>• Sistemas de redução de consumo e reaproveitamento de água. |
| **Resíduos**<br>• Reciclagem e reutilização de resíduos;<br>• Tratamento de resíduos;<br>• Desenvolvimento e aplicação de tecnologias industriais mais limpas. |

**TABELA 4 (cont.)**

| **Actividades mais relevantes na área da biodiversidade** |
|---|
| **Turismo**<br>• Turismo de natureza (percursos interpretativos da natureza, *birdwatching*, *whalewatching*, fotografia de natureza). |
| **Serviços ambientais**<br>• Empresas de compensação de impactos (mercado de carbono, mercado de conservação);<br>• Empresas de consultoria e certificação;<br>• Educação ambiental. |

**Fontes**: Centro de Investigação em Biodiversidade e Recursos Genéticos (CIBIO), ES Research – Research Sectorial.

Neste contexto, pode ser referenciada uma extensa e diversificada lista de actividades económicas com maior ou menor envolvimento de operadores privados ou públicos, de pequena ou grande dimensão, e de características locais ou até multinacionais.

Entre os principais *drivers* da crescente relevância económica da biodiversidade e sua conservação para as empresas encontram-se:

- O desenvolvimento de nova legislação e regulamentação por parte dos governos, restringindo as acções das empresas neste âmbito;
- A crescente dependência das empresas em relação aos serviços dos ecossistemas, na medida em que a maior concorrência no seu acesso se traduz num aumento substancial dos custos de *inputs* importantes;
- A maior vulnerabilidade dos activos face a potenciais calamidades naturais;
- O escrutínio mais exaustivo das cadeias de fornecimento por parte dos potenciais clientes;
- O activismo das ONGs numa sociedade cada vez mais integrada a uma escala global;
- Os riscos para a reputação e imagem de marca.

A responsabilidade ambiental das empresas já não se fundamenta unicamente em razões de ordem moral, mas na própria lógica da sua gestão. As empresas enfrentam um conjunto de preocupações, envolvendo uma diversidade de *stakeholders* (Figura 6), e que se manifestam através de políticas governamentais mais restritivas, preferências dos consumidores em transformação, escrutínio exaustivo por parte de grupos de pressão e parceiros (investidores, clientes, financiadores) com maior exigência ambiental. A interacção das diferentes esferas da vida das organizações tende a reforçar a relevância que a realidade da perda da biodiversidade vai adquirindo para a respectiva sustentabilidade económica.

**FIGURA 6**

***Stakeholders* na área da biodiversidade**

**Fontes**: IFC – *International Finance Corporation, World Bank Group*, ES Research – Research Sectorial.

Partindo do pressuposto de que a "batalha" pela biodiversidade terá de passar forçosamente pelo envolvimento dos operadores privados, terão de ser encontrados os mecanismos capazes de canalizar as respectivas iniciativas, de acordo com as metas que o mundo em geral, e a Europa, em particular, se propõe atingir. Neste contexto, assume particular relevância a detecção das principais dificuldades que se colocam a uma maior mobilização do sector privado para o investimento em projectos ambientalmente sustentáveis.

Boorstin[4] identifica quatro elementos de perturbação principais, que funcionam como verdadeiras barreiras ao desenvolvimento de novos projectos ou à reestruturação de projectos já existentes e que frequentemente se encontram presentes quando está em causa a captura de valores ambientalmente relevantes do ponto de vista social:

- Falta de *know-how* – O facto de se estar perante áreas de actividade menos tradicionais reforça dificuldades de entendimento entre investidores e instituições financeiras, motivadas pelo desconhecimento mútuo sobre os respectivos processos, linguagens e formas de intervenção;

- Capacidade insuficiente – Acontece sempre que o sector privado, apesar de identificar uma oportunidade, enfrenta o desajustamento entre os recursos de que dispõe/contexto em que opera e os que lhe seriam necessários (qualificação de recursos, capacidade operacional, regulação);

- Exposição ao risco – A necessidade de lidar com novos modelos de gestão, operadores, mercados, tecnologias ou quadros legais pode levar a uma sobreavaliação dos riscos presentes, restringindo ou mesmo excluindo o financiamento privado de projectos ambientalmente inovadores;

- Dificuldade de acesso ao crédito – Quando, dado o nível de risco esperado, o retorno privado associado ao investimento não é suficientemente elevado para atrair o capital necessário à sua execução e futura manutenção.

No caso concreto da biodiversidade, encontramo-nos perante um bem ambiental em que a tarefa de quantificação dos impactos ocorridos, seja no sentido da sua recuperação ou no sentido da sua degradação, se revela de complexidade elevada dada a ausência de mercados para grande parte dos serviços que lhe estão associados. Para corrigir esta situação, têm sido desenvolvidos esforços, ainda que parcial e progressivamente, no sentido de incluir os valores da biodiversidade nos processos de decisão dos agentes, recorrendo à criação de novos mercados onde se transaccionem, explicitamente, serviços dos ecossistemas ou produtos em que se valorize a relação estabelecida com a biodiversidade ao longo de toda a cadeia de produção e comercialização. Pretende-se, assim, alargar as tradicionais fontes de financiamento para além do universo dos programas de apoio, promovidos por governos e organizações internacionais, das doações públicas e das doações privadas.

A chegada dos mercados à biodiversidade, podendo inicialmente surgir apenas como um meio complementar de financiamento, pretende afirmar-se como um veículo de alteração significativa da estrutura de incentivos subjacente à intervenção dos diversos agentes nos vários níveis em que ocorre. Desta forma, procura libertar-se o esforço de conservação da biodiversidade de uma situação paradoxal em que um objectivo vital, globalmente reconhecido, é sistematicamente ignorado quando os agentes económicos, produtores ou consumidores, são confrontados com a necessidade de tomar decisões.

A questão não é a da exclusão do fornecimento público de bens ambientais porque se acredita de modo acrítico na superioridade de uma qualquer forma de provisão privada dos mesmos. Bem pelo contrário, o que se pretende é que, sempre que os operadores privados estejam em condições de poder oferecer soluções de maior qualidade e a menor custo para a sociedade, não seja por não estarem reunidas as condições fundamentais para a sua ocorrência que essa oferta não surja.

O grau de maior ou menor fornecimento privado de um bem ambiental, como a biodiversidade, depende de uma análise cuidada dos elementos subjacentes ao eventual excesso de exploração. Em termos concretos, há que responder a um conjunto de questões: Estamos na presença de uma falha de mercado? Até que ponto uma definição de direitos de propriedade adequada poderá permitir o desenvolvimento de uma oferta sustentável dos serviços da biodiversidade? E, se for esse o caso, coloca-se então a questão de saber até que ponto é possível contar com estruturas de mercado eficientes na promoção do encontro entre a oferta e a procura. Ou, pelo contrário, se é às entidades públicas que deverá ser confiada essa intervenção.

Em seguida, é preciso verificar criteriosamente de que forma os *stakeholders*, predominantemente a um nível local, são afectados e de que forma tal se poderá traduzir no insucesso das soluções defendidas. Neste âmbito, os aspectos redistributivos assumem a maior relevância.

Finalmente, não podem ser descurados os aspectos relacionados com a monitorização e o *enforcement*, não só para introduzir alterações que o desenvolvimento das soluções implementadas venha a tornar necessárias, como para não permitir que a ausência de actuações capazes de desincentivar comportamentos indesejáveis comprometa a manutenção da estrutura de incentivos subjacente ao modelo de fornecimento delineado (Figura 7).

O envolvimento do sector privado potencia o retorno sobre eventuais apoios públicos ou privados, permitindo beneficiar do efeito de alavancagem: directamente associado à mobilização do investimento privado e indirectamente possibilitado pela maior garantia de futura continuidade e provável replicabilidade dos projectos iniciados. De facto, o envolvimento de um privado, num contexto de mercado, só acontecerá quando forem criadas condições de viabilidade comercial para atrair essa presença, constituindo-se como elemento aliciador para que outros operadores sejam atraídos para o fornecimento de um determinado serviço ambiental. Simultaneamente, um ambiente de maior competitividade traduz-se geralmente numa maior consistência na busca das melhores práticas de gestão e eficiência de processos.

FIGURA 7

**Elementos determinantes do *mix* de provisão**

**Fonte**: ES Research – Research Sectorial.

## 3.1.1 BBRs – Riscos associados à perda da Biodiversidade

A exposição dos negócios aos riscos colocados pela perda da biodiversidade (BBRs) diverge consoante os diferentes sectores de actividade, tendo normalmente como principais determinantes:

- Impactos que a actividade exerce directamente sobre os ecossistemas;
- Impactos através das cadeias de fornecimento;
- Dependência de serviços ambientais.

Sectores tão diferentes como a agricultura, a pesca, as indústrias extractivas, a construção, as *utilities*, os transportes, o turismo e a indústria transformadora em geral enfrentam, em grau e *mix* diverso, diferentes padrões de exposição ao risco.[5] Sendo verdade que todas as empresas, por motivos que se discriminam em seguida, sentem cada vez mais a necessidade de evitar que a sua actividade se reflicta negativamente sobre a biodiversidade, é, contudo, inegável que algumas actividades económicas, por explorarem mais directamente recursos naturais, experimentam essa necessidade de forma mais intensa, já que é o próprio suporte das respectivas operações que pode ser colocado sob ameaça e, consequentemente, a existência das empresas que dele dependem.

A capacidade evidenciada pelos diferentes agentes económicos para, envolvendo os diferentes *stakeholders*, identificar variáveis de risco e avaliar a sua expressão em termos de impactos ou dependências face a determinados serviços ambientais, e à biodiversidade em particular, é determinante para que se potencie o desenvolvimento e a avaliação de planos de acção, susceptíveis de eliminar e/ou minimizar impactos negativos e promover impactos positivos.

Um desempenho deficiente por parte dos operadores económicos, em matéria de biodiversidade, representa uma possível exposição a riscos que, podendo ter origem num conjunto alargado de *stakeholders*, como observámos anteriormente, poderá colocar em causa, no cenário mais desfavorável, a própria sobrevivência das empresas no mercado:

- Dificuldades de acesso a capital e ao crédito. Os aspectos ambientais e sociais, incluindo a biodiversidade, são factores cada vez mais considerados pelos investidores e pelo sector financeiro. Uma percepção negativa do desempenho ambiental da empresa poderá traduzir-se em desinvestimento por parte dos seus accionistas e custos financeiros acrescidos. Na área do *Project Finance*, a adopção dos Princípios do Equador[6] procura garantir que os projectos financiados, pelas instituições signatárias, consideram apropriadamente os riscos ambientais em todas as fases do seu desenvolvimento. Na área da gestão de fortunas, os *portfolios* são devidamente monitorizados quanto à sua exposição aos riscos de natureza ambiental e elaborados tendo em conta os perfis dos investidores. BBRs ponderados de forma incorrecta podem, por si só, comprometer os resultados financeiros de uma aplicação;

- A crescente preocupação com o comportamento socialmente responsável por parte das empresas leva a que, cada vez mais, tenha de ser dada atenção aos danos que a identificação de uma empresa com práticas de gestão objecto de censura social pode provocar na sua imagem. Esta exigência estende-se com intensidade crescente a toda a cadeia de fornecimento, *joint ventures* e subsidiárias. Campanhas por parte de ONGs, publicidade negativa nos *media* ou contestação de comunidades locais são eventuais fontes de erosão do valor de mercado de uma empresa, o qual, em certas áreas de actividade, está em larga proporção associado à sua reputação e marca;

- Podem incorrer em riscos de responsabilidade legal empresas que, no decurso da sua actividade, possam ser associadas à ocorrência de agressões ambientais.

Na Europa, em particular desde 30 de Abril de 2004, a adopção da Directiva 2004/35/EC (*Environment Liability Directive* – ELD, transposta e implementada nos Estados-membros em 2007) vem contemplar na legislação comunitária a aplicação do princípio do "poluidor pagador" na perspectiva da prevenção e compensação pelos danos ambientais. A Directiva, na área da biodiversidade, abrange os danos sobre todas as espécies e *habitats* protegidos pela "Directiva *Habitats*" e as espécies de aves mais ameaçadas, protegidas pela "Directiva Aves".

A regulamentação é uma área que tem conquistado uma maior relevância e eficácia. Pode gerar dificuldades para a obtenção de licenciamentos e, em situações extremas, colocar em perigo a própria licença de actividade, independentemente do respectivo sector. A crescente monitorização de todas as actividades que envolvem o uso, a comercialização e a conservação da biodiversidade vem colocar a necessidade de acompanhar, com maior rigor, não só os procedimentos internos das próprias instituições, mas também os dos seus diferentes parceiros, clientes ou investimentos.

Medidas pró-activas de gestão da biodiversidade podem ser determinantes para a criação de um clima de relacionamento positivo com reguladores e comunidades, que evite o cancelamento das respectivas licenças de funcionamento ou dificulte a aprovação de novos desenvolvimentos.

- As preferências dos consumidores em contínua alteração, em virtude de uma consciência ambiental cada vez mais presente em círculos sucessivamente mais alargados e informados, conduzem a procuras dirigidas às empresas com níveis de exigência crescentes em relação à preservação da biodiversidade. Uma empresa que se queira colocar nos segmentos de procura com maior potencial de crescimento sabe que a opção por métodos de produção não sustentáveis poderá condicionar o seu acesso futuro ao mercado, correndo o risco de perda de contratos em favor de concorrentes mais bem posicionados.

- A actividade seguradora regista, com crescente frequência, pedidos de indemnização com origem em ocorrências meteorológicas extremas provocadas pelas alterações climáticas (perda de colheitas, fogos florestais, furacões, inundações). Sendo a destruição da biodiversidade um elemento fundamental na explicação da evolução observada, tal facto implica que, directa e indirectamente, os BBRs afectem a actividade seguradora, não só pela necessidade de aumentar os prémios de sinistros tendencialmente mais frequentes, como pela obrigatoriedade de cobrir novas sinistralidades associadas ao reconhecimento de que a perda da biodiversidade é vista como um dano em relação ao qual as comunidades devem ser ressarcidas. Independentemente das dificuldades que as características específicas da biodiversidade colocam a uma avaliação eficaz dos impactos sofridos, este é um elemento que, sem dúvida, se reflecte no presente e, cada vez mais, no futuro da actividade seguradora em geral.

  Para as empresas seguradas, o risco consiste em poderem ficar expostas a situações de agravamento de prémios ou mesmo recusa de cobertura de sinistros decorrentes da sua actividade, em virtude do mau desempenho apresentado na área da biodiversidade.

- Aumento de custos operacionais. Multas e contestações que, pela sua dimensão e imprevisibilidade, perturbem o equilíbrio financeiro da empresa e o processo de produção e comercialização, podem ser evitadas pelo investimento em equipamentos de controlo de poluição.

- Baixo nível de motivação e de produtividade dos colaboradores. A censura social gerada em torno da sua entidade empregadora, decorrente de um mau desempenho na área da gestão da biodiversidade, desmotiva e afecta a produtividade dos colaboradores. Isto é tanto mais relevante quanto maior for a relação entre a força de trabalho e a comunidade local em que a empresa, ou algumas instalações da mesma, se insere.

- Ruptura da cadeia de fornecimento de produtos ou serviços. Directa ou indirectamente, todas as empresas dependem de recursos biológicos para o normal desenvolvimento dos seus processos produtivos. O uso sustentável desses recursos é um factor-chave para evitar uma ruptura da cadeia de fornecimento. A concretização dessa ruptura incapacita a empresa de satisfazer a procura que se lhe dirige, favorece os competidores e compromete a sua manutenção na respectiva área de negócio (por exemplo, no caso concreto do turismo de natureza, trata-se de uma actividade que depende da manutenção de ecossistemas saudáveis e usados de forma sustentável).

### 3.1.2 BBOs – Oportunidades associadas à Biodiversidade

#### 3.1.2.1 A Biodiversidade no negócio

Paralelamente aos novos riscos que a biodiversidade vem tornar incontornáveis, surge também um conjunto de oportunidades cujo valor de mercado, sendo menos evidente no momento actual, tenderá a assumir uma maior relevância futura, motivada directamente por uma crescente consciência social para este tipo de preocupações que, forçosamente, se repercutirá no comportamento e sucesso dos operadores dos diferentes mercados. É possível, já hoje, identificar oportunidades de negócio em áreas diversificadas e que normalmente não são mais do que o "outro lado" dos riscos anteriormente abordados:

- A capacidade de uma empresa oferecer uma variedade de produtos na área do investimento socialmente responsável (SRI[7]) pode ser um factor determinante na atracção de novos investidores. O SRI vai sendo progressivamente entendido, já não unicamente como um produto dirigido a franjas de mercado com uma maior sensibilidade pelos valores ambientais, mesmo que isso represente o usufruto de menores taxas de rentabilidade, mas também como o investimento em carteiras de activos que, precisamente em virtude de incluírem o elemento da sustentabilidade na sua gestão, podem ser associadas a maiores taxas de retorno sobre os capitais investidos.

Uma vez criadas as condições institucionais para que o SRI se afirme como um imperativo cívico, está também aberto o caminho para que seja numa estratégia financeira de sucesso. Esta é uma realidade fundamental, sobretudo para investidores institucionais que têm a obrigação de proteger o valor dos seus activos numa perspectiva de longo prazo, de entre os quais se destacam os fundos de pensões.

O último relatório sobre as tendências do Investimento Responsável nos Estados Unidos[8], produzido pelo *Social Investment Forum*, apurou uma taxa de crescimento para os activos em SRI de 18% no período entre 2005 e 2007, 2 711 mil milhões de dólares (Figura 8), claramente superior à verificada no mesmo período para a totalidade dos activos, 3%.

Entre as principais forças apontadas como estando subjacentes ao crescimento observado é expressamente referida a preocupação crescente dos investidores face aos riscos de origem ambiental, levando-os a procurar oportunidades em *clean and green technologies*, energias renováveis, construção sustentável e outros negócios na área do ambiente.

FIGURA 8

**Activos em Investimento Socialmente Responsável nos EUA, 2003-2007** (Mil milhões de dólares)

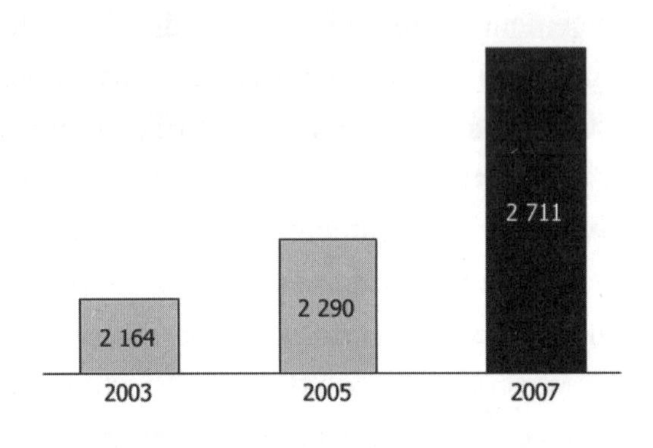


**Fonte**: *Social Investment Forum*.

Também na área dos mercados de capitais existem índices vocacionados para investidores com preocupações de responsabilidade social e ambiental. A nível internacional, o *FTSE4Good* e o *Dow Jones Sustainability* são índices de referência em termos de empresas cotadas com melhores práticas em favor do desenvolvimento sustentável.

- Produções sustentáveis e certificação. Preferências em rápida alteração e mercados e cadeias de fornecimento mais exigentes criam oportunidades para produtos da biodiversidade obtidos em condições comprovadamente não prejudiciais para ela. Surge assim uma procura associada de serviços de certificação nas mais diversas áreas de actividade, permitindo às empresas demonstrar, de forma credível, a sustentabilidade das suas produções, serviços e processos, e aos consumidores efectuar opções de compra fundamentadas[9].

- Conservação e requalificação ambiental. Quando, mesmo seguindo as orientações ditadas pelas melhores práticas do sector, uma empresa não consegue evitar impactos negativos sobre a biodiversidade, o recurso a acções compensatórias na área da conservação e recuperação de biodiversidade aparece como uma potencial alternativa. Esta é uma área de negócio em que frequentemente se observa o estabelecimento de parcerias com ONGs e outros operadores públicos e privados em acções de preservação da biodiversidade, permitindo requalificar activos ou promover reputações e imagens.

- Projectos de iniciativa pública. A necessidade de preservação dos ecossistemas nas várias dimensões dos serviços prestados tem não só multiplicado a realização de projectos de iniciativa pública nesta área, como reforçado o escrutínio a que estão sujeitas intervenções de outra índole, nomeadamente infra-estruturas de transporte e comunicações, não dispensando a necessária avaliação ambiental e eventual definição de medidas de requalificação e/ou a mitigação de impactos.

- Redução dos custos operacionais. Ao integrar-se a biodiversidade nas políticas e práticas de gestão, atingem-se padrões mais eficientes de utilização de recursos que, beneficiando a biodiversidade, se reflectem em poupanças de custos para as empresas. Em algumas situações, criam-se oportunidades de negócios, como é o caso da reciclagem de papel ou metais.

- Aconselhamento e investigação (*due diligence*) na área ambiental e da biodiversidade em particular. Área de actividade principalmente vocacionada para assessorar investidores envolvidos em projectos e transacções em áreas e/ou sectores de maior sensibilidade ambiental.

- Ganhos de produtividade e motivacionais. Empresas comprometidas para com a conservação da biodiversidade e conceitos abrangentes de sustentabilidade, e que passam esses valores aos seus colaboradores, conseguem mais facilmente captar os benefícios implícitos a esse compromisso e aumentar a sua capacidade de atracção de recursos mais qualificados e produtivos.

### 3.1.2.2 Os novos negócios da Biodiversidade

Paralelamente às oportunidades de negócio atrás descritas, que surgem por solicitação ou por associação directa do próprio *core business* das empresas (*due diligence*, avaliação de impactos, certificação, acções de preservação e requalificação), existe outro conjunto de negócios que surge do desenvolvimento de novos mercados para serviços dos ecossistemas, no reconhecimento implícito de que ofertas até recentemente colocadas como de bens públicos, e por conseguinte alheias à dinâmica normal dos mercados, têm evoluído para situações mais próximas das observadas nos bens comuns[10], em que situações de excesso de procura motivadas pela não exclusão constituem fontes de ineficiência e até de conflito.

Sempre que uma actividade económica tem um impacto ambiental, afectando com isso o bem-estar de terceiros, sem que a perda ou ganho daí decorrente seja objecto de transacção no mercado, dizemos que estamos na presença de uma externalidade. São situações em que o sistema de preços, enquanto sinalizador da afectação de recursos numa economia, se comporta de forma imperfeita. Não há uma falha do sistema económico enquanto fornecedor à sociedade dos bens e serviços que ela mais valoriza; o que falha é o sistema de preços subjacente a essas valorizações, consequentemente distorcendo as afectações observadas.

Em áreas tão sensíveis como a biodiversidade ou realidades que lhe estão associadas (qualidade do ar, qualidade e disponibilidade da água, erosão dos solos, mitigação de catástrofes), um meio de garantir a interrupção de uma dinâmica que, a prazo, compromete o fornecimento de bens, cuja característica dominante é o confronto entre benefícios abrangentes (repercutem-se sobre um número alargado de indivíduos, no limite a própria humanidade, num horizonte alargado de tempo e/ou espaço) e custos concentrados num número restrito de indivíduos (num horizonte temporal e/ou espacial limitado), passa pelo estabelecimento de sistemas de remuneração desses serviços, os denominados PES – *Payment for Ecosystem Services*.

Esta situação transporta-nos para o problema clássico de comportamento colectivo.[11] Neste contexto, pagamentos compensatórios por parte dos "muitos" beneficiados aos "poucos" que suportam os custos concentrados de uma qualquer forma de regulação preservadora da biodiversidade (contribuindo assim para o fornecimento dos serviços ecossistémicos), tornam-se um "elemento-chave" para garantir o fornecimento do bem ou serviço, podendo assumir formas e âmbitos diversos (locais[12], nacionais, internacionais ou globais[13]):

- Acordos internacionais para a criação de fundos de financiamento do fornecimento de serviços dos ecossistemas a uma escala global.

- Sistemas de iniciativa governamental, em que se afectam receitas públicas à remuneração dos fornecedores de serviços dos ecossistemas. Estes sistemas, pela sua típica maior dimensão e distanciamento em relação ao fornecimento dos serviços concretos que pretendem garantir, são frequentemente criticados pela sua menor eficácia quando se confrontam os resultados alcançados com o respectivo custo.

- A construção, por intermédio de uma entidade pública ou privada, de um sistema de gestão de fornecimento de serviços ecossistémicos, com identificação de usufrutuários (procura) e de fornecedores (oferta), definindo formas de obtenção de contribuições junto dos beneficiados e de canalização das mesmas para os responsáveis por essa oferta. Na área da preservação da qualidade e oferta da água, em regiões específicas e devidamente delimitadas, têm emergido alguns exemplos concretos (Secção 4.5). Poderiam citar-se outros elementos na área da manutenção da biodiversidade genética. Tratando-se de sistemas de indiscutível utilidade para a protecção da biodiversidade, não permitem à sociedade, através da sinalização dos mercados, determinar e compreender o valor actual da biodiversidade.

- O desenvolvimento de mercados que possibilitem a interiorização dos benefícios proporcionados a terceiros por parte dos agentes económicos responsáveis. Novos mercados para serviços dos ecossistemas criam novas oportunidades que, não substituindo outras formas tradicionais de compensação, procuram caminhar na direcção de uma progressiva apropriação dos valores proporcionados pelos fornecedores de serviços da biodiversidade, mobilizando recursos de áreas da actividade económica que, sendo beneficiárias desses serviços, não eram tradicionalmente chamadas à respectiva remuneração.

É necessária a existência de mecanismos através dos quais os detentores dos recursos sejam remunerados pelo seu papel enquanto conservadores da biodiversidade e outros serviços dos ecossistemas. A antecipação destes fluxos de rendimento encoraja a manutenção dos recursos, em virtude da sua maior valorização. Ao longo dos últimos anos, tem-se assistido ao aparecimento de novas oportunidades para os fornecedores de serviços dos ecossistemas. São abrangidas áreas tão diversas como: a sequestração de carbono, a mitigação de catástrofes naturais, a diversidade genética, a qualidade e disponibilidade da água e a biomassa.

No contexto dos diferentes níveis de envolvimento dos poderes públicos, e dos diversos âmbitos geográficos em que se coloca o fornecimento dos serviços ecossistémicos, podem observar-se múltiplos esquemas concretos de financiamento dos prestadores desses serviços. A *International Tropical Timber Organization*[14] discrimina cinco modelos de pagamento por serviços ambientais (Tabela 5), que envolvem:

1) Compra de terrenos com alto valor em biodiversidade. Esta opção, que passa pela aquisição dos terrenos e dos valores de uso, pode tornar-se financeiramente muito exigente, levantando também problemas de soberania quando o comprador não é nacional ou problemas com as comunidades locais quando não é devidamente salvaguardada a sua relação com o meio natural. Esta prática constituiu durante muito tempo o principal meio de financiamento da conservação da biodiversidade. A compra por privados pode também ter associada a intenção de desenvolvimento de projectos de natureza recreativa ou mesmo turística e residencial que, capitalizando a inserção em meio natural privilegiado, confere aos seus promotores uma mais-valia, cuja sustentabilidade depende da preservação de um ambiente biodiverso.

TABELA 5

## Modelos de pagamentos por serviços ambientais

| MODELOS | DESCRIÇÃO |
|---|---|
| **Compra de terrenos com alto valor em biodiversidade** | |
| • Aquisição de terrenos por privados | • Aquisições feitas por privados ou ONGs explicitamente para conservação da biodiversidade. |
| • Aquisição pública de terrenos | • Aquisições efectuadas por entidades públicas para conservação da biodiversidade. |
| **Pagamentos pelo acesso a espécies ou *habitats*** | |
| • Direitos de bioprospecção | • Direito de recolha, teste e uso de material genético de uma dada área. |
| • Direitos de investigação | • Direito de recolha de espécies e estudo do *habitat*. |
| • Caça, pesca, recolecção | • Direito à prática da pesca, da caça e de actividades recolectoras. |
| • Turismo de natureza | • Direito de entrada na área e observação da flora e fauna, acampamento e caminhada. |
| **Remuneração da conservação da biodiversidade** | |
| • Concessão a uma comunidade | • São atribuídos direitos de uso a uma comunidade sobre uma área específica, em troca de uma obrigação de protecção da respectiva biodiversidade. |
| • Concessão a uma entidade pública | • Uma entidade pública é financiada para manter uma dada área sob conservação. |
| • Contratos de conservação de uma área | • O proprietário é pago para gerir uma dada parcela de terra de acordo com objectivos de conservação. O período de tempo é bem definido, podendo a obrigação perpetuar-se no tempo, independentemente de futuras transacções da propriedade. |
| • Contratos de conservação específicos | • Contratos que detalham actividades de gestão da biodiversidade e eventualmente pagamentos por objectivos. |
| **Desenvolvimento de negócios amigos da biodiversidade** | |
| • Produtos certificados | • Utilização de *ecolabelling* para sinalizar produtos amigos da biodiversidade. |
| • Biodiversidade no negócio | • Participação em empresas ou desenvolvimento de projectos negociais em que o respeito pela biodiversidade é parte integrante do projecto de gestão. |
| **Créditos negociáveis sob sistemas *cap and trade*** | |
| • *Wetland mitigation banking* | • Créditos provenientes da conservação ou recuperação de zonas húmidas, adquiridos por promotores de projectos para cumprir obrigações de compensação de impactos causados. |
| • *Biodiversity Banking* | • Créditos provenientes da conservação ou recuperação da biodiversidade, adquiridos por promotores de projectos para cumprir obrigações de compensação de impactos causados. |
| • Direitos negociáveis de desenvolvimento | • Atribuição de direitos de desenvolvimento de uma área limitada de um *habitat* natural numa dada região. |

**Fontes**: *International Tropical Timber Organization*, ES Research – Research Sectorial.

2) Pagamentos pelo acesso a espécies ou *habitats*. Ocorre sob diversos tipos de solicitações, que vão desde a procura privada pela prática da pesca ou da caça, até ao ecoturismo e à investigação genética. Através da remuneração de valores de uso, procura-se o financiamento do conjunto dos serviços proporcionados pelo ecossistema.

3) Remuneração da conservação da biodiversidade. Esta forma de financiamento, estando desligada da propriedade das áreas de conservação da biodiversidade, torna-se financeiramente menos exigente, uma vez que o esforço remuneratório se limita aos serviços de gestão da biodiversidade prestados pelos detentores das áreas que se pretende conservar, em virtude da importância dos respectivos *habitats*. Estes sistemas padecem de uma debilidade implícita, resultante de não se basearem no direccionamento das intervenções dos agentes através de verdadeiros mercados, capazes de enviar os sinais adequados para a economia, no sentido de uma correcta avaliação dos valores da biodiversidade presente.

4) Desenvolvimento de negócios amigos da biodiversidade. Existe um mercado crescente para produtos produzidos sob condições de sustentabilidade ambiental (agricultura, floresta, aquacultura, extracção mineral), reflectindo as preocupações dos consumidores. Ao ser reconhecidamente responsável pela biodiversidade, uma empresa acrescenta um diferencial importante aos seus produtos (Figura 9), agregando-lhes valor de mercado. Em 2005, a nível da UE-25, aproximadamente 4%[15] da área agrícola correspondia a agricultura biológica[16] (em Portugal, o valor referenciado era 6.3%). O regulamento 2092/91 da Comunidade Económica Europeia define em detalhe

os requisitos para que produtos alimentares ou de origem agrícola possam ostentar a referência de terem sido produzidos sob processos ecológicos, o *ecolabelling*.

FIGURA 9

**Exemplos de *ecolabels* nos EUA e na UE**[17]

**Fontes**: Departamento de Agricultura dos EUA, Comissão Europeia.

5) Créditos negociáveis sob sistemas *cap and trade*. Os mecanismos baseados no mercado têm a vantagem de, quando devidamente elaborados e implementados, promoverem o alcance mais eficiente dos objectivos de natureza ambiental que se pretendam atingir, de acordo, aliás, com o que a teoria económica evidencia para outras áreas de actividade. Com efeito, a imposição de padrões, *command and control* ou a definição de outra forma de regulação só se justificará quando se constate a incapacidade dos envolvidos de, por si só, através de um processo negocial, alcançarem uma solução socialmente desejável (poder de mercado, custos de transacção elevados, problemas de *free rider*).

### 3.1.2.2.1 *Banking Systems* e *offsets*

Sendo aparentemente contra-intuitivo, é nos próprios mercados, tantas vezes identificados como a causa maior da perda da biodiversidade, que poderá residir a solução para o problema. São vários os exemplos do presente (EUA, União Europeia, Suíça, Austrália, Canadá, Costa Rica ou México, desenvolveram legislação que obriga à compensação de certas formas de perda de biodiversidade) que permitem considerar os novos mercados emergentes dos *offsets* na área da biodiversidade uma possível solução para o futuro. Ao criarem mecanismos "tipo mercado", as entidades reguladoras desencadeiam um processo que permite atribuir valor à biodiversidade, transformando responsabilidades em activos, na consequência directa em que impõe um custo sobre aqueles que a delapidam em benefício dos que desenvolvem acções para a sua conservação.

Os denominados *Banking Systems* têm sido um instrumento desencadeador do interesse crescente dos agentes económicos. De facto, sob várias designações (*biodiversity banking**, *conservation banking* ou *species banking*), estes sistemas, impulsionados pelo crescimento exponencial das transacções observadas nos mercados de carbono ao longo dos últimos anos[18] (7.7 mil milhões de euros em 2005, 22.5 mil milhões de euros em 2006 e aproximadamente 40.4 mil milhões de euros em 2007[19]), têm-se tornado cada vez mais atractivos para investidores que vêem esta área de negócio como um sector de elevado potencial.

Sendo atribuída à desflorestação a responsabilidade por 20% das emissões de gases com efeito de estufa a nível global (segunda maior fonte depois da utilização de energia), a protecção das florestas assume hoje uma importância crucial na prossecução de objectivos, indissociáveis e da maior relevância ambiental, como

---

* **N.A.** Projectos de conservação ou recuperação de biodiversidade (Tabela 5).

é o caso da protecção da biodiversidade e da prevenção das alterações climáticas induzidas pelo Homem. As negociações de Bali (Conferência das Nações Unidas sobre as Alterações Climáticas), em Dezembro de 2007, registaram o anúncio por parte do Banco Mundial da criação do *Forest Carbon Partnership Facility* - FCPF, instrumento financeiro que se destina precisamente a compensar um conjunto de países da América Latina, da África e da Ásia-Pacífico relativamente aos custos incorridos na manutenção da respectiva floresta. Isto permite apoiar comunidades locais no sentido de lhes oferecer, por intermédio do seu empenho na conservação, uma alternativa de captação de valor face à mera delapidação dos recursos. Efectivamente, enquanto actividades de florestação e reflorestação causam geralmente impactos menores sobre as reservas de carbono em largos períodos de tempo, a desflorestação pode provocar grandes variações nas reservas de carbono em curtos períodos de tempo. Consequentemente, medidas orientadas para evitar a desflorestação e a degradação provocam de imediato uma acentuada redução de emissões.

Travar a desflorestação e a degradação é um esforço que, tendo em conta os numerosos serviços associados aos ecossistemas florestais, permite adicionalmente conservar os recursos hídricos, prevenir inundações, reduzir a erosão e proteger a biodiversidade. O FCPF permite colaborar com os países em desenvolvimento na valorização da floresta existente, nos chamados projectos REDD – Redução de Emissões Derivadas da Desflorestação e Degradação da floresta (Quadro 2). Esta hipótese não está considerada no Protocolo de Quioto em vigor até 2012. Actualmente não é possível a oferta de créditos de carbono, com origem na redução dos ritmos de desflorestação e degradação, no mercado de carbono em crescimento exponencial, que Quioto veio estimular.[20]

QUADRO 2

## Ulu Masen – Aceh (Indonésia). Um projecto REDD

A Indonésia tem as mais altas taxas de desflorestação do mundo, perdendo aproximadamente 1.87 milhões de ha por ano, área mais de três vezes superior à do Algarve. O corte ilegal de árvores para venda de madeira, a sua exploração comercial e a conversão da floresta para a agricultura e criação de gado estão entre as principais causas da situação observada.

Localizada no Noroeste da Ilha de Sumatra, a província de Aceh é uma das mais pobres do país (até muito recentemente, a província foi fustigada por conflitos separatistas e o *tsunami* de 2004 agudizou a frágil situação socioeconómica do território). O clima de pacificação, aliado ao esforço de reconstrução, veio aumentar a pressão sobre os recursos naturais existentes, colocando em perigo uma área que se distingue pela sua enorme riqueza em biodiversidade e serviços prestados: prevenção de cheias, controlo da erosão e purificação da água. Contudo, a esta ameaça corresponde também uma nova oportunidade relacionada com a possibilidade, que agora se oferece, para o lançamento de acções de conservação ambiental.

Esta situação levou a que, apesar de os benefícios da sequestração de carbono através da conservação da floresta não estarem contemplados no Protocolo de Quioto, se esteja a desenvolver na província de Aceh, mais precisamente no ecossistema de Ulu Masen, um projecto que poderá levar não só à conservação de aproximadamente 750 mil ha de floresta num período de 30 anos, com uma poupança anual de 3 milhões de toneladas de $CO_2$ (através da redução prevista de 85% na taxa de desflorestação da área), como também à protecção de alguns dos mais importantes *habitats* florestais do planeta e da sua rica biodiversidade (as florestas de Ulu Masen e a contígua Leuser representam o mais extenso conjunto florestal restante na Ilha de Sumatra). Os residentes locais poderão ser incentivados a proteger os seus recursos e a desenvolver formas alternativas de relacionamento com o meio natural, através das receitas obtidas pela venda de licenças no mercado de carbono. Da mesma forma, poderão ser financiadas despesas com a monitorização das florestas, com o apoio de organizações da área da conservação, com a recuperação de zonas sensíveis e com actividades agro-florestais.

As projecções efectuadas para o projecto de Ulu Masen, tendo por objectivo captar financiamentos a partir dos mercados de carbono, obrigaram o Governo de Aceh, em conjunto com as organizações conservacionistas *Flora & Fauna International* e *Carbon Conservation Ltd*, ao cálculo de taxas de desflorestação para o cenário-base (sem acções de conservação e restrições à exploração dos recursos florestais), ao desenvolvimento de instrumentos de regulação e fiscalização e à avaliação dos respectivos impactos. Foi também solicitado à *Rainforest Alliance*, enquanto auditor independente, a validação do projecto de acordo com os padrões da *Climate, Community & Biodiversity Alliance* – CCBA (parceria global de instituições de investigação, empresas e organizações da área do ambiente, com a missão de desenvolver e promover padrões para projectos de utilização da terra com impacto múltiplo sobre o clima, as comunidades e a biodiversidade).

QUADRO 2 (cont.)

**Ulu Masen – Aceh (Indonésia). Um projecto REDD**

Estando o projecto de Ulu Masen em condições de fornecer REDD *offsets*, o passo que se seguia seria a procura de financiadores/compradores. Após uma fase inicial, em que os potenciais investidores aparentavam estar ainda a aguardar uma maior clarificação relativamente ao conceito REDD junto dos principais operadores internacionais do sector, têm-se sucedido, no ano de 2008, boas notícias para Aceh, com o anúncio da entrada no projecto da Merrill Lynch e da MDF (Multi Donnor Fund).

A possível inclusão dos mecanismos REDD no modelo a adoptar no pós-Quioto surge no horizonte como um incentivo para que mais investidores se juntem a regiões ricas em biodiversidade, na aposta na manutenção das suas florestas em detrimento dos rendimentos de curto prazo, não sustentáveis, decorrentes da sua delapidação.

O futuro das florestas tropicais dependerá, em larga medida, da capacidade dos mercados de carbono globais canalizarem recursos para as comunidades que, à imagem de Aceh, sejam capazes de elaborar planos concretos para a redução das emissões.

Em paralelo com as novas oportunidades que se perfilam na área da sequestração de carbono, o *biodiversity banking* e o *wetland banking** oferecem uma multiplicidade de oportunidades, e receitas a elas associadas, gerando o interesse dos investidores. A possibilidade de vender simultaneamente mais do que um tipo de crédito ambiental a partir da mesma área geográfica vem trazer elementos de interesse adicional a esta área de actividade.

O conceito do *biodiversity banking* está associado ao reconhecimento de que os operadores económicos, ao intervirem directa

* **N.A.** Projectos da conservação ou recuperação de biodiversidade nas zonas húmidas (Tabela 5).

ou indirectamente sobre o meio natural no exercício da sua actividade, seja através da construção de um novo centro comercial ou da plantação de uma área de soja, estão a provocar um custo para a sociedade que deverá ser reflectido nesses mesmos operadores na proporção directa dos danos infligidos à biodiversidade. Consegue-se, assim, que o custo de um dado investimento, tudo o resto constante, seja maior quando ponha em causa valores da biodiversidade do que na ausência desse impacto.

**FIGURA 10**

***Biodiversity Banking* - exemplo de esquema operativo**

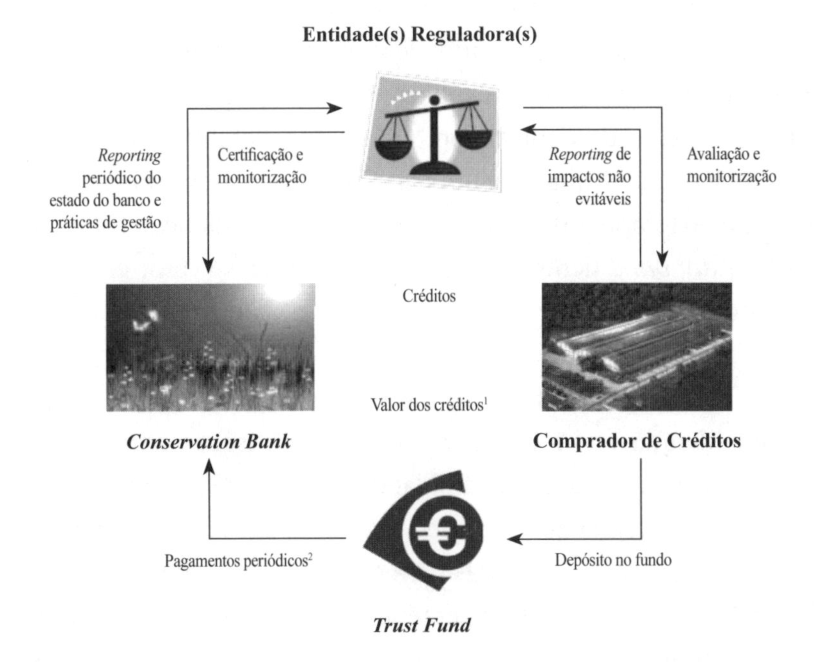


[1] Deduzido da componente a depositar em fundo quando este pagamento não seja efectuado directamente pelo *conservation bank*.

[2] Efectuados periodicamente se verificadas as obrigações de conservação.

**Fontes**: *Department of Environment & Climate Change NSW,* ES Research – Research Sectorial.

Na sua essência, estes sistemas envolvem a existência de um mercado de *offsetting* em que uma empresa, que seja incapaz de evitar a ocorrência de impactos sobre a biodiversidade, é obrigada a compensá-los através do recurso a uma entidade, o *conservation bank*, que, por desenvolver uma acção de conservação em larga escala e de forma especializada, consegue oferecer aos seus clientes condições mais favoráveis para o cumprimento das exigências de compensação de impactos a que estejam obrigados ou a que voluntariamente se proponham.

Para ilustrarmos o funcionamento de um sistema de *biodiversity banking* (Figura 10), consideremos uma situação em que, paralelamente a uma rede de *conservation banks* e de empresas interessadas na compra de créditos em resultado da sua actividade, existe uma terceira entidade que pode assumir a forma de uma agência reguladora (responsável pela emissão dos créditos e monitorização do cumprimento das responsabilidades que lhes são subjacentes), e ainda de um *trust fund* responsável pela gestão ao longo do tempo dos fundos necessários à manutenção futura do *biodiversity bank* dentro dos padrões acordados (valor estimado do custo de gestão e *reporting* para todo o período de conservação previamente acordado).

É generalizadamente aceite que o recurso a um *offset* só deve ser considerado como mecanismo de compensação para impactos residuais sobre a biodiversidade e que o agente responsável pelos mesmos tenha demonstrado que todas as medidas razoáveis e responsáveis foram tomadas para os evitar, minimizar e mitigar (Figura 11). O *offset* é, assim, entendido como uma opção de mitigação de último recurso.

À medida que se vai desenvolvendo a área de negócio do *biodiversity banking* e que aumenta o número de operadores no mercado, também se coloca, com maior premência, a necessidade de o integrar geograficamente e, no contexto de mercados afins, definir padrões claros que permitam um efectivo controlo de qualidade. Padrões de qualidade facilmente monitorizáveis são parte indispensável da sustentação de um mercado cuja credibilidade depende da aceitação generalizada.

FIGURA 11

**Hierarquia das acções de controlo de impactos sobre a biodiversidade**

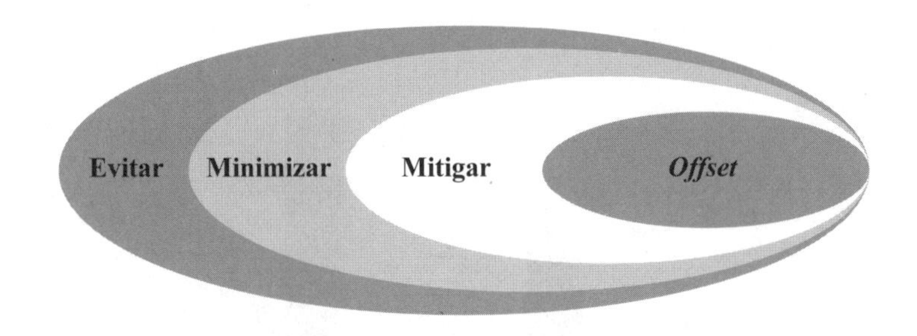


**Fonte**: ES Research – Research Sectorial.

O preço dos créditos transaccionados dependerá das características específicas (localização, dimensão, gestão anterior) de cada *conservation bank*. O estabelecimento de um mercado de créditos de biodiversidade representa, em si mesmo, um incentivo para uma criteriosa selecção das opções dos operadores, motivando simultaneamente níveis de qualidade mais elevados, que a estrita observação dos mínimos requeridos por uma entidade reguladora não permitiria atingir. Se devidamente implementados, estes mercados podem também permitir alcançar a desejada conservação de longo prazo, dificilmente alcançável quando estamos a lidar com *offsets* disseminados no espaço, em virtude da ocorrência pontual de impactos como resultado da intervenção humana.

Este género de mercados, na área da biodiversidade, não sendo ainda uma realidade europeia, tem estado presente noutros espaços económicos, como é o caso dos EUA onde, desde a década de

80, quer na área do *wetland banking* quer do *species banking*, se vem desenvolvendo um sistema que é actualmente a maior e mais elaborada experiência de criação de mercados de biodiversidade a nível mundial.

FIGURA 12

**Número de *wetland mitigation banks* nos EUA 1992, 2001 e 2005**

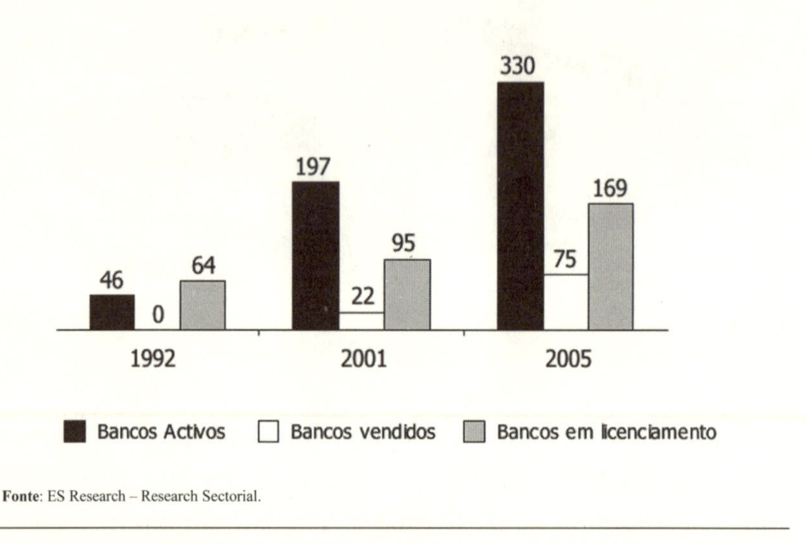


**Fonte**: ES Research – Research Sectorial.

Entre 1992 e 2005, observa-se uma taxa média de crescimento anual do número de bancos aprovados de 18.2% (taxa de variação no período de 880.4%), assistindo-se, simultaneamente, à disseminação deste tipo de instrumento de conservação por um maior número de Estados: em 2005 estava presente em 31 Estados. É igualmente relevante verificar como os 405 bancos aprovados em 2005 se distribuem em termos da relação promotor/cliente.[21]

Constata-se, assim, que cerca de 95% dos bancos analisados eram de iniciativa privada (Figura 13), dos quais sensivelmente três quartos se destinavam à venda de créditos no mercado.

Em relação ao *species banking*, no relatório *State of the world 2008* é referida a aparente existência de mais de 70 bancos de espécies nos EUA, com valores de créditos negociados acima dos 100 milhões de dólares anuais.

FIGURA 13

**Distribuição dos *wetland mitigation banks* nos EUA por tipo de promotor, 2005**[22] (Percentagens)

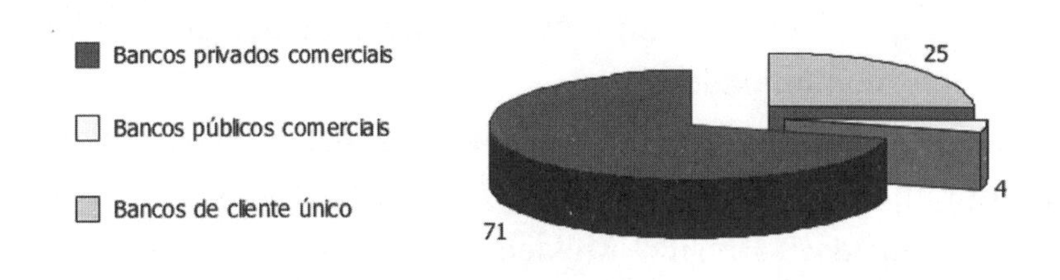


**Fontes**: ELI – *Environment Law Institute*, ES Research – Research Sectorial.

O sistema dos EUA tem as suas raízes em duas importantes peças legislativas, o *Endangered Species Act* (1973) e o *Clean Water Act* (1972). É possível, actualmente, encontrar operadores privados envolvidos em acções de conservação com fins lucrativos, criando, recuperando e desenvolvendo *habitats*, obtendo remuneração pela venda dos créditos obtidos a investidores com necessidade de compensar as respectivas intervenções. Os bancos só podem vender créditos que de forma certificada observem padrões bem definidos, só podem ser vendidos uma única vez e os *habitats* têm de ser conservados perpetuamente. O preço dos créditos inclui a aquisição dos terrenos, as acções de conservação e a necessária dotação para um fundo que garanta no longo prazo as acções de conservação.

Estes sistemas criam verdadeiros mercados, pois geram procura, por parte de múltiplos compradores, de serviços prestados por múltiplos fornecedores. Não deixam de ser, contudo, sistemas híbridos, por não dispensarem a presença de regulação pública, forçando o desenvolvimento de negociações entre compradores e vendedores, dando lugar à formação de preços, sistemas *cap and trade*. É também assinalável o aparecimento progressivo de procura já não determinada pelo incentivo regulador, mas resultante de imperativos éticos, cuja incorporação aos diferentes níveis da gestão é reclamada pelos novos detentores do "capital" das organizações (clientes, financiadores, colaboradores, comunidades).

É possível encontrar outros contextos geográficos em que emergiram mercados na área dos *offsets* da biodiversidade (Austrália[23], Canadá[24], Brasil[25], México[26], África do Sul[27], Suíça[28] e União Europeia). Contudo, nenhuma experiência é comparável à que já é uma realidade nos EUA, em dimensão e elaboração. São todavia indicadores de uma tendência no sentido de uma cada vez maior integração dos mecanismos de mercado na esfera da conservação ambiental.

No caso europeu, de cuja estratégia decorre directamente a portuguesa, o enquadramento legal determinante da necessidade de recurso a eventuais medidas compensatórias (*offsets*) deriva em primeiro lugar da Directiva 2004/35/EC – Responsabilidade Ambiental, a qual, por sua vez, se fundamenta nas Directivas 79/409/CEE, "Directiva das Aves", e na Directiva 92/43/CEE, "Directiva dos *Habitats*". De facto, a própria "Directiva dos *Habitats*" já determinava que, no caso de ocorrerem significativos impactos negativos sobre a rede Natura 2000, não evitáveis, justificados por razões de interesse público, fossem tomadas medidas compensatórias em relação a danos antecipados infligidos a espécies ou *habitats* (Artigo 6º n.º 4).

O Anexo II da Directiva 2004/35/EC estabelece um "quadro comum a seguir na escolha das medidas mais adequadas que assegurem a reparação dos danos ambientais". São considerados danos ambientais, nos termos do Artigo 2º n.º 1, os causados a espécies e *habitats* naturais protegidos[29], à água e ao solo. Em apoio ao Anexo II, foi lançado o projecto REMEDE – *Resource Equivalency Methods for Assessing Environmental Damage in the EU*, com o objectivo de desenvolver, testar e divulgar métodos apropriados para determinar a escala de medidas complementares e compensatórias, de forma a alcançar adequadamente os necessários *offsets* de danos ambientais não evitados. O projecto afirma claramente socorrer-se da experiência dos EUA e dos Estados-membros, reclama igualmente o enquadramento da Directiva da Responsabilidade Ambiental, da Directiva da Aves, da Directiva dos *Habitats* e da Avaliação de Impactos Ambientais.[30]

Ainda nos termos do Anexo II da Directiva da Responsabilidade Ambiental, ficaram previstas quatro formas de reparação de danos causados à água, às espécies e aos *habitats* naturais protegidos:

- Reparação Primária. Qualquer medida de reparação que restitui os recursos naturais e/ou serviços danificados ao estado inicial, ou os aproxima desse estado;

- Reparação Complementar. Qualquer medida de reparação tomada em relação aos recursos naturais e/ou serviços para compensar pelo facto de a reparação primária não resultar no pleno restabelecimento dos recursos naturais e/ou serviços danificados;

- Reparação Compensatória. Qualquer acção destinada a compensar perdas transitórias de recursos naturais e/ou de serviços, verificadas a partir da data de ocorrência dos danos até a reparação primária ter atingido plenamente os seus efeitos;

- Perdas Transitórias. Perdas resultantes do facto de os recursos naturais e/ou serviços danificados não poderem realizar as suas funções ecológicas ou prestar serviços a outros recursos naturais ou ao público enquanto as medidas primárias ou complementares não tiverem produzido efeitos. Não consiste numa compensação financeira para o público.

### 3.1.3 BBRs ou BBOs? B&B

As oportunidades descritas, não pretendendo ser uma listagem exaustiva[31], permitem, contudo, perspectivar o impacto transversal das mesmas na economia em geral. Efectivamente, são múltiplos os sectores cuja atenção é convocada, mais ou menos directamente, para esta "fileira da biodiversidade", a qual, ultrapassando a caracterização de um sector de actividade tradicional (associado a um dado tipo de recurso ou produto), surge disseminada por todo o tecido económico, tendo em comum a necessidade de dar resposta a um novo conjunto de oportunidades que surgem como reflexo de procuras, reputações e quadros regulamentares ambientalmente mais exigentes.

A integração da biodiversidade na acção de uma empresa, compreendendo os três objectivos definidos pala CDB – conservação, uso sustentável e distribuição equitativa –, não se questiona já em termos da sua compatibilidade com o sucesso económico ou financeiro das empresas. Pelo contrário, uma gestão esclarecida sabe que ela é parte integrante da desejada sustentabilidade económica, ambiental e social da empresa.

FIGURA 14

**"Árvore de decisão" para estruturação da abordagem empresarial à envolvente dos serviços ecossistémicos**

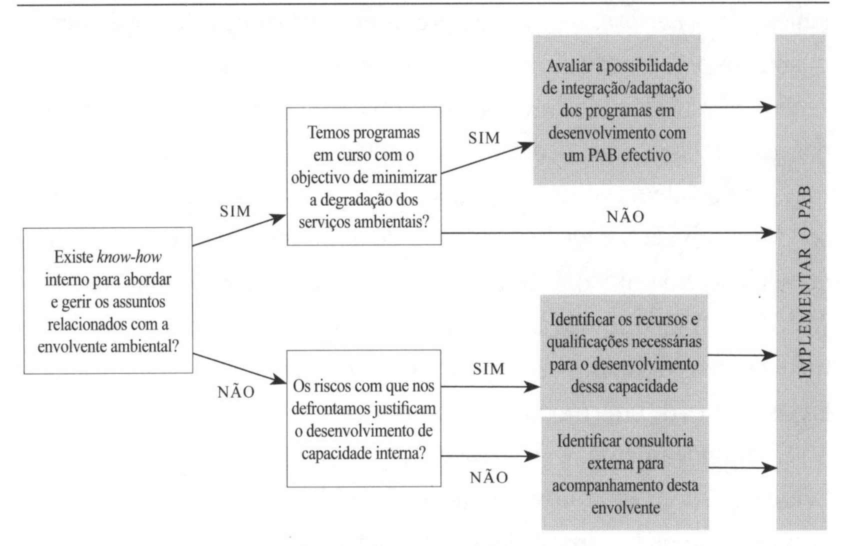


**Fontes**: BSR – *Business for Social Responsability*, ES Research – Research Sectorial.

A estruturação do processo decisório para uma abordagem empresarial à envolvente dos serviços dos ecossistemas, de que a biodiversidade é simultaneamente expressão e condição, pode ser representada como uma resposta sequencial a um conjunto de questões de formulação simples (Figura 14), sendo que uma resposta cuidada a elas permitirá à gestão tomar as decisões de base necessárias à consequente implementação do respectivo plano de acção para a integração da biodiversidade no seu modelo de negócios.

O manual de orientação para acções empresariais "As Empresas e a Biodiversidade", elaborado em conjunto pelo *Earthwatch Europe*, o IUCN – *The World Conservation Union* e o *World Business Council for Sustainable Development*, refere explicitamente um conjunto de etapas básicas necessárias para que uma empresa desenvolva o seu PAB[32] e que se podem sintetizar de acordo com o esquema representado no Quadro 3.

O conceito a reter quando se aborda a temática da biodiversidade, no negócio ou como negócio, é que riscos, próprios ou de terceiros, podem ser transformados em oportunidades, com todos os benefícios daí resultantes para a *performance* das empresas em termos de salto qualitativo e quantitativo. O ritmo e dimensão destes processos é seguramente variado, sendo indissociável dos sectores, dos níveis da cadeia de suprimentos e das geografias em que ocorrem. Mas o que parece ser inquestionável é a impossibilidade de construir cenários em que a acção empresarial possa ser desenvolvida em total alheamento de dimensões que, fora do âmbito do negócio em sentido restrito, podem minar a sua sustentabilidade, não só no longo prazo devido às oportunidades negligenciadas, como no curto médio prazo pela exposição a riscos que por vezes seriam facilmente evitáveis através de uma mobilização de recursos pouco relevante.

Simultaneamente, e a área do *offsetting* é um exemplo muito evidente, surge uma nova geração de empreendedores que tem na conservação da biodiversidade o elemento central da sua actividade. Não se trata já da biodiversidade enquanto factor integrante do negócio, mas sim da biodiversidade como o próprio negócio. O que, não sendo em si mesmo um elemento que confira maior importância ao sector, não deixa de ser a constatação de uma nova fase da respectiva capacidade de afirmação na área negocial, mobilizando recursos financeiros de que até muito recentemente as actividades de conservação se encontravam privadas, devido à incapacidade de os remunerarem em termos competitivos face a outras áreas de actividade.

Problemas multidimensionais, envolvendo alterações climáticas, conservação da biodiversidade e o próprio combate à pobreza, encerram em si a possibilidade de desenvolvimento de investimentos com benefícios igualmente múltiplos, permitindo ao operador privado viabilizar o seu investimento através da mobilização de recursos de origens diversas (por exemplo, num projecto de reflorestação, podia considerar-se a venda de créditos em mercados de *mitigation banking*, apoios governamentais ao desenvolvimento sustentável e a exploração da venda de produtos da floresta, NTFP – *Non Timber Forest Products*).

QUADRO 3

## Etapas básicas para a elaboração e accionamento de um PAB

**Evidenciar a importância da biodiversidade para o negócio**

**Identificar um responsável pela biodiversidade ao mais alto nível da organização**

**Efectuar uma avaliação da biodiversidade:**
- Conhecer a envolvente externa.
- Identificar e avaliar actividades relevantes da empresa.
- Efectuar o levantamento do *know-how* já adquirido.
- Sinalizar áreas de acção prioritárias.

**Redigir uma política para a biodiversidade mobilizadora de todos os níveis da gestão**

**Desenvolver uma estratégia da empresa para a biodiversidade:**
- Definir objectivos claros.
- Estabelecer metas alcançáveis.
- Referenciar mecanismos de acção.
- Identificar os papéis dos *stakeholders*.

**Elaborar um Plano de Acções para a Biodiversidade – PAB**
- Indica como a estratégia será implantada.
- Especifica todos os envolvidos.
- Define responsabilidades para cada actividade.
- Indica os locais em que se desenvolvem eventuais intervenções.
- Concretiza fontes de financiamento.
- Identifica a forma de aferição dos progressos alcançados.
- Estabelece os prazos de realização.

**Accionar o PAB**
- Identificar etapas de concretização.
- Monitorizar e avaliar progressos.
- Realizar o *reporting*.
- Identificar oportunidades.

**Fontes**: *Earthwatch Europe*, IUCN – *The World Conservation Union, World Business Council for Sustainable Development*, ES Research – Research Sectorial.

Os mercados para os serviços dos ecossistemas, e da biodiversidade em particular, têm vindo a desenvolver-se consistentemente ao longo da última década. Existe a convicção generalizada entre os diferentes *players* do sector de que esta é uma área de negócio que irá experimentar um acelerado crescimento na próxima década, como alguns dos exemplos dados anteriormente já hoje deixam antever. O último relatório da FAO (Food and Agriculture Organization), *The State of Food and Agriculture 2007, Paying farmers for environmental services*, é muito claro na constatação de que existe uma procura crescente de serviços ambientais, motivada por uma consciência acrescida do respectivo valor e da sua escassez que, por sua vez, despertou maior exigência dos consumidores e esforço de regulação.

Os elementos que estrategicamente se perfilam como principais determinantes do futuro próximo desta área emergente do(s) negócio(s) da biodiversidade, prendem-se com o progresso que se venha a conseguir em termos da:

1) Mobilização e organização dos potenciais compradores dos serviços ecossistémicos, nomeadamente através da crescente pressão dos *stakeholders*;

2) Integração da conservação da biodiversidade no contexto dos mercados de carbono (relevância do pós-Quioto);

3) Capacidade de envolvimento das comunidades locais nos países e regiões fornecedoras deste tipo de serviços (distribuição equitativa de benefícios);

4) Desenvolvimento de enquadramentos reguladores e institucionais, e definição de direitos e mecanismos de *enforcement*, capazes de possibilitar o aparecimento de mercados com custos de transacção comportáveis, veículos de financiamento diversificados e direitos eficazmente protegidos.

CAPÍTULO 4

# A Biodiversidade e a actividade económica em Portugal

*O mundo está a mudar a uma velocidade vertiginosa... a sociedade, e em particular as empresas, necessitam de responder de forma inovadora e positiva à mudança...*

Ricardo Espírito Santo Salgado

A exposição aos riscos e/ou o potencial para o aproveitamento de oportunidades associadas à biodiversidade não se distribui uniformemente pelos diferentes sectores da actividade económica. Sendo verdade que todas as áreas de actividade se encontram dependentes, em maior ou menor grau e de forma mais ao menos directa, da biodiversidade, não deixa de ser uma realidade que a amplitude dos riscos enfrentados e a dimensão das oportunidades que se projectam apresentam perfis muito diferentes entre os vários sectores. Procurando ter presente esta heterogeneidade, é possível seleccionar um conjunto de actividades, no contexto da economia portuguesa, que se destacam precisamente pelo maior imediatismo ou significado da sua relação com a esfera da biodiversidade: Agricultura, Floresta, Caça e Pesca desportiva e de recreio, Pesca, Água, Energia, Turismo e Serviços Financeiros.

Tratando-se de sectores cuja sustentabilidade futura é indissociável da manutenção dos serviços proporcionados pelos ecossistemas, não se pode deixar de considerar, no seu horizonte de planeamento, em que medida cenários alternativos quanto ao nível de provisão desses mesmos serviços se poderão reflectir na sua viabilidade futura; que acções poderão ser implementadas para evitar a ocorrência de cenários não desejados; e a existência ou não de espaço para o desenvolvimento de comportamentos de natureza adaptativa. A preservação da biodiversidade, que hoje conquistou o seu lugar, do mesmo modo que as alterações climáticas, como importante desafio de gestão para um conjunto alargado de sectores de actividade, assume-se como um elemento nuclear desta busca de um futuro sustentável. Uma tarefa com esta dimensão requer que seja ultrapassada uma visão imediatista dos interesses sectoriais, em benefício da capacidade e disponibilidade para a negociação dos novos equilíbrios da sustentabilidade.

Sectores, como por exemplo o turismo, que se defrontam com procuras cada vez mais exigentes ou que dependem de ecossistemas muito ameaçados; como a água, que tem de dispor de pontos de captação de assegurada qualidade; como a energia, que sente a pressão dos reguladores e da necessidade de preservação dos seus investimentos; ou como a própria banca de investimento, que se apercebe de um factor de risco muito real, que pode comprometer a viabilidade futura de um projecto que lhe é submetido – sabem que é o seu *core business* que está a ser desafiado, não sendo por isso opção ignorá-lo.

## 4.1 Agricultura

Ao longo dos últimos anos, o peso do sector agrícola na economia portuguesa tem vindo a diminuir. Do ponto de vista social, no período compreendido entre 1989 e 2006, a mão-de-obra agrícola foi reduzida para metade, sendo actualmente de 400 mil o número de pessoas afectas a este sector (7.2% da população activa).

O panorama da agricultura nacional encontra-se em linha com a realidade da União Europeia. Em 2005, a agricultura portuguesa representava aproximadamente 2% do Produto Interno Bruto, apenas 0.5 pontos percentuais acima da média dos 25 países da União Europeia e em linha com países como a Espanha (2.1%) e a Itália (2.1%), mas abaixo da Grécia (5.2%).

**FIGURA 15**

**Evolução da superfície agrícola utilizada em Portugal, 1989-2006**
(Milhares de hectares)

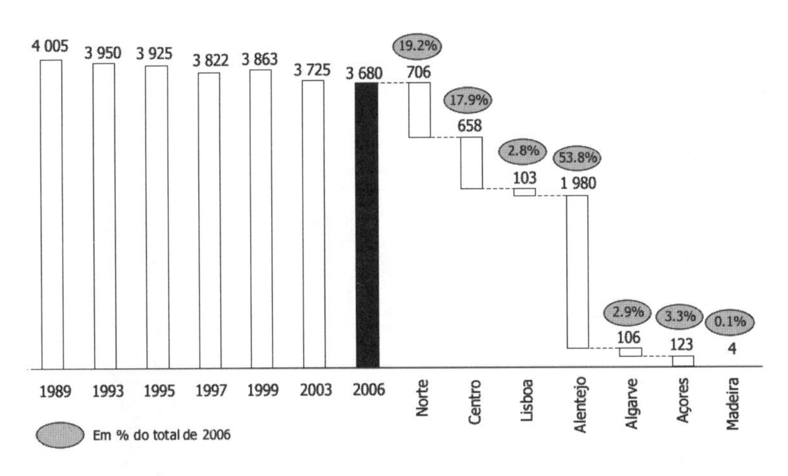


**Fontes**: INE, ES Research – Research Sectorial.

Neste contexto, e de acordo com os dados do último Recenseamento Geral da Agricultura, a superfície agrícola utilizada (SAU) em Portugal Continental, que engloba as terras aráveis, culturas permanentes e prados e pastagens, aproximava-se dos 3.7 milhões de hectares, ou seja, 42% da superfície total de Portugal e menos de 3% da SAU total da União Europeia. No período compreendido entre 1989 e 2006, a SAU registou uma diminuição de 325.9 mil hectares (Figura 15).

Em termos regionais, em 2006, com 1.98 milhões de hectares, 53.8% da SAU estava localizada no Alentejo, logo seguido das regiões Norte e Centro com 19.2% e 17.9% respectivamente, do total de terras agrícolas em utilização.

No mesmo ano em análise, 1.77 milhões de hectares eram ocupados por pastagens permanentes, 48.1% da superfície agrícola utilizada em Portugal, seguidas pelas terras aráveis e pelas culturas permanentes com 1.24 milhões (33.7% da SAU) e 649 milhares de hectares (17.6% da SAU), respectivamente (Figura 16).

FIGURA 16

**Superfície agrícola utilizada em Portugal por tipo de utilização, 2006**
(Milhares de hectares)

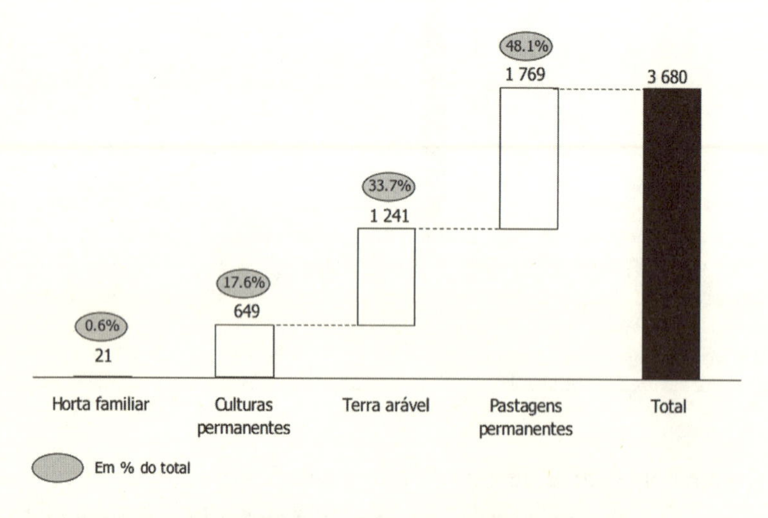


**Fontes**: INE, ES Research – Research Sectorial.

O facto de uma parte significativa da superfície agrícola nacional se encontrar em zonas de montanha ou em locais menos acessíveis, nomeadamente no interior do país, faz com que o processo de intensificação da produção agrícola não se tenha verificado em Portugal, ao contrário do que aconteceu em muitos países europeus.

A pressão dos factores de produção sobre os recursos naturais está fortemente associada à ocupação do solo, dado que as diferentes culturas têm diferentes necessidades, que variam com as condições agro-ambientais de cada região. No entanto, deve ter-se presente que uma mesma cultura pode ser produzida através de práticas agrícolas distintas.

Em termos de produção agrícola nacional, o tomate (com quase um milhão de toneladas produzidas em 2006), a batata e o milho são as culturas predominantes, seguindo-se a beterraba sacarina, o trigo e o arroz (Figura 17). Não se têm verificado grandes variações no que diz respeito à produção de azeite e a produção de vinho tem vindo a aumentar desde 1998, com algumas oscilações.

FIGURA 17

**Produção e superfície utilizada das principais culturas temporárias, 2006**
(Milhares de toneladas e milhares de hectares)

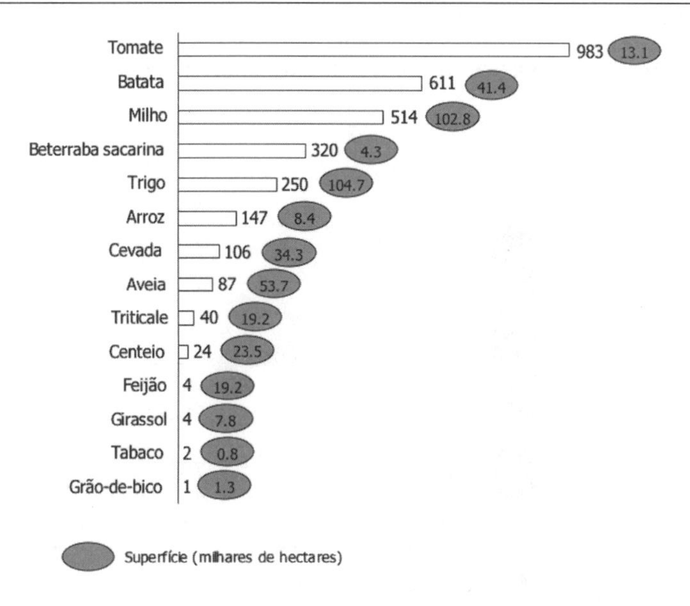


**Fontes**: INE, ES Research – Research Sectorial.

No que se refere à agricultura biológica, as áreas ocupadas têm vindo a crescer de um modo muito significativo, atingindo, em 2006, aproximadamente 6% da SAU. Entre 1993 e 2006, a área em agricultura biológica cresceu, em média, cerca de 40% ao ano. Em 1995, a cultura predominante era o olival e a região com maior área de produção agrícola em modo biológico era Trás-os-Montes. No entanto, com a obrigatoriedade de controlo e certificação e nomeadamente a partir da entrada em vigor do regulamento comunitário da produção animal em modo de produção biológico, que exige pastos com este modo de produção para a alimentação dos animais, o Alentejo passou a ter a maior área em modo de agricultura biológica, seguido da Beira Interior com, respectivamente, 62% e 22% do total. Assim, em 2006, as pastagens representavam 67.9% do total deste modo de produção agrícola, seguido das culturas arvenses e do olival com 19.4% e 9% do total, respectivamente (Figura 18).

**FIGURA 18**

**Evolução e tipo de agricultura em modo de produção biológico, 2006**
(Milhares de hectares)

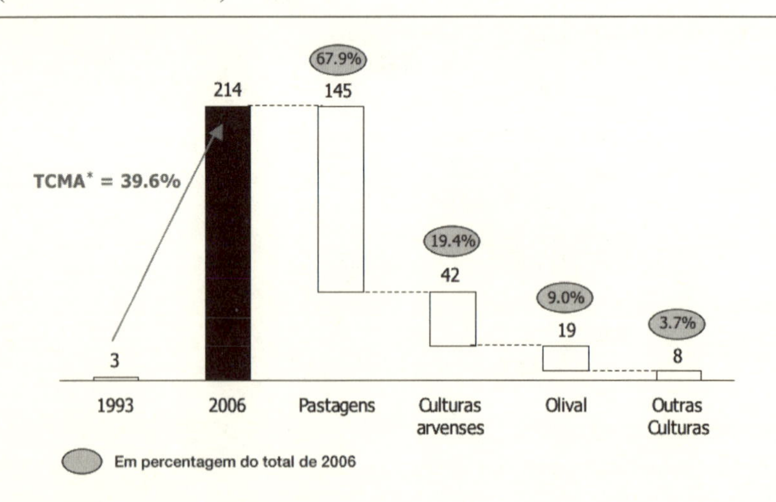


* TCMA: Taxa de Crescimento Média Anual

**Fontes**: INE, ES Research – Research Sectorial.

Em 2005, no que diz respeito ao efectivo pecuário, predominavam em Portugal os ovinos e os suínos com, respectivamente, 3.5 milhões e 2.3 milhões de cabeças, seguindo-se os bovinos com 1.4 milhões de cabeças e os caprinos com 0.5 milhões de animais (Figura 19).

Relativamente à produção animal em modo de produção biológico, entre 2002 e 2006 registou-se um crescimento de 439% e, em termos de número de produtores, de 141 para 616 (mais 337%). Em termos regionais, a produção animal em modo biológico estava mais implantada no Alentejo e na Beira Interior com, respectivamente, 54% e 27% do total de produtores e 69% e 16%, respectivamente, do total de produção animal.

**FIGURA 19**

**Efectivos animais, segundo a espécie, 2006**
(Milhares de cabeças)

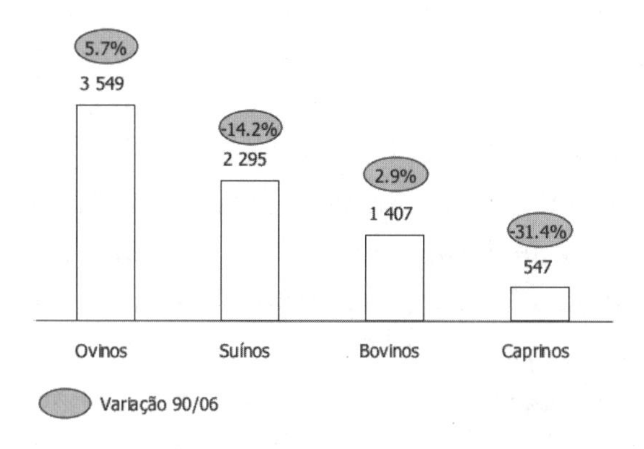


**Fonte**: INE.

Enquanto actividade económica, a agricultura está principalmente orientada para a produção, o que a torna dependente da disponibilidade de recursos naturais, cuja exploração exerce pressões sobre o ambiente. A relação entre a agricultura e o ambiente é bastante complexa, podendo ser identificados inúmeros impactos recíprocos. A Política Agrícola Comum (PAC) foi, em muitos países da União Europeia, responsável pela intensificação da agricultura nas últimas décadas e, pontualmente, responsável pela degradação ambiental, com reflexos na poluição do solo, da água e do ar, na erosão do solo e na fragmentação dos *habitats*. Níveis elevados de apoio aos preços agrícolas favoreceram a utilização intensiva de fertilizantes e pesticidas, a mobilização inadequada dos solos e as práticas de drenagem ou irrigação incorrectas. No entanto, o abandono da actividade agrícola pode pôr igualmente em perigo o património ambiental através da perda de *habitats* seminaturais, da biodiversidade e da paisagem que lhes estão associados. Na década de 90, duas reformas da PAC contribuíram para integrar a dimensão ambiental na agricultura: a reforma de 1992, que assinalou um ponto de viragem na política agrícola da União Europeia, e a reforma de 1999 no quadro da Agenda 2000, que consolidou as medidas agro-ambientais. Em 22 de Junho de 2003, os Ministros da Agricultura da União Europeia adoptaram uma reforma profunda da PAC que altera completamente a forma como a União apoia o seu sector agrícola e introduziu uma maior exigência na integração ambiental. Neste sentido, a maior parte dos pagamentos directos passaram a ser dissociados da produção, com consequente redução de muitos dos incentivos à produção intensiva. Estes incentivos passaram igualmente a ser condicionados ao respeito pelas normas ambientais, de segurança alimentar, de sanidade animal e vegetal e de bem-estar dos animais.

A manutenção da actividade agrícola, que não deve ser dissociada da actividade florestal, é um suporte para a preservação da biodiversidade geral, constituindo por isso um factor de grande relevância ambiental em vastas áreas do território nacional. A Rede Natura 2000 cobre aproximadamente 21% do território continental e é constituída em 61% por área agrícola e florestal.

O *Health Check* da PAC (revisão de Novembro de 2007, a meio percurso da reforma de 2003) considera entre os principais parâmetros a monitorizar a forma como estão a ser atendidos os novos desafios, entre os quais são expressamente considerados os problemas da biodiversidade e outros que com ela se relacionam, como é o caso da gestão da água, da bioenergia e das alterações climáticas. O compromisso dos Estados-membros, no sentido de travar o declínio da biodiversidade até 2010, permanece um desafio central, no qual a agricultura europeia desempenha um papel-chave. O problema das alterações climáticas, do aumento da procura do factor água e até o apoio às culturas energéticas vem aumentar a dimensão do desafio.

O ProDeR – Programa de Desenvolvimento Rural, prevê no âmbito do seu Subprograma 2: Gestão Sustentável do Espaço Rural, quatro medidas e 19 acções que incluem o pacote de medidas designadas por Agro-Ambientais e Silvo-Ambientais: intervenções territoriais integradas[1] (Figura 20), alteração dos modos de produção agrícola[2] (agricultura biológica e produção integrada)[3] e a protecção da biodiversidade doméstica[4].

**FIGURA 20**

**Intervenções territoriais integradas**

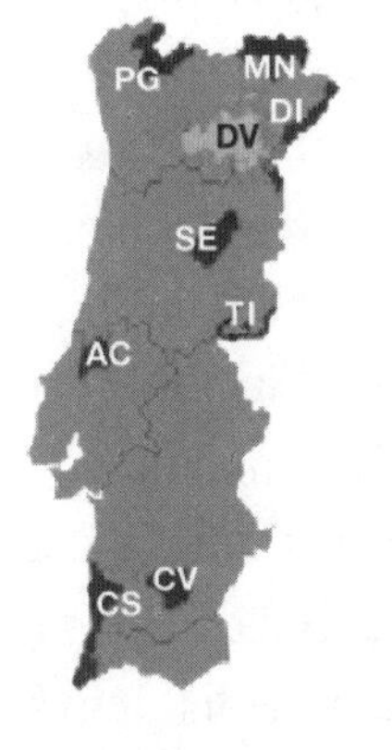


| | |
|---|---|
| AC | Aire e Candeeiros |
| CS | Castro Sudoeste |
| CV | CastroVerde |
| DI | Douro Internacional |
| DV | Douro Vinhateiro |
| MN | Montesinho-Nogueira |
| PG | Peneda-Gerês |
| SE | Serra da Estrela |
| TI | Tejo Internacional |

**Fonte**: PRODER – Programa de Desenvolvimento Rural 2007-2013.

Em Portugal, o projecto *ExtEnsity* – Sistemas de Gestão Ambiental e de Sustentabilidade na Agricultura Extensiva, liderado pelo Instituto Superior Técnico, tem precisamente como principal objectivo a promoção da sustentabilidade da agricultura portuguesa, procurando optimizar o desempenho económico, social e ambiental das explorações agrícolas. O projecto pretende contribuir para a resolução de um conjunto de problemas (abandono agrícola e despovoamento das zonas rurais, degradação e erosão do solo, excesso de consumo e contaminação da água), com óbvia incidência na conservação da biodiversidade. O *ExtEnsity* tem como financiador o programa LIFE – Ambiente da Comissão Europeia e envolve parceiros diversificados, nomeadamente: organismos do Ministério da Agricultura, ONGs, organizações de agricultores, laboratórios de investigação e empresas. A valorização do esforço dos agricultores é promovida através de dois sistemas de certificação alternativos: modo de produção biológico e norma de sustentabilidade garantida[5].

O primeiro relatório de sustentabilidade de uma empresa agrícola, produzido em Portugal, foi elaborado precisamente por uma empresa integrada no projecto *ExtEnsity*[6], o qual envolve já uma área aproximada de 60 mil hectares (1.7% da área agrícola portuguesa).

A nível mundial, a certificação agrícola é também cada vez mais uma realidade. Por exemplo, a *GlobalGap*, que foi criada há cerca de dez anos numa parceria entre produtores agrícolas e retalhistas, visou criar um conjunto de padrões e procedimentos para a certificação de boas práticas agrícolas, com o objectivo de assegurar que a agricultura é desenvolvida com respeito pelas boas práticas alimentares, pela protecção ambiental, pelos direitos dos trabalhadores e pela protecção dos animais. Este modo de certificação agrícola tem vindo a crescer de um modo muito significativo. Nos últimos quatro anos, em média, tem aumentado cerca de 65% ao ano, atingindo, em 2007, 81.2 mil explorações certificadas, destacando-se o facto de os oito países com maior número de certificações emitidas serem europeus e representarem 72% do total garantido pela *GlobalGap* (Figura 21).

FIGURA 21

**Certificação de produtores agrícolas de acordo com o modo de certificação *GlobalGAP*, 2004-2006** (Número de produtores)

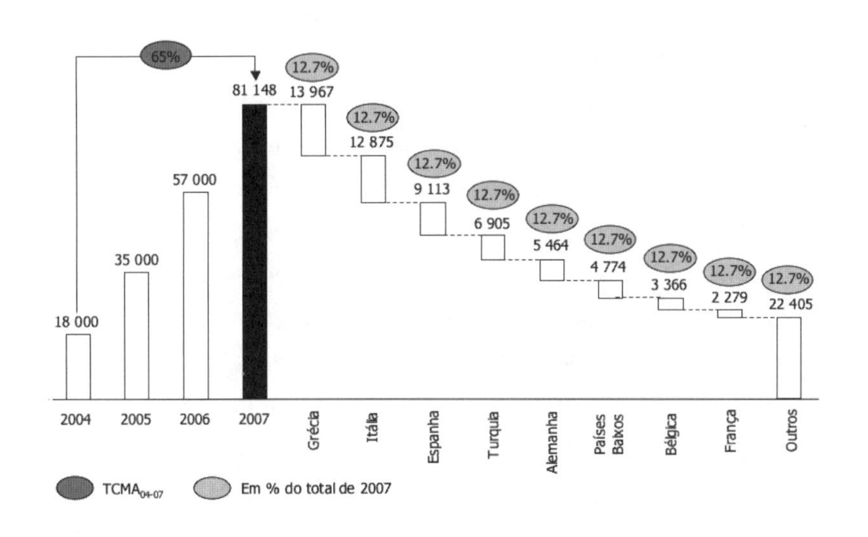


**Fontes**: *Global GAP*, ES Research – Research Sectorial.

## 4.2 Floresta

Pelas suas próprias características, o sector florestal deve ser analisado numa perspectiva de médio e longo prazo. Neste sentido, deparamo-nos com um desempenho surpreendente ao longo do século passado. Em Portugal continental a área florestal aumentou consideravelmente, nomeadamente devido ao sobreiro e ao pinheiro bravo, até à década de 70, e ao eucalipto, a partir da década de 50. Assim, em 2006 a área florestal arborizada atingia um valor próximo dos 3.1 milhões de hectares.

Para além do papel do Estado, a crescente valorização que os proprietários privados foram atribuindo à floresta, nomeadamente quando comparada com o uso agrícola, foi determinante para a sua expansão a nível nacional.

No continente, a propriedade privada corresponde a 2.8 milhões de hectares de espaços florestais arborizados, ou seja, 84.2% do total, dos quais 6.5% pertencem a empresas industriais. As áreas públicas correspondem a 15.8% do total, dos quais apenas 2% são do domínio exclusivo privado do Estado.

Na Região Autónoma da Madeira, a área total florestada é de 35.6 milhares de hectares, dos quais 15.5 são ocupados por floresta natural e 20.1 por floresta exótica.

Na Região Autónoma dos Açores, dos cerca de 235 mil hectares de superfície total, cerca de 30% são terrenos ocupados por floresta, dos quais 8% correspondem a floresta natural.[7]

Em termos de caracterização da área florestal, o sobreiro, com 737 milhares de hectares, surge como principal espécie silvícola, ou seja, 23.7 % da área total. Em seguida surgem o pinheiro bravo e o eucalipto com, respectivamente, 22.9% e 20.9% do total da área florestal nacional. No entanto, é de realçar a perda significativa da presença do pinheiro bravo na floresta portuguesa, ao diminuir 27.2% no período compreendido entre 1998 e 2006. Verifica-se uma situação semelhante em espécies florestais como a azinheira e o carvalho, que registaram perdas da área florestal de 15.9% e 9.9%, respectivamente. Em sentido contrário, são de destacar o sobreiro, com um crescimento de 3.4%, e o pinheiro manso, com um crescimento de 8.1%.

A perda do peso relativo da floresta de resinosas para o eucaliptal ao longo das últimas décadas deveu-se, principalmente, à maior apetência do produtor florestal pelo eucalipto, dado o rápido retorno económico em comparação com outras espécies, incluindo o pinheiro bravo (Figura 22). Neste contexto, a Estratégia Nacional para as Florestas pretende promover a relocalização de algumas espécies.

Por exemplo, se por um lado se pretende que a produção de eucalipto e pinheiro aumente na área de produção lenhosa, sobretudo à custa de aumentos de produtividade, por outro pretende-se que muitos eucaliptais e pinhais, dado estarem em terrenos de aptidão marginal, desapareçam ao longo do tempo para serem substituídos por outros usos florestais, tais como montados ou outras folhosas em sistemas multifuncionais. A diminuição de espécies em situação marginal reduzirá a sua susceptibilidade tanto a incêndios como a pragas e doenças.

FIGURA 22

**Distribuição das áreas florestais por espécie, 2006**
(Milhares de hectares)

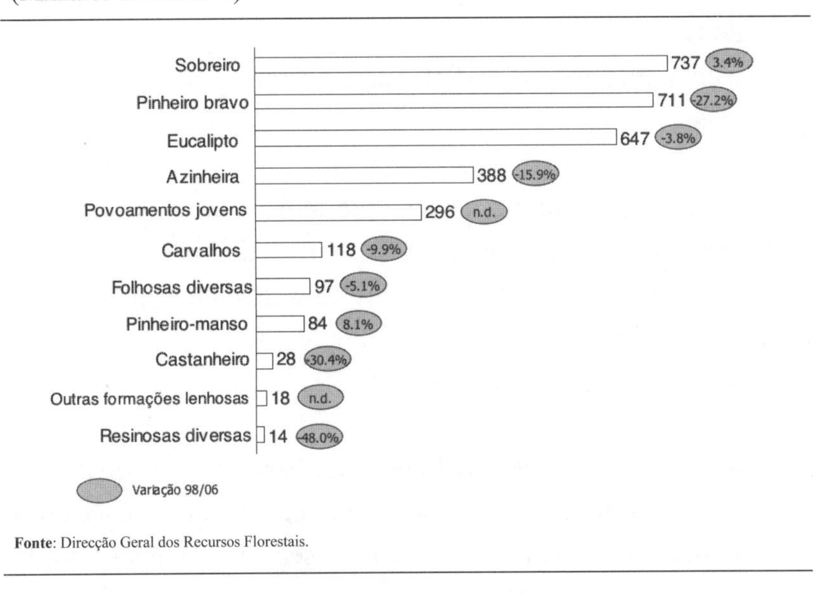


**Fonte**: Direcção Geral dos Recursos Florestais.

A valorização da floresta deve ser entendida não só pelo uso directo de produtos tradicionais, como por exemplo a madeira, a cortiça e a resina, como também outros contabilizados menos vezes, como é o caso de produtos não lenhosos como o mel, os frutos, os cogumelos, as plantas aromáticas, o pastoreio, a caça, a pesca e recreio. Paralelamente, a valorização do uso indirecto da floresta é cada vez mais equacionado, nomeadamente ao nível da protecção do solo e dos recursos hídricos, da protecção da paisagem e da biodiversidade e ao nível do sequestro de carbono. Nesta última situação, dada a função da floresta como sumidouro de carbono, o crescimento da floresta portuguesa pode ser quantificado e contabilizado, e assim representar uma ajuda para compensar as emissões de outras actividades, nomeadamente da indústria e dos transportes.

Do ponto de vista social, o sector florestal tem vindo ao longo dos anos a ter um papel preponderante. Em 2006, cerca de 113 mil empregos directos estavam afectos a este sector, ou seja, aproximadamente 2.2% da população activa. Paralelamente, este sector representava cerca de10% das exportações e 2% do Valor Acrescentado Bruto.

No entanto, têm sido distintas as trajectórias das várias fileiras industriais:

- A fileira da madeira de serração tem vindo a assistir a um fenómeno de concentração, com o desaparecimento de pequenas serrações. As estatísticas apontam para que o número de serrações tenha diminuído de 732, em 1998, para cerca de 290, em 2005.

- A fileira da pasta e papel contribui para cerca de quatro mil empregos directos, mas a sua principal evolução tem sido no aumento da integração vertical no sector, com maior produção de papel e cartão.

- A fileira da cortiça representa uma importante fracção no comércio externo nacional; em 2006, as exportações do sector atingiam, aproximadamente, 848.5 milhões de euros, ou seja, quase um terço do total das exportações de produtos florestais e 2.3% do total das exportações portuguesas.

Nas últimas três décadas, o processo de alterações climáticas tem vindo a contribuir para o aumento do grau de incerteza associado ao sector. Apesar da dificuldade de prever os impactos do efeito de estufa a uma escala regional, vai enraizando-se a ideia de que o processo de aquecimento terrestre terá consequências significativas. Algumas projecções apontam para uma vulnerabilidade especial na região mediterrânica.

A estimativa da evolução climática global ao longo do século XXI, feita no âmbito do projecto SIAM (*Scenarios, Impacts, and Adaptation Measures*)[8], prevê que haja durante este século um aumento significativo da temperatura média em todas as regiões de Portugal, que será acompanhado por um acréscimo na frequência e intensidade das ondas de calor. O aumento da temperatura será mais expressivo nas regiões do interior do continente (7ºC) do que na zona litoral (3ºC).

Neste contexto, poderão verificar-se mudanças quanto ao domínio de algumas espécies e nas áreas de distribuição dos diversos tipos de floresta, assim como um aumento do risco de desertificação, podendo algumas espécies florestais registar uma mortalidade acentuada no limite mais seco da sua actual área de distribuição. As previsões, com todas as suas limitações, apontam para:

- A substituição, a Norte, de parte dos povoamentos de pinheiro e eucalipto por floresta mais esclerófita[9], que hoje em dia tem maior presença no Sul, como por exemplo o sobreiro;

- A redução, no Sul, das áreas ocupadas com floresta, nomeadamente dos montados que serão substituídos por matos.

Uma expressão do efeito das mudanças climáticas é o aumento do fenómeno dos incêndios florestais que são, hoje em dia, certamente o maior dos riscos no sector florestal, representando um factor determinante para a perda da biodiversidade e de património paisagístico[10].

O maior impacto dos incêndios nas últimas duas décadas tem sido nos povoamentos de pinheiro bravo e de eucalipto, o que não pode deixar de estar associado a reduções na produção de madeira. De qualquer forma, a dimensão real do problema dos incêndios ultrapassa em muito a questão da diminuição da produção de material lenhoso, nomeadamente no que se refere ao custo social que lhe está associado, que constitui a mais negativa das externalidades associadas à floresta. Paralelamente, a ocorrência de fogos diminui a capacidade de retenção de água nos solos, expõem os mesmos à erosão, provocando o arrastamento da matéria fina e o consequente assoreamento das linhas de água e albufeiras.

***Certificação Florestal***

A certificação de produtos florestais tem vindo cada vez mais a ser alvo da a atenção, quer por parte de entidades governamentais, com a adopção de políticas que promovem uma procura sustentável de madeira e produtos associados à produção de papel, quer através das próprias empresas que, com o objectivo de projectarem uma imagem "verde" em linha com as políticas empresariais seguidas de responsabilidade social, adoptam medidas que certificam (Secção 5.5) os respectivos processos produtivos no âmbito da utilização de produtos relacionados com a fileira florestal (gestão de áreas florestais e cadeia de responsabilidade[11]).

Em 2006, a área florestal total certificada totalizava 270 milhões de hectares (Figura 23), ou seja, 7% da floresta a nível mundial (3.9 mil milhões de hectares).

A América do Norte é a região com maior área florestal certificada (158 milhões de hectares), cerca de 33.5% da área florestal total (Figura 23). Em seguida surge a Europa Ocidental, com aproximadamente 79 milhões de hectares de área florestal certificada. No entanto, este registo é mais significativo quando se constata que corresponde a mais de metade do território florestal. Para este desempenho, em muito contribui o elevado nível de certificação em que se encontram países como a Finlândia, a Suécia e a Noruega, com 22.1, 15.6 e 9.2 milhões de hectares, respectivamente.

FIGURA 23

**Área florestal certificada, 2006**
(Milhões de hectares)

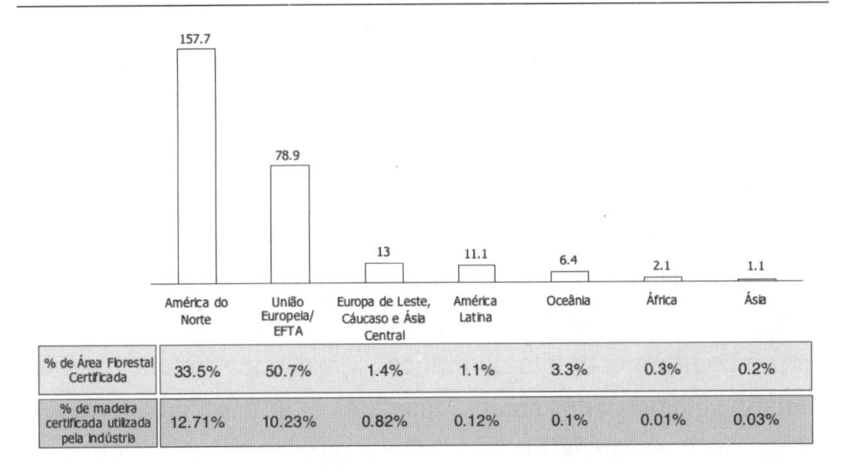


| | América do Norte | União Europeia/ EFTA | Europa de Leste, Cáucaso e Ásia Central | América Latina | Oceânia | África | Ásia |
|---|---|---|---|---|---|---|---|
| % de Área Florestal Certificada | 33.5% | 50.7% | 1.4% | 1.1% | 3.3% | 0.3% | 0.2% |
| % de madeira certificada utilizada pela indústria | 12.71% | 10.23% | 0.82% | 0.12% | 0.1% | 0.01% | 0.03% |

**Fontes**: Comissão Económica das Nações Unidas para a Europa, ES Research – Research Sectorial.

No campo da certificação florestal, destacam-se cinco sistemas de certificação. Os três principais sistemas são o *Forest Stewardship Council* (FSC), o *Canadian Standards Association Sustainable Forest Management Program* (CSA) e o *Programme for the Endorsement of Forest Certification schemes* (PEFC), responsáveis pela certificação de, respectivamente, 28%, 26% e 23% do total de florestas certificadas.

## 4.3 Caça e Pesca desportiva e de recreio

### 4.3.1 Pesca recreativa

A gestão e conservação dos recursos hídricos têm vindo a ganhar peso e relevância durante os últimos anos. De facto, o aumento do interesse pela gestão da água e pelos diversos elementos que lhe estão associados deve-se ao aumento crescente da perda de qualidade e escassez dos recursos hídricos, em virtude de um crescimento e diversificação do nível de utilização de que é alvo. Para além do consumo de água propriamente dito, têm vindo a crescer as actividades com base em recursos aquícolas e piscícolas, como são exemplo as diferentes formas e tipos de pesca desportiva e as diversas actividades de lazer em águas interiores ou continentais.

Assim, dada a extrema importância dos recursos hídricos, importa garantir que a sua exploração e utilização acontece de acordo com um conjunto de práticas que assegurem que a gestão do meio aquático e dos recursos que lhes estão associados seja realizada na observância da legislação e regulamentação ambiental, com vista à manutenção da sustentabilidade ecológica e conservação dos recursos aquícolas e piscícolas; que seja reconhecida a especificidade de cada reserva de água, incluindo os seus diferentes graus e tipos de artificialização, no enquadramento específico dos ecossistemas mediterrâneos; e que sejam identificados os diferentes graus de diversidade e qualidade ecológica das espécies existentes. Só a criação de enquadramentos legislativos propiciadores de obtenção por parte dos operadores privados, do necessário retorno, dos capitais investidos na manutenção de recursos e *habitats* poderá proporcionar o desenvolvimento desta área de negócio.

Do ponto de vista social, até à década de 60 a actividade piscatória servia de sustento a muitas famílias, encontrando-se estruturas profissionais relativamente desenvolvidas, cujas capturas se centravam nas espécies migratórias, como eram os casos, por exemplo, da pesca do sável e do salmão e, em termos de espécies de água doce, do barbo, da boga e da lampreia. No entanto, em consequência do desaparecimento de muitas das espécies migratórias e da proliferação da venda de pescado marítimo em todo o território nacional, em virtude do desenvolvimento de sistemas de conservação, os pescadores profissionais acabaram por reconverter as suas actividades para outras áreas, nomeadamente para a agricultura e o comércio. Paralelamente, tem-se vindo a verificar um aumento muito significativo da pesca desportiva, elevando-se, em 2005, a 261 mil o número de pescadores desportivos (Figura 24).

**FIGURA 24**

**Evolução do número de pescadores desportivos, 1980-2005**
(Milhares de pescadores)

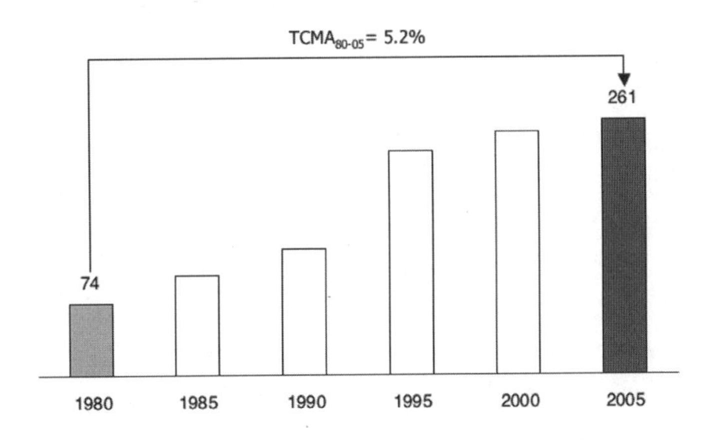


**Fontes**: Direcção-Geral das Florestas – Estratégia Nacional para as Florestas, ES Research – Research Sectorial.

A par do aumento do número de praticantes, as características da actividade desenvolvida têm vindo igualmente a modificar-se. Se há aproximadamente 30 anos a pesca desportiva desenvolvia-se mais em termos regionais, numa base de pequeno esforço e perto do local de habitação, actualmente esta prática desportiva é desenvolvida por pescadores de origem urbana, com grande mobilidade regional e já com algum investimento associado, por exemplo em barcos, em iscos artificiais e em artefactos. Também se constata uma diversificação dos locais de pesca – rios, açudes e albufeiras – e do tipo de pesca desportiva realizada, que tanto pode ser de competição ou pesca dedicada a uma espécie específica.

O facto de a pesca desportiva estar a ser mais desenvolvida por praticantes de origem urbana, ou com um nível de educação ambiental mais aprofundado[12], faz com que tenham aumentando as preocupações e exigências de natureza ambiental, que se traduz, por exemplo, na necessidade de existência de melhores acessos a zonas pesqueiras e a locais de ancoragem para embarcações, na requalificação e recuperação de zonas pesqueiras danificadas.

O aumento da prática de pesca desportiva traduz-se no crescimento de pedidos de licenças, sendo de destacar o aumento quer de licenças nacionais quer de licenças regionais, que em 2005 representavam cerca de 65% do total, contra apenas cerca de 35% de licenças concelhias, ou seja, o contrário do que se verificava no início da década de 60.

### 4.3.2 Caça

Dado o importante contributo que a actividade cinegética tem para o país e, em particular, para o meio rural, é imprescindível e desejável a devida compatibilização com a conservação da natureza, com a diversidade biológica, com o conjunto de actividades que se desenvolvem nesses espaços e com aspectos de ordem cultural e social.

Em Portugal existirão aproximadamente 300 mil caçadores, dos quais apenas cerca de 120 mil tratam anualmente da sua licença de caça. Correspondendo o número de caçadores a quase 4% da população nacional, constituíam, por isso, um grupo de interesse com elevada expressão, quer do ponto de vista social, quer do ponto de vista económico. Em termos globais, de acordo com a estimativa da Associação Nacional de Proprietários e Produtores de Caça, as despesas associadas a este sector elevavam-se a 270 milhões de euros. Neste contexto, quando comparado com o sector florestal, com o qual apresenta semelhanças por utilizar igualmente recursos naturais que são renováveis, constata-se que representava quase metade do valor dos produtos florestais, em termos de valor de produção.

O sector da caça, em termos organizativos, caracteriza-se por se apresentar em grande parte do território sob a forma de Zonas de Caça que podem ser de natureza:[13]

- Associativa – Zonas de interesse associativo, constituídas de forma a privilegiar o incremento e manutenção do associativismo dos caçadores, conferindo-lhes assim a possibilidade de exercerem a gestão cinegética;

- Turística – Zonas de interesse turístico, constituídas de forma a privilegiar o aproveitamento económico dos recursos cinegéticos, garantindo a prestação de serviços turísticos adequados;

- Municipal – Zonas de interesse municipal, constituídas para proporcionar o exercício organizado da caça por um número maximizado de caçadores, em condições particularmente acessíveis.

Actualmente, devem existir em Portugal aproximadamente 2000 Zonas de Caça Associativa, 850 Zonas de Caça Turística e 1000 Zonas de Caça Municipal, representado, no seu conjunto, aproximadamente 6.8 milhões de hectares. É precisamente em torno das Zonas de Caça Turística que tem sido possível desenvolver um tecido empresarial que centra a sua actividade na exploração comercial da caça, de forma exclusiva ou conjugada com a agricultura ou com o turismo. A sustentabilidade destes projectos, veículos de rentabilização dos investimentos na biodiversidade, não é dissociável da adopção de uma adequada gestão de conservação da natureza e da diversidade biológica nas propriedades fundiárias dos seus promotores.

Não existindo números exactos sobre a mão-de-obra total associada a este sector, constata-se porém que, do ponto de vista social, constitui um importante suporte à criação de emprego, quer em termos directos, quer indirectos, nomeadamente em regiões do país que são mais desfavorecidas. A título de exemplo, refira-se o concelho de Mértola (Beja), zona que sofre de uma interioridade marcada, onde o sector da caça é o segundo maior empregador, logo a seguir à respectiva Câmara Municipal, e em que o volume de negócios da caça já ultrapassa o valor da agricultura, das florestas e da pecuária juntos.

Um estudo realizado a nível europeu (F. Pinet, 1999) coloca Portugal como o terceiro destino turístico de caça preferido pelos caçadores europeus, logo a seguir da Espanha e da Hungria, revelando assim um potencial para o crescimento deste sector.

Paralelamente, a procura de carne de caça é muito forte quer em termos de restauração, quer em termos de indústria da transformação, que ainda está a dar os primeiros passos mas que apresenta um elevado potencial de expansão a nível nacional e de exportação, nomeadamente para o mercado europeu. No entanto, a indústria nacional depara-se frequentemente com falta de matéria-prima, tendo por isso que recorrer à importação de carne, principalmente com origem em Espanha.

A prática de caça em condições de sustentabilidade, acompanhada de uma gestão apropriada das zonas de caça, traz valor acrescentado ao bem comum, não apenas em termos da protecção ambiental, mas igualmente em termos de aspectos socioeconómicos muito relevantes para o mundo rural, permitindo o desenvolvimento de uma economia em torno dos produtos da natureza e diversificando receitas (produtos de caça, observação de pássaros, gastronomia ou conservação da paisagem).

## 4.4 Pesca

Historicamente, o sector da pesca desempenhou um papel de relevo na estrutura económica e social da economia nacional. No entanto, tal como se tem verificado noutros sectores mais tradicionais, este sector tem vindo a sofrer uma perda progressiva de influência. Do ponto de vista social, no período compreendido entre 1950 e 2001 este sector perdeu aproximadamente 30 mil postos de trabalho, o que correspondeu a um decréscimo de 65% (Figura 25). De acordo com os Censos da População realizados em 2001, 0.3% da população activa com mais de 12 anos estava empregado em actividades relacionadas com a pesca, o que correspondia a 6.9% da população afecta ao sector primário.

**FIGURA 25**

**Evolução da população com actividade na pesca, 1950-2001**
(Indivíduos)

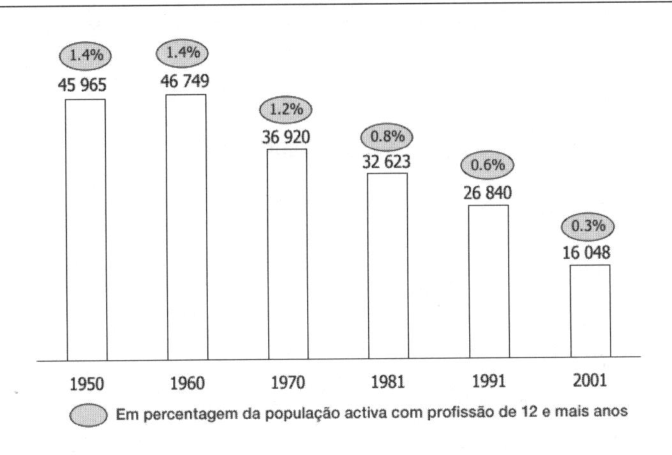


**Fontes**: INE, ES Research – Research Sectorial.

Em termos regionais, a distribuição do número de trabalhadores afectos a este sector era bastante díspar. Quase 50% da população pesqueira situava-se nas regiões Norte e Centro, enquanto que no

Algarve e em Lisboa os valores ficavam-se pelos 19% e 15%, respectivamente, cabendo as restantes posições aos Açores (8.7%), à Madeira (5.1%) e ao Alentejo (3.8%).

No que respeita à frota pesqueira portuguesa, tem vindo a registar-se, igualmente, uma diminuição significativa no número de embarcações. Em 2006 existiam em actividade 8 754 barcos (Figura 26), o que correspondeu a uma diminuição da frota de aproximadamente 45% face ao início da década de 90. Em termos regionais, actualmente a região do Centro e o Algarve detêm 23.8% e 22.4% respectivamente do total do número de embarcações, seguidos da região de Lisboa com 19.7% e da região Norte com 17.9%.

Em 2006 deu-se continuidade ao processo de renovação da frota, tendo abandonado a actividade 594 embarcações, das quais 329 foram desmanteladas. Em sentido inverso, entraram em actividade 193 unidades, das quais 158 eram novas. Face a 2005, registaram-se mais 230 saídas e menos 58 entradas, reflectindo um abrandamento do processo de renovação da frota.

**FIGURA 26**

**Evolução do número de embarcações, 1990-2006**
(Unidades)

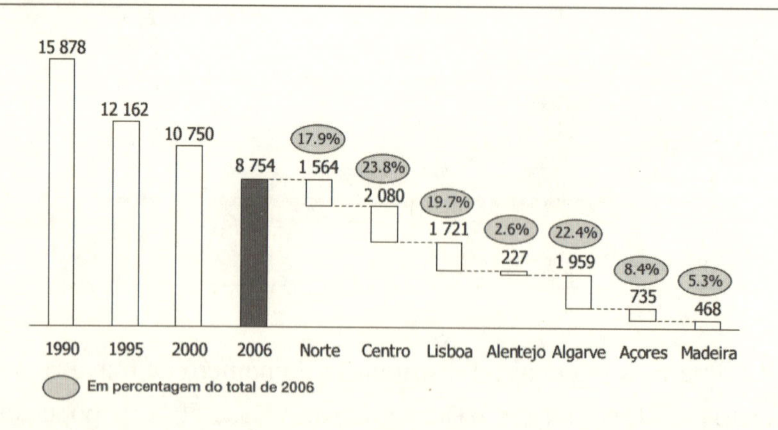


**Fontes:** INE, ES Research – Research Sectorial.

Paralelamente, a quantidade de pescado descarregado tem vindo igualmente a diminuir, reflectindo a diminuição global de recursos pesqueiros – resultante, em muitos casos, de um excessivo esforço sobre as espécies tradicionalmente capturadas –, assim como a política de protecção dos recursos marinhos que tem vindo a ser implementada a nível nacional no âmbito da Política Comum de Pescas, além da já referida redução de embarcações e pescadores matriculados.

Em termos de pescado fresco ou refrigerado descarregado nos portos nacionais no período compreendido entre 1990 e 2006, a quebra do valor capturado atingiu os 33.2%, reflectindo uma taxa de crescimento média anual de negativa de 3.6%. Em 2006, o valor de pescado descarregado foi de 141.7 mil toneladas, reflectindo uma quebra de 2.7% face ao ano anterior. Em termos regionais, as regiões com maior peso são o Centro, o Norte e o Algarve com 28.7%, 20% e 16.8% do total, respectivamente (Figura 27).

**FIGURA 27**

**Evolução do pescado descarregado fresco ou refrigerado em portos nacionais, 1995-2006**
(Toneladas)

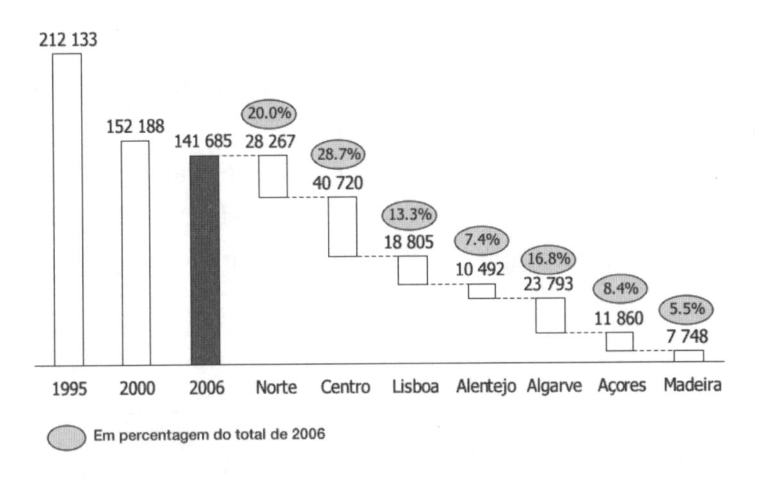


**Fontes**: INE, ES Research – Research Sectorial.

Em Portugal as capturas são efectuadas segundo três segmentos de frota principais: polivalente, cerco e arrasto. A pesca por embarcações polivalentes é a responsável pelo maior volume de capturas (50.1% em 2006), seguindo-se a efectuada por cerco e de arrasto, com 36 e 13.9% do total, respectivamente. A pesca polivalente é constituída por uma frota não especializada, que utiliza diversas artes de pesca, dependendo da época do ano e da maior ou menor abundância das espécies que se pretendem capturar. A pesca por cerco é essencialmente dirigida à sardinha, embora também sejam capturadas, com um peso muito reduzido, espécies como o carapau, a cavala, a sarda e o biqueirão. Por último, a pesca de arrasto é fundamentalmente dirigida a peixes demersais e crustáceos.

O código europeu de boas práticas para uma pesca sustentável e responsável fixa normas de comportamento a respeitar pelo sector das pescas, a fim de favorecer e preservar os ecossistemas marinhos não poluídos e a exercer as actividades de pesca de forma responsável. No capítulo "respeito pelos recursos haliêuticos e pelo meio em que evoluem" é claramente expressa a intenção de, sempre que possível, o respeito pelo ambiente presidira à escolha entre os vários métodos de pesca, sendo mencionada, entre outras, a indicação de utilização de artes de pesca mais selectivas de modo a evitar a captura de peixes juvenis e de espécies não alvo.

Em 2006, 87.6% do total do pescado descarregado enquadrava-se na classe dos Peixes Marinhos (Figura 28). Destes, destacava-se a sardinha (38.8%), o carapau (11.6%) e a cavala (10.7%).

FIGURA 28

**Pescado descarregado fresco ou refrigerado em portos nacionais, 2006**
(Toneladas)

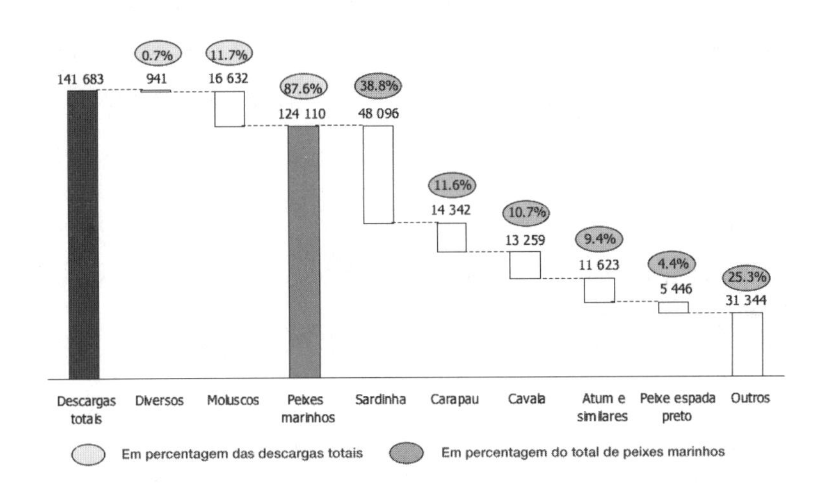


**Fontes**: INE, ES Research – Research Sectorial.

A aquicultura surge como um modo de produção privilegiado para evitar interacções negativas ao nível do ambiente e dos recursos, assegurando, simultaneamente, a produção de acordo com determinados padrões de qualidade. Apesar de o país dispor de condições naturais propícias ao desenvolvimento da aquicultura, a sua produção não tem apresentado uma evolução muito favorável, correspondendo ainda a um peso reduzido na produção total do sector da pesca. Em 2005, a produção em aquicultura foi de 6.7 mil toneladas, ou seja, 5.2% da quantidade de pescado fresco e refrigerado desembarcado no continente. Em termos regionais, em 2005, com 3.2 toneladas, 47.5% da produção total estava localizada no Algarve, seguido das regiões Centro e Norte com 18.2% e 12.7% do total (Figura 29).

Porém, apesar do menor dinamismo revelado, durante os próximos anos perspectiva-se um crescimento muito acentuado da produção em aquicultura. Para tal, em muito contribuirá o projecto a desenvolver pela Pescanova, que envolve um investimento global de aproximadamente 140 milhões de euros, a ser concretizado durante os próximos quatro anos no concelho de Mira (Aveiro). Este projecto permitirá, numa primeira fase, produzir cerca de 7 mil toneladas de pregado, passando para 10 mil toneladas numa segunda fase, ou seja, mais do que duplicará o actual montante de produção em aquicultura.

FIGURA 29

**Evolução da produção de aquicultura, 1999-2005**
(Toneladas)

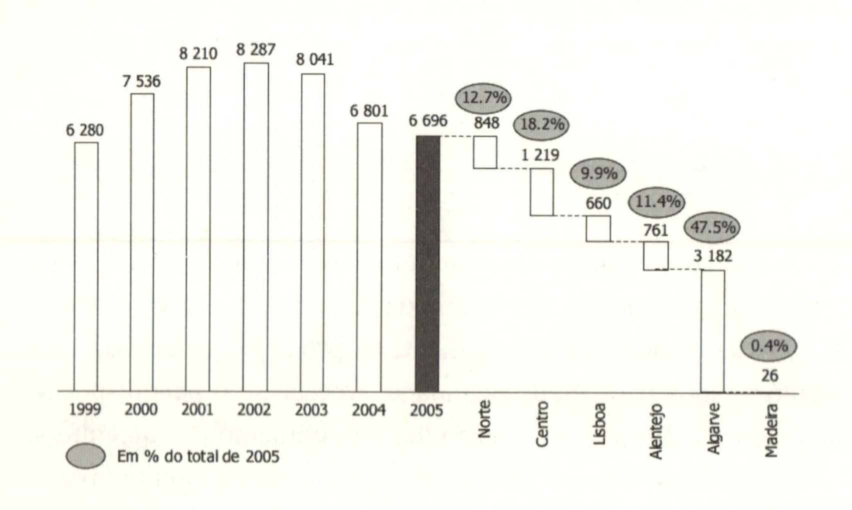


**Fontes**: INE, ES Research – Research Sectorial.

A produção em água salgada e salobra continua a ser a mais importante, correspondendo em 2005 a 87.4% da produção total. Por espécies, destacam-se a produção de amêijoas, de robalos e de douradas, com 24.6%, 22.8% e 22.7% do total, respectivamente (Figura 30).

FIGURA 30

**Produção de aquicultura por tipo de água e segundo as espécies, 2005**
(Toneladas)

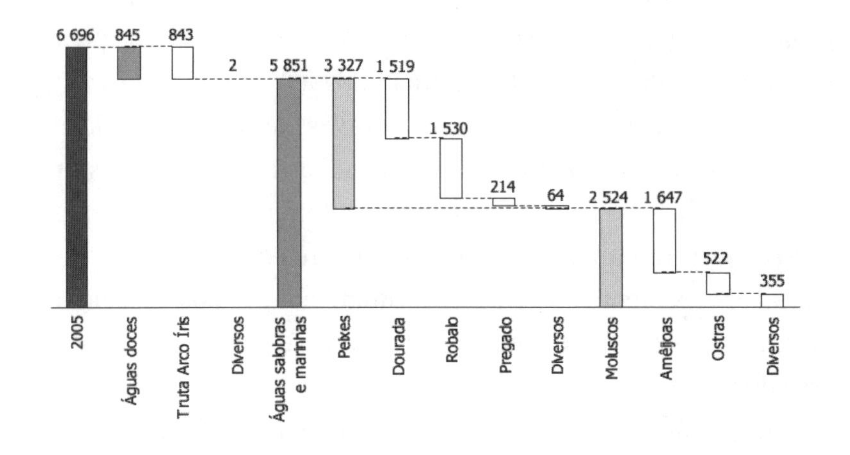


**Fontes**: INE, ES Research – Research Sectorial.

## Evolução dos *stocks* dos principais recursos pesqueiros

O Conselho Internacional para a Exploração do Mar (CIEM/ ICES - *International Council for the Exploration of the Sea*) – organização intergovernamental de ciências marinhas – tem manifestado a sua preocupação no que respeita à sobrepesca nas águas comunitárias – nomeadamente no Atlântico Norte – e também a nível mundial. Os desembarques de pescado, em meados de 1970, eram quase o dobro dos verificados em 1998. O esforço sobre este sector é globalmente superior aos recursos existentes e os *stocks* estão próximo dos limites máximos de exploração sustentável ou vivem situações de declínio e diminuição acelerada. Segundo a Organização das Nações Unidas para a Agricultura e a Alimentação, FAO (*Food and Agriculture Organization*), é esse o estado de 70% das espécies. De acordo com a publicação "Environmental Status of the European Seas", elaborada em 2003 pelo ICES, em 2001 apenas 18% de um total de 113 *stocks* estudados por esta organização estavam dentro dos limites biológicos de segurança. O excesso de pesca vem ao encontro das conclusões de um estudo realizado pela Comissão Europeia em 1995, onde se afirma que a frota de pesca da UE era cerca de 40% superior à admissível para se pescar dentro dos limites de sustentabilidade.

A avaliação dos *stocks* é feita através da análise da quantidade de peixe desembarcado, das rejeições ao mar e do esforço de pesca efectuado pelas frotas que exploram o recurso; é ainda utilizada a estimativa – através dos cruzeiros de investigação – da população existente no mar e o recrutamento de cada espécie (em número de peixes que, pela primeira vez na sua vida, entram na área de pesca).

A generalidade dos recursos explorados pelas frotas de pesca em águas territoriais portuguesas encontra-se em situação de sobre-exploração, com excepção da sardinha (em recuperação depois de um mínimo histórico em finais da segunda metade dos anos 90) e do carapau (considerado estável ao longo dos últimos 20 anos). De entre os recursos com acompanhamento regular existem mesmo alguns, como a pescada, o lagostim e o tamboril, considerados fora dos limites biológicos de segurança, o que poderá implicar o seu colapso iminente.

## 4.5 Água

A água é um recurso natural renovável com características muito singulares que se prendem com sua essencialidade à vida, com a possibilidade de ser consumida praticamente no estado em que a encontramos na natureza e também com a transversalidade que a caracteriza enquanto recurso fundamental para o desenvolvimento de vários sectores, como é o caso evidente da agricultura, mas também da indústria, do turismo e da energia. Contudo, uma vez que a oferta deste recurso e os seus usos frequentemente não coincidem no espaço e/ou tempo, a disponibilização da água quer em quantidade, quer em qualidade, exige a realização de elevados investimentos em infra-estruturas e também na área da conservação dos ecossistemas:

- Captações para recolha de água no seu meio hídrico natural ou subterrâneo;
- Canais, condutas e estações de bombagem para transferir e distribuir a água entre zonas de captação e de consumo, incluindo também a distribuição pelos utilizadores finais em quantidades e pressões adequadas às suas necessidades;
- Reservatórios de armazenamento para permitir o desfasamento no tempo entre captação e fornecimento de água, de forma a assegurar a continuidade no abastecimento;
- Albufeiras que permitam a transferência de água entre épocas húmidas e épocas de secas;
- Estações de tratamento para garantir a qualidade da água a ser distribuída ou a ser devolvida aos meios naturais após utilização;
- Conservação dos ecossistemas.

Grande parte destes investimentos têm sido suportados ou apoiados pelo Estado. No entanto, a crescente valorização do recurso água, resultado do aumento muito significativo da sua procura a uma escala global, das incertezas resultantes das alterações climáticas e da pressão sobre os ecossistemas, vem criar um contexto propiciador a um crescente interesse da iniciativa privada por este sector. A concentração urbana e o rápido desenvolvimento económico e tecnológico a que se tem vindo a assistir, e de que Portugal não é excepção, tem contribuído para acentuar esta necessidade.

De acordo com o PNA – Plano Nacional da Água[14], Portugal continental pode ser divido em 15 regiões, coincidindo com as principais bacias hidrográficas[15]: Minho, Lima, Cávado, Ave, Leça, Douro, Vouga, Mondego, Lis, Ribeiras do Oeste, Tejo, Sado, Mira, Guadiana e Ribeiras do Algarve. O PNA sustenta que os recursos hídricos disponíveis nessas regiões são suficientes para as necessidades que possam vir a surgir. Contudo, condicionantes de natureza ambiental e ao nível da eficiência dos usos poderão pôr em causa esta sustentabilidade. Neste contexto, a discussão que hoje se coloca, não só em Portugal mas também a nível mundial, em termos do custo deste recurso, que é efectivamente suportado pelos respectivos utilizadores, será sem dúvida um elemento determinante para o comportamento dos diferentes agentes económicos, produtores e consumidores em relação ao uso da água e também um influenciador de políticas de desenvolvimento económico sustentáveis ao nível dos países e das regiões.

A importância crescente do sector (a procura de água em Portugal foi estimada pelo Plano Nacional da Água em 2001 em cerca de 7 500 milhões de metros cúbicos) leva a que aos tradicionais operadores do lado da oferta se agregue um conjunto cada vez mais diversificado de agentes na área da construção e reabilitação de infra-estruturas, fornecedores de tecnologias, investigação e consultoria ou fiscalização e controlo. Desta forma, um sector que, por via da procura que lhe é dirigida, interage com a actividade económica de um modo geral, torna-se também um elemento central na actividade de um conjunto alargado de operadores económicos que extravasa o universo tradicional das entidades gestoras de abastecimento: municípios, associações de municípios, empresas públicas (ou de capital público) ou, menos frequentemente, concessões do sector privado.

O Plano Nacional da Água estima que o abastecimento da agricultura e da indústria, responsáveis por aproximadamente 93% do consumo, é efectuado através de regadios privados ou rede própria em sensivelmente 80%.

FIGURA 31

**Abastecimento de água por tipo de entidade gestora – Rede Urbana, 2001**
(Percentagens)

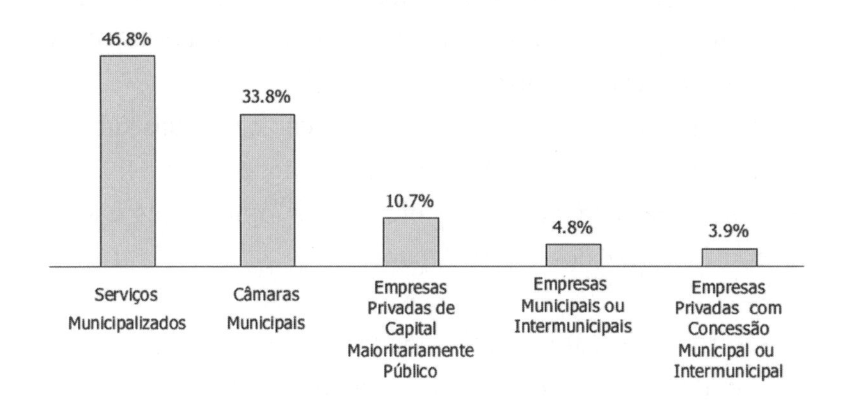


**Fontes**: Plano Nacional da Água, ES Research – Research Sectorial.

No contexto do ordenamento jurídico português, a Lei da Água, Lei n.º 58/2005 de 29 de Dezembro, vem estabelecer as bases e o quadro institucional para a gestão sustentável das águas, transpondo para a ordem jurídica portuguesa a Directiva–Quadro da Água[16] que, no seu Art.º 1º, define como objectivo:

> "Estabelecer um enquadramento para a protecção das águas de superfície interiores, das águas de transição, das águas costeiras e das águas subterrâneas que:
>
> a) Evite a continuação da degradação e proteja e melhore o estado dos ecossistemas aquáticos e também dos ecossistemas terrestres e zonas húmidas directamente dependentes dos ecossistemas aquáticos, no que respeita às suas necessidades de água;
> b) Promova um consumo de água sustentável, baseado numa protecção a longo prazo dos recursos hídricos disponíveis;

c) Vise uma protecção reforçada e um melhoramento do ambiente aquático, nomeadamente através de medidas específicas para a redução gradual das descargas, das emissões e das perdas de substâncias prioritárias e da cessação ou eliminação por fases de descargas, emissões e perdas dessas substâncias prioritárias;
d) Assegure a redução gradual da poluição das águas subterrâneas e evite a agravação da sua poluição; e
e) Contribua para mitigar os efeitos das inundações e secas, contribuindo, dessa forma, para:

- o fornecimento em quantidade suficiente de água superficial e subterrânea de boa qualidade, conforme necessário para uma utilização sustentável, equilibrada e equitativa da água;
- reduzir significativamente a poluição das águas subterrâneas;
- a protecção das águas marinhas e territoriais;
- o cumprimento dos objectivos dos acordos internacionais pertinentes."

A Directiva-Quadro da Água prevê o cumprimento dos seus objectivos, de alcançar a "boa qualidade ecológica" da água, até 2015. As acções a implementar passam, por exemplo, pela alteração de práticas agrícolas (com o intuito de reduzir a contaminação das águas subterrâneas), pelo investimento dos produtores industriais em novas tecnologias ou tendo em vista reduzir emissões e pela maior consciencialização dos consumidores.

A Lei da Água vem consagrar princípios inovadores no domínio da política da água, nomeadamente o seu valor económico, indiscutível e directamente emergente do reconhecimento da sua escassez, e os princípios do poluidor e utilizador pagador, reconhecendo a necessidade da recuperação dos custos dos serviços de águas numa perspectiva integral dos mesmos, não descurando os custos ambientais. Mais recentemente, o PEA-ASAR II – Plano Estratégico de Abastecimento de Água e de Saneamento de Águas Residuais 2007-2013[17], em articulação com o Plano Nacional da Água e no quadro da Lei da Água e da Lei da Titularidade dos Recursos Hídricos[18], define, uma vez mais, a protecção dos valores ambientais como um dos seus três grandes objectivos estratégicos (os quais passam também pela sustentabilidade do sector e pela universalidade em continuidade e qualidade do serviço), sendo referida, enquanto objectivo operacional, a necessidade de aumentar a produtividade e a competitividade do sector através de soluções que promovam a ecoeficiência. É também sublinhada a necessidade de reforçar os mecanismos de regulação, de controlo e de penalização.

A fim de evitar alguma desarticulação detectada no PEAASAR 2000-2006, entre medidas defendidas e modelo de financiamento, o PEEASAR 2007-2013 estima, para a sua implementação, um apoio de aproximadamente mil milhões de euros, no âmbito do QREN, para um montante de investimento elegível de 2.1 mil milhões. Em 1 de Abril de 2008, no âmbito do QREN, mais precisamente do Programa Operacional Temático Valorização do Território, Eixo Prioritário II – Rede Estruturante de Abastecimento de Água e Saneamento, foi atribuída uma dotação financeira do Fundo de Coesão de 803 milhões de euros para candidaturas seleccionadas nas NUTS II do continente.

A relevância que legisladores e governantes atribuem aos valores ambientais, nas decisões que envolvam a utilização do recurso água, vem evidenciar a importância de um conjunto de serviços dos ecossistemas que se prende precisamente com a quantidade, a qualidade e a regularidade de caudais de água. Pagamentos por este género de serviços vão sendo cada vez mais frequentes, um pouco por todo o mundo, existindo alguns exemplos emblemáticos como é o caso da Vittel[19] em França, do fornecimento de água à cidade de Nova Iorque[20], de Los Negros na Bolívia[21] ou da Coca-Cola no Malawi[22]. O investimento na manutenção dos ecossistemas, podendo envolver a compra de terrenos ou apenas a contratualização de práticas agrícolas ou de conservação, pode surgir como opção vantajosa em relação à adopção de novas tecnologias de tratamento das captações efectuadas.

Os potenciais compradores destes serviços são geralmente entidades abastecedoras de água, empresas privadas ou as próprias autoridades governamentais. Apesar da fase ainda embrionária de desenvolvimento de mercados para este tipo de serviços, associados aos ecossistemas, a importância crescente do recurso água, num mundo que se defronta com padrões de consumo mais elevados, consequência de um crescimento demográfico que não será interrompido nas próximas décadas, coloca todo o sector da água na necessidade de investir na garantia de poder assegurar a continuidade futura do fornecimento de um produto com qualidade e cuja previsível escassez, que o valoriza, mais justificará.

Se, no momento presente, a principal barreira com que se defronta a criação deste tipo de mercados é encontrar compradores disponíveis para os serviços proporcionados, não será difícil perspectivar, num contexto futuro de maior concorrência a nível do uso dos solos, o despertar do interesse daqueles que hoje beneficiam desses serviços como se de uma oferta garantida se tratasse. Independentemente da dimensão destes serviços, transaccionada em mercado, é evidente a efectiva consciencialização da sua relevância, espelhada no caso português, como observámos anteriormente, num acentuado esforço legislativo, no volume de investimentos a desenvolver e na crescente preocupação dos agentes económicos com a utilização eficiente do recurso água, de que a elaboração do Programa Nacional para o Uso Eficiente da Água – PNUEA[23] é simultaneamente reflexo e elemento de estímulo.

Directa e indirectamente, a conservação da biodiversidade desempenha um papel central no sector da água, não só pelo investimento que lhe será direccionado para a manutenção dos serviços que a mesma proporciona neste âmbito, como pelo impacto que daí advém para um conjunto de sectores muito alargado e que a utiliza, enquanto recurso disponível em qualidade e quantidade, para abastecimento das populações[24], para a agricultura, para produção de energia, para arrefecimento e processamento na área da indústria, para incorporação em produtos[25] e para eliminação de resíduos.

Uma verdadeira revolução está a acontecer actualmente em torno das questões da água: escassez, qualidade, acesso, preço, direitos de propriedade. Ao nível das administrações, das empresas e das comunidades, a consciencialização do significado multidimensional do problema no seu contorno global é hoje, mais do que alguma vez o terá sido no passado, uma realidade generalizada.

O conceito de *water neutrality* já é presentemente um objectivo estratégico para empresas que, por razões derivadas dos respectivos contextos negociais, se confrontam com a necessidade de adoptar uma atitude pró-activa (Quadro 4) em relação às questões da água. Na realidade, o que este conceito significa é que, se um investimento pretender ser *water neutral*, então a procura do recurso água deverá ser a mesma antes e depois de concretizado o investimento. Se entendida em termos estritamente locais, a nova procura de água deverá ser compensada no contexto da comunidade em que ocorre. Depois do mercado de carbono, das experiências muito concretas em curso do emergente mercado da conservação, o mercado da água (enquanto serviço ecossistémico) é visto naturalmente como uma realidade cada vez mais próxima e de grande potencial futuro, dado o teor dos valores envolvidos.

QUADRO 4

## *Water Neutrality*, o caso da Coca-Cola Company

O relatório recentemente publicado em Março de 2008, *Drinking It In: The Evolution of a Global Water Stewardship Program at The Coca-Cola Company*, surgiu na sequência dos esforços da empresa para atingir a *water neutrality* nas operações desenvolvidas a nível mundial, como forma de fazer face aos desafios que se colocam a nível da qualidade, disponibilidade e acesso à água. Este é um caso que vem demonstrar como as empresas podem ser envolvidas na gestão da problemática da água, não só no contexto das suas próprias actividades mas também na esfera mais ampla das suas cadeias de fornecimento.

No decorrer dos últimos cinco anos, a empresa enveredou pelo desenvolvimento de uma perspectiva abrangente da sua estratégia para a água, fundamentalmente em resposta a três acontecimentos com que se viu confrontada:

- Protestos na Índia por parte de populações que se consideravam afectadas pelas actividades da empresa em termos de poluição e apropriação do recurso;
- Aquisição por parte da empresa de marcas comerciais no mercado das águas engarrafadas;
- Consciencialização da dimensão que a problemática da água pode assumir enquanto risco efectivo para o negócio percepcionado pelos investidores.

O objectivo de "devolver à natureza cada gota de água que usamos nos nossos produtos e processos" já tinha sido assumido claramente pela empresa em 2007, sendo então anunciada a parceria com o *World Wide Fund* – WWF para a conservação e protecção de recursos de água doce. Os esforços de conservação irão concentrar-se em sete das mais importantes bacias hidrográficas do mundo, escolhidas pelo seu significado biológico, oportunidade de atingir ganhos de conservação significativos e de proteger os recursos: Yangtze (China), Mekong (Sudeste Asiático), Rio Grande/Rio Bravo (EUA e México), rios e correntes do Sudeste (EUA); Barreira de corais mesoamericana (Caraíbas); Lago Niassa (Moçambique, Malawi, Tanzânia) e Danúbio (Europa).

A importância da água, sendo óbvio enquanto recurso essencial à vida, é igualmente muito evidente pelas interacções existentes sobre a biodiversidade (extinção de espécies e destruição de *habitats*) e as alterações climáticas. Contudo, contrariamente ao mercado de carbono em que se dispõe de métricas genericamente aceites, o conceito da *water neutrality* ainda não está bem estabelecido, trazendo por esse motivo desafios acrescidos. A Coca-Cola afirmou que o compromisso passaria por um conjunto de actuações envolvendo três aspectos principais:

- Reduzir a água utilizada para produzir os seus produtos – fixando objectivos específicos de eficiência para 2008;

QUADRO 4 (cont.)

**_Water Neutrality_, o caso da Coca-Cola Company**

- Reciclar a água utilizada nos processos – devolvendo toda a água utilizada ao ambiente, em condições compatíveis com a vida no meio aquático e as necessidades agrícolas, a partir do final de 2010;

- Devolver às comunidades e à natureza a água utilizada – compensando a água utilizada nos seus produtos finais.

A empresa compromete-se igualmente com o apoio a projectos de investimento na área da conservação dos ecossistemas, de aproveitamento da água das chuvas, da reflorestação, da educação e alerta para os desafios dos problemas ligados à água e do eficiente uso agrícola deste recurso.

## 4.6 Energia

O grande desafio energético que actualmente as sociedades enfrentam é fornecer elevadas quantidades de energia de uma forma segura e acessível a todos, salvaguardando o ambiente (Figura 32). A energia é essencial ao desenvolvimento humano, já que dela dependem, por exemplo, as nossas habitações, os transportes, a indústria e os serviços. Face às estimativas de crescimento populacional mundial, a Agência Internacional de Energia prevê que o consumo mundial de energia possa aumentar mais de 50% em 2030 face a 2005, o que contribuirá para o aumento do nível das emissões de carbono na atmosfera e para o grave problema do aquecimento do planeta, com todas as consequências daí resultantes sobre a biodiversidade, num contínuo de efeitos em cadeia, em virtude da interacção que o clima e a biodiversidade exercem reciprocamente.

FIGURA 32

**Energia e sustentabilidade**

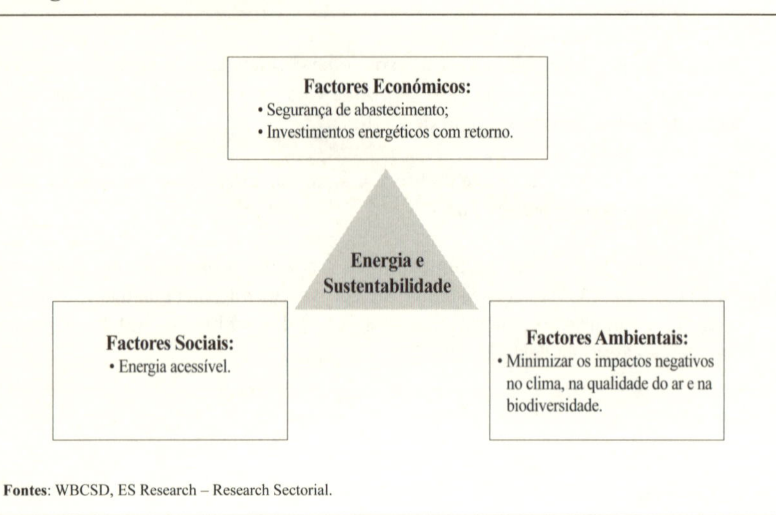


**Fontes**: WBCSD, ES Research – Research Sectorial.

A produção de energia primária em Portugal assenta exclusivamente nos recursos renováveis do país (não exploramos carvão, petróleo e gás natural), aproveitados para a produção de energia eléctrica e térmica que, em 2005, satisfizeram apenas 12.8% das necessidades energéticas portuguesas. Este é o nível nacional de Autonomia Energética, que representa a relação entre a produção primária de energia e o consumo (que considera as importações energéticas), evidenciando a forte dependência energética primária face a fornecimentos externos.

O consumo de energia primária em Portugal depende maioritariamente dos combustíveis de origem fóssil, destacando-se o petróleo e os seus derivados que, no período de 1990 a 2006, representaram sempre mais do que 50% dos consumos primários de energia (67% em 1990 e 55% em 2006), tal como apresentado na Figura 33. A introdução do gás natural, ocorrida em 1997, alargou o *portfolio* energético fornecedor, contribuindo para a redução dos consumos primários de carvão e de petróleo na indústria nacional produtora de electricidade.

FIGURA 33

**Consumo de energia primária por fonte, 1990-2006**
(*Ktep*)

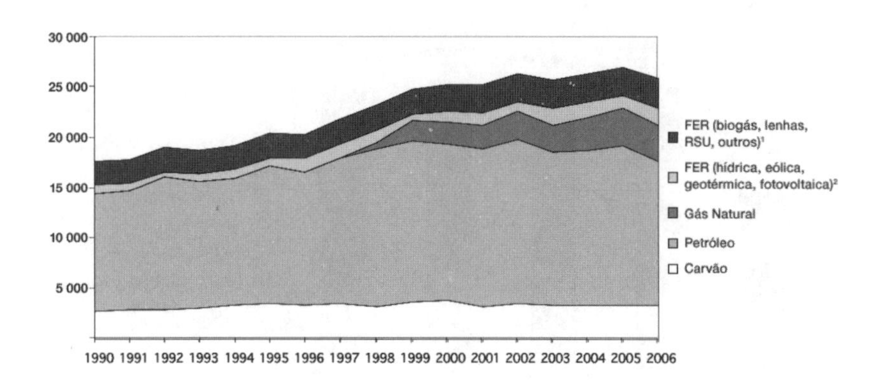


[1] FER (calor) – Fontes de Energia Renováveis destinadas a produção de calor.

[2] FER (electricidade) – Fontes de Energia Renováveis para produção de electricidade.

**Fontes**: Direcção-Geral de Energia e Geologia (DGEG), ES Research – Research Sectorial.

O consumo final de energia em Portugal apresentou uma Taxa de Crescimento Médio Anual (TCMA) de 2.9% entre 1990 e 2006. Este valor é superior à TCMA do PIB português no mesmo período (2.2%) e é também superior ao crescimento médio do consumo de energia na UE-15, entre 1990 e 2005 ($TCMA_{90-05}$=1%). Analisando a composição sectorial, verifica-se uma alteração nos *rankings* do consumo: em 1990 a indústria foi o sector com maior expressão no consumo final de energia (38% do consumo de energia em Portugal), seguindo-se o sector dos transportes, com o peso de 30%; em 2006, o sector que consumiu mais energia foi o dos transportes, 37% do consumo total de energia em Portugal (Figura 34).

FIGURA 34

**Consumo final de energia, 1990 e 2003-2006**
(Percentagens)

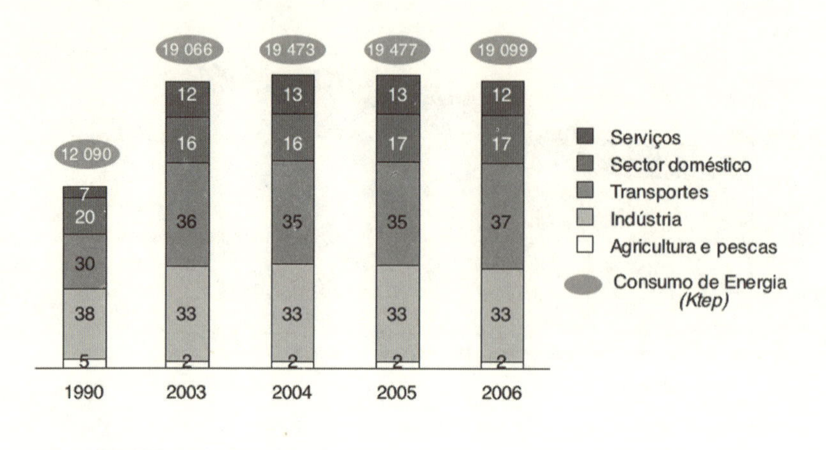


**Fontes**: DGEG, ES Research – Research Sectorial.

No intuito de reduzir as emissões relacionadas directa ou indirectamente com a produção de energia, há duas linhas de intervenção que, com padrões muito diversos em função das características específicas dos diferentes países, se direccionam para o reforço da produção de energia a partir de fontes renováveis, bem como para o uso de tecnologias energeticamente mais eficientes nos diferentes sectores da actividade económica.

No final de 2007, a potência instalada de energias renováveis em Portugal para produção de energia eléctrica ascendia a 7 409 MW, 65% correspondente a potência instalada em energia hídrica.

A potência total instalada em Portugal registou uma TCMA de 6.5% entre 2000 e 2007, para o qual foi muito relevante o crescimento das explorações de energia eólica, que apresentaram uma $TCMA_{00-07}$ de 60.8% (Figura 35 e Tabela 6).

FIGURA 35

**Evolução da potência instalada por tipo de fonte, 2000-2007**
(MW)

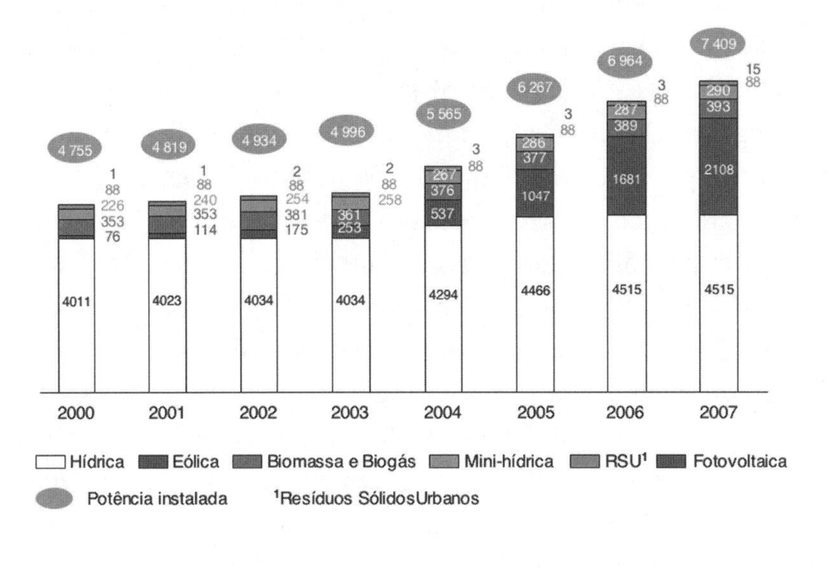


**Fontes**: DGEG, ES Research – Research Sectorial.

TABELA 6

**TCMA$_{00\text{-}07}$ da potência instalada em energias renováveis por fonte**

| | TCMA$_{00\text{-}07}$ |
|---|---|
| Fotovoltaica | 42.8% |
| RSU[1] | 0% |
| Mini-hídrica | 3.6% |
| Biomassa e Biogás | 1.6% |
| Eólica | 60.8% |
| Hídrica | 1.7% |
| Potência instalada | 6.5% |

**Fontes**: DGEG, ES Research – Research Sectorial.

Esta potência instalada de energia renovável gerou uma produção de electricidade, através de fontes de energia renováveis (E-FER), que ascendeu a 16 395 GWh, o que representou 41% do consumo nacional de electricidade (cálculo efectuado segundo o método da Directiva Comunitária 2001/77/CE). Esta quota de produção de E-FER situou-se já acima do valor assumido por Portugal na Directiva 2001/77/CE, de 39% em 2010.

Estão previstos avultados investimentos em energias renováveis, destacando-se o segmento eólico e o segmento hídrico. Na energia eólica está traçado um objectivo nacional de 5 700 MW até 2010, o que representará uma variação de 170% face a 2007. Quanto ao investimento no hídrico, foi apresentado em Setembro de 2007 o Programa Nacional de Barragens com Elevado Potencial Hidroeléctrico (PNBEPH), que tem como objectivo identificar investimentos a realizar em aproveitamentos hídricos, no horizonte de 2007-2020, para que se atinja a meta de 7 mil MW instalados. Em Maio de 2007, o Governo português anunciou objectivos adicionais para algumas fontes de energia, como as ondas e a microgeração. Na energia das ondas, o potencial que a costa portuguesa possui e os projectos-piloto que estão a ser desenvolvidos poderão tornar o país pioneiro, a nível europeu, na exploração desta fonte energética. De assinalar que, para além do segmento de base renovável para produção de electricidade acima apresentado, perspectiva-se também um aumento na produção de biocombustíveis (objectivo de incorporação de biocombustíveis nos transportes, por substituição dos combustíveis tradicionais em 10% em 2010), bem como na produção de calor de base renovável (energia solar térmica).

É expectável que o investimento em projectos de energias renováveis continue a crescer, no seguimento da proposta apresentada em Janeiro de 2008, pela Comissão Europeia, para uma nova Directiva Comunitária onde são apontados novos objectivos para inclusão de energias renováveis no consumo de electricidade, bem como para a incorporação dos biocombustíveis nos transportes:

- Aumento para 20%, até 2020 (o objectivo actual da Directiva 2001/77/CE era de 12% até 2010), da quota de consumo de energia de fontes renováveis no consumo total de energia, propondo-se para Portugal uma percentagem de 31% (esta incorporação foi de 20.5% em 2005);

- Alcançar, até 2020, 10% de utilização de biocombustíveis nos transportes (em Portugal a inclusão foi inferior a 3% em 2007);

- Redução em 20% das emissões de gases com efeito de estufa até 2020, em comparação com os níveis de 1990, que poderá chegar a 30%, sujeito à conclusão de um acordo internacional generalizado sobre alterações climáticas.

As energias renováveis representam um contributo positivo para o problema da escassez dos recursos fósseis (petróleo, gás natural, carvão), para a redução das emissões de gases poluentes e para o aquecimento global da Terra, com impactos ainda hoje não isentos de controvérsia sobre os diferentes ecossistemas terrestres. Apesar de poderem ser apontados aspectos negativos em alguns investimentos renováveis, relativamente a ameaças específicas a algumas espécies e *habitats* (como nas explorações hídricas e eólicas) e ainda ameaças decorrentes da alteração do uso dos solos de que pode ser exemplo a produção de biocombustíveis a partir de culturas agrícolas, ao analisar-se o papel das energias renováveis numa visão global e abrangente existe um consenso alargado de que a contribuição final líquida dos investimentos de base renovável será claramente positiva para a mitigação dos riscos ambientais, desempenhando um papel preponderante no desenvolvimento sustentado dos países.

Paralelamente à produção de energia através das tecnologias limpas, outra área de intervenção é, naturalmente, a promoção da maior eficiência na sua utilização. Nesse contexto, a Directiva Comunitária 2002/91/CE, de 16 de Dezembro, referente à certificação energética dos edifícios, e o Plano Nacional de Acção para a Eficiência Energética – "Portugal Eficiência 2015" são dois momentos importantes na prossecução deste objectivo. O plano propõe 12 programas de actuação nas várias vertentes da eficiência energética, nomeadamente através da adopção de novas tecnologias e processos organizativos, bem como mudanças de comportamento que conduzam a tipologias de consumo mais sustentáveis. Este plano propõe ainda a implementação de medidas que conduzirão a poupanças nos sectores dos transportes, residencial e dos serviços, na indústria e no Estado. O objectivo do plano é alcançar 10% de eficiência energética em 2015, prevendo-se que permita atenuar o crescimento da factura energética em 1% até 2015.[26]

A Directiva Comunitária 2002/91/CE, referente à certificação energética dos edifícios, apresenta quatro grandes objectivos:

- Aumentar a eficiência energética dos edifícios. Note-se que em Portugal, em 2005, o sector doméstico representou 29% do consumo final de electricidade;

- Potenciar a melhoria da qualidade dos edifícios (quer novos, quer existentes);

- Reduzir a dependência externa de energia;

- Reduzir emissões de gases com efeito de estufa.

A obrigatoriedade de os novos edifícios possuírem um Certificado Energético, baseado na revisão do Regulamento das Características de Comportamento Térmico dos Edifícios (RCCTE) e do Regulamento dos Sistemas Energéticos de Climatização dos Edifícios (RSECE), pretende incitar a uma redução significativa do consumo de energia e das emissões de carbono no segmento residencial e de serviços (DL n.º 78, 79, 80/2006 de 4 de Abril).

Para além do novo enquadramento legal para o licenciamento dos edifícios, a maior pressão dos consumidores mais informados e conscientes da questão da factura energética origina uma procura crescente por soluções residenciais energeticamente eficientes. A preocupação por parte dos consumidores, particularmente evidente nos EUA, vem acentuando a relevância deste nicho de mercado no sector residencial, como foi sugestivamente reconhecido no relatório de 2008 da GreenBizz[27]:

> "*In a year that saw the construction market go from boom to bust, green building was one of the industry's few bright spots.*"[28]
>
> State of Green Business 2008

O conjunto de preocupações enunciadas e os desenvolvimentos daí decorrentes, resultando de discussões há muito presentes no seio da comunidade científica, assumiram maior relevância e centralidade na agenda político-económica internacional a partir da Convenção-Quadro das Nações Unidas sobre as Alterações Climáticas de 1992, que foi o início de um longo percurso negocial que conduziu à elaboração do Protocolo de Quioto, assinado em 1997.

O Protocolo de Quioto foi aprovado pelo Conselho Europeu em 2002 (Directiva 2002/358/CE), no qual Portugal, no âmbito do conjunto dos países da UE, se comprometeu a reduzir as respectivas emissões de Gases com Efeito de Estufa (GEE).

Os objectivos constantes no Protocolo implicam que os custos ambientais sejam incluídos na economia, surgindo o conceito de "Economia do Carbono".

O Protocolo definiu como objectivo a redução, em pelo menos 5.2%, da emissão de seis gases com efeito de estufa[29], entre 2008 e 2012, tendo por base o ano de 1990. No entanto, naquela data, apenas 38 países se comprometeram a cumprir os objectivos estipulados (Tabela 7) e que constituem o Anexo B do Protocolo de Quioto.

**TABELA 7**

**Países constantes do Anexo B do Protocolo de Quioto e nível de variação de emissões face a 1990**

| PAÍSES | OBJECTIVO 1990, 2008/2012 |
|---|---|
| • UE-15[1], Bulgária, República Checa, Estónia, Letónia, Liechenstein, Lituânia, Mónaco, Roménia, Eslováquia, Eslovénia, Suíça | -8 % |
| • EUA[2] | -7 % |
| • Canadá, Hungria, Japão, Polónia | -6 % |
| • Croácia | -5 % |
| • Nova Zelândia, Federação Russa, Ucrânia | 0 % |
| • Noruega | 1 % |
| • Austrália | 8 % |
| • Islândia | 10 % |

[1] O valor da UE-15 será distribuído pelos vários países.
[2] Os EUA manifestaram a intenção de participar.

**Fontes:** *United Nations Framework Convention on Climate Change*, ES Research – Research Sectorial.

A Comunidade Europeia assinou o Protocolo em 29 de Abril de 1998, tendo os Estados-membros assumido o compromisso de redução, em conjunto, das suas emissões de gases com efeito de estufa em 8%, entre 2008 e 2012, face ao nível de emissões verificado em 1990. Contudo, devido ao facto de os vários países registarem diferentes níveis de desenvolvimento, foi estabelecido um acordo de partilha (*Burden share agreement*) no qual os países mais desenvolvidos, como por exemplo a Alemanha, fariam uma redução superior a 8%, a fim de permitir que outros países, como por exemplo Portugal, pudessem ver aumentados os seus níveis de emissões. Foram assim estabelecidos os valores para a UE-15, apresentados na Figura 36. Até 2010, Portugal poderá aumentar o valor das emissões de GEE em 27%, face ao valor de emissões de GEE verificado em 1990.

**FIGURA 36**

**Percentagem de redução/incremento de emissões de GEE para o período de 2008-2012 face ao período de referência**
(Percentagens)

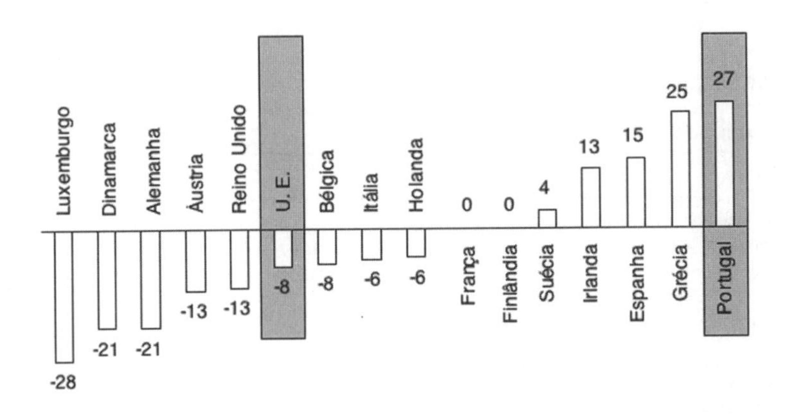


**Fontes**: Decisão Conselho Europeu 2002/358/CE, ES Research – Research Sectorial.

O Protocolo de Quioto entrou em vigor a 16 de Fevereiro de 2005, depois de um longo processo de ratificação (oito anos). O Art.º 25º do Protocolo de Quioto indica que a sua entrada em vigor implicaria a adesão de pelo menos 55 partes da Convenção inicial, representativas de um mínimo de 55% das emissões totais de dióxido de carbono comunicadas pelas partes em 1990. Neste seguimento, destaca-se a ratificação da Rússia, em 11 de Novembro de 2004, que veio permitir que o Protocolo entrasse em vigor.

A União Europeia, de forma a garantir o cumprimento eficaz dos objectivos com que se vinculou no âmbito do Protocolo de Quioto em relação à emissão de GEE, e considerando os mecanismos que o Protocolo apresenta, aprovou a Directiva 2003/87/CE que cria o Mecanismo de Comércio Europeu de Licenças de Emissão – CELE (mais tarde alterada pela Directiva 2004/101/CE). Este mecanismo estabelece um tecto de emissões de GEE (numa primeira fase apenas para o $CO_2$) para um determinado conjunto de operadores, de acordo com o tipo de actividade que desempenham e a sua dimensão. O CELE entrou em vigor no dia 1 de Janeiro de 2005, por um período de três anos, seguindo-se-lhe períodos de vigência de cinco anos (a Directiva foi transposta para o Direito interno português pelo DL 233/2004, de 14 de Dezembro).

**TABELA 8**

**Actividades abrangidas pelo CELE**

| ACTIVIDADES | GASES COM EFEITO DE ESTUFA |
|---|---|
| **Actividades no sector da energia**<br>• Instalações de combustão com uma potência térmica nominal superior a 20 MW (com excepção de instalações para resíduos perigosos ou resíduos sólidos urbanos);<br>• Refinarias de óleos minerais;<br>• Fornos de coque. | Dióxido de carbono |
| **Produção e transformação de metais ferrosos**<br>• Instalações de ustulação ou sinterização de minério metálico (incluindo sulfuretos);<br>• Instalações para a produção de gusa ou aço (fusão primária ou secundária), incluindo vazamento contínuo, com uma capacidade superior a 2,5 toneladas por hora. | Dióxido de carbono |
| **Indústria mineral**<br>• Instalações de produção de clínquer em fornos rotativos com uma capacidade de produção superior a 500 toneladas por dia ou de cal em fornos rotativos com uma capacidade de produção superior a 50 toneladas por dia, ou noutros tipos de fornos com uma capacidade de produção superior a 50 toneladas por dia;<br>• Instalações de produção de vidro, incluindo fibra de vidro, com uma capacidade de fusão superior a 20 toneladas por dia;<br>• Instalações de fabrico de produtos cerâmicos por cozedura, nomeadamente telhas, tijolos, tijolos refractários, ladrilhos, produtos de grés ou porcelanas, com uma capacidade de produção superior a 75 toneladas por dia e/ou uma capacidade de forno superior a 4 $m^3$ e uma densidade de carga enfornada por forno superior a 300 $kg/m^3$. | Dióxido de carbono |

TABELA 8 (cont.)

**Actividades abrangidas pelo CELE**

| ACTIVIDADES | GASES COM EFEITO DE ESTUFA |
|---|---|
| **Outras actividades**<br>• Instalações industriais de fabrico de:<br>a) Pasta de papel a partir de madeira ou de outras substâncias fibrosas;<br>b) Papel e cartão com uma capacidade de produção superior a 20 toneladas por dia. | Dióxido de carbono |

**Fonte**: Directiva Comunitária 2003/87/CE.

A referida Directiva Comunitária indica as actividades empresariais que são abrangidas pelo CELE (Tabela 8). Em primeiro lugar, apresentam-se as actividades do sector da energia, seguindo-se a produção e transformação de metais ferrosos, as instalações de produção de vidro e de pasta de papel. Note-se que o sector dos transportes não está englobado. Para além das empresas abrangidas pelo CELE, outras poderão participar neste mercado com o objectivo de efectuarem investimentos com interesse económico-financeiro nos três mecanismos apresentados: Comércio de Direitos de Emissões, Mecanismos de Desenvolvimento Limpo e Mecanismos de Implementação Conjunta (Quadro 5). Existem algumas bolsas, como a *European Climate Exchange* (ECX), a Europa 2006, a Europa 2007, o Mercado de Chicago e o Mercado *NordPool 2006*, onde são transaccionados os direitos de emissão.

A Resolução do Conselho de Ministros (RCM) nº 1/2008, de 4 de Janeiro, vem aprovar o novo Plano Nacional de Atribuição de Licenças de Emissão II, para o período 2008-2012, aplicável a um conjunto de instalações fortemente emissoras de GEE e, como tal, incluídas no Comércio Europeu de Licenças de Emissão (CELE). O sector da oferta de energia concentrará 65.7 % do total das licenças atribuídas, com grande preponderância para o sector electroprodutor (46.8%). Na indústria, as empresas produtoras de cimento recebem 22.6% das licenças atribuídas para este período (Figura 37).

O PNALE II atribui licenças anuais (definidas em toneladas de $CO_2$) às empresas abrangidas, que lhes conferem o direito de emitir uma quantidade correspondente de $CO_2$.

Na prática, as empresas efectuam monitorizações às emissões de $CO_2$ das suas unidades fabris e, consoante os resultados e estimativas, irão verificar-se duas situações:

- As emissões da empresa ultrapassam a meta estabelecida. Nesta situação, a empresa terá que adquirir as respectivas licenças no mercado ou implementar estratégias de redução de GEE, como Mecanismos de Implementação Conjunta ou de Desenvolvimento Limpo;

- As emissões produzidas pela empresa são inferiores às licenças de emissão que lhe foram atribuídas. Neste caso, a empresa poderá vender as suas licenças excedentes no mercado.

No final de cada ano, a empresa efectua um balanço final de monitorização e elabora um relatório que será verificado por uma entidade independente.

**QUADRO 5**

**Mecanismos de mercado previstos no Protocolo de Quioto**

**A) Mecanismo de Implementação Conjunta (*Joint Implementation* – JI)**:
Este mecanismo permite a qualquer país transferir para, ou adquirir de, outro país desenvolvido Unidades de Redução de Emissões (ERU - *Emission Reduction Units*) resultantes de projectos destinados à redução das emissões antropogénicas (as emissões antropogénicas de dióxido de carbono resultam, maioritariamente, da queima de combustíveis fósseis) ou ao aumento da capacidade de absorção dos sumidouros de GEE[30]. Este mecanismo permite ao país promotor do projecto adicionar à quota de emissões a que tem direito as ERU resultantes do projecto, enquanto o país de acolhimento do projecto deverá subtrair as ERU à sua quota de emissões.

QUADRO 5 (cont.)

## Mecanismos de mercado previstos no Protocolo de Quioto

**B) Mecanismo de Desenvolvimento Limpo (*Clean Development Mechanism* – CDM)**:
Este mecanismo permite aos países receberem créditos de emissões de GEE pela promoção de projectos de redução de GEE ou em resultado da transferência de tecnologia que cumpra o mesmo objectivo para um país em vias de desenvolvimento.

A *Point Carbon* (agência independente que analisa e prevê a evolução do mercado emergente do carbono) atribui taxas para CDM. Esta agência analisa os países em vias de desenvolvimento no que respeita, por exemplo, ao enquadramento económico e político e à celeridade na aprovação de investimentos em energias renováveis. Publica um *ranking* dos países e, em Março de 2008, o *top 5* do *ranking* era o seguinte: China (A-), Índia (A-), Chile (BBB), México (BBB), África do Sul (BBB-).

O Brasil apresenta-se como um dos países prioritários para as empresas portuguesas adquirirem créditos de emissão, através da promoção de projectos de desenvolvimento limpo naquele país. Outros países, como a Índia, a China, o México e o Peru oferecem também boas oportunidades de investimento. Existem projectos de energias renováveis abertos aos investidores estrangeiros que, caso invistam nesses países, recebem créditos de emissões de certificados de GEE.

**C) Comércio de Direitos de Emissão (*Emission Trading* – ET)**:
Permite a um país, que estime não ser capaz de cumprir rigorosamente o limite de emissões a que se comprometeu no âmbito do Protocolo, adquirir emissões a um outro país que estime não ir utilizar integralmente as emissões a que tem direito nos termos do Protocolo.

FIGURA 37

## Licenças de emissão de $CO_2$ atribuídas para o período de 2008-2012 por sector (Percentagens)

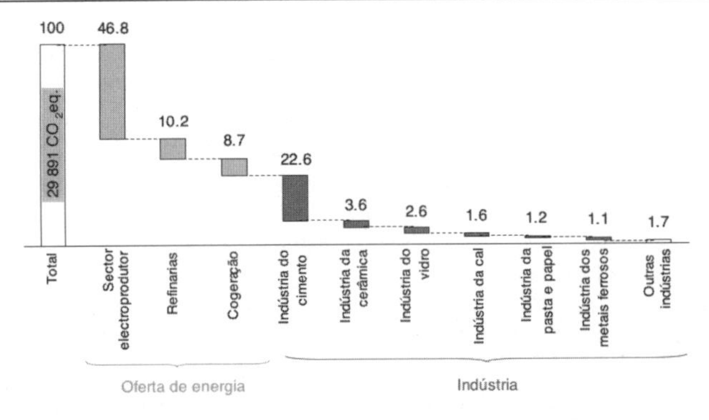


**Fontes**: RCM 1/2008, ES Research – Research Sectorial.

O montante de emissões que Portugal não poderá ultrapassar no período de 2008-2012 ascende a 381 milhões de ton. $CO_2$ eq.* (valor médio anual de 76 milhões de toneladas $CO_2$ eq.).

Esta atribuição de licenças teve como base o histórico de emissões deste sector, considerando as empresas operadoras pertencentes ao CELE e o balanço nacional de emissões de GEE, que projecta as emissões de $CO_2$ eq. para 2010 (Tabela 9). As novas metas 2008-2012 têm também em consideração o aumento do objectivo de contribuição das energias renováveis para a produção de electricidade, bem como o aumento da taxa de penetração dos biocombustíveis nos transportes. É importante referir que o balanço líquido das emissões tem em conta as actividades de desflorestação e de reflorestação, representando um importante efeito líquido positivo na redução de emissões de $CO_2$ no território nacional, permitindo-nos passar de um aumento de emissões de 40.1% para 30.3% face a 1990.

**TABELA 9**

**Balanço Nacional Líquido de emissões de GEE**
(Milhões ton. $CO_2$ eq.)

| | **Ano base 1990** | **Cenário 2010** | **Novas metas 2008-2012** | **Variação 2012/1990** |
|---|---|---|---|---|
| • Energia | 40 169 | 63 782 | -1 556 | |
| • Processos industriais | 4 626 | 7 204 | | |
| • Solventes e usos de outros produtos | 220 | 290 | | |
| • Agricultura | 7 878 | 8 220 | | |
| • Resíduos | 7 061 | 6 080 | | |
| **• Balanço de emissões** | **59 954** | **85 576** | **84 020** | **40.1 %** |
| • Desflorestação | 974 | | | |
| • Desflorestação (Artº 3.3 Prot. Quioto) | | 388 | 388 | |
| • Florestação/reflorestação (Artº 3.3 Prot. Quioto) | | -3 743 | -3 743 | |
| • Gestão florestal | | -800 | -800 | |
| • Gestão agrícola/gestão de pastagens | | -500 | -500 | |
| **• Balanço líquido de emissões** | **60 928** | **80 921** | **79 365** | **30.3 %** |

**Fontes**: RCM 1/2008, ES Research – Research Sectorial.

* **N. A.** Medida que expressa a quantidade de gases com efeitos de estufa em termos equivalentes da quantidade de dióxido de carbono ($CO_2$).

O Fundo Português de Carbono (criado pelo DL n.º 71/2006, de 24 de Março), será objecto de dotação plurianual do Estado português (podendo ascender a 348 milhões de euros para o período de 2007-2012), permitindo adquirir, através do investimento em mecanismos de flexibilidade de Quioto, os créditos correspondentes aos défices remanescentes.

## 4.7 Turismo

O Turismo é um dos principais sectores da economia portuguesa, tendo o seu peso na economia vindo a crescer nos últimos anos. Entre 2003 e 2007, o sector apresentou sempre um crescimento superior ao do VAB da economia, excepto em 2005, atingindo, em 2007, 7.1 mil milhões de euros, ou seja, 6.1% do Valor Acrescentado Bruto (VAB) nacional.

FIGURA 38

**Peso do VAB do turismo no VAB da economia portuguesa, 2003-2007**
(Percentagens)

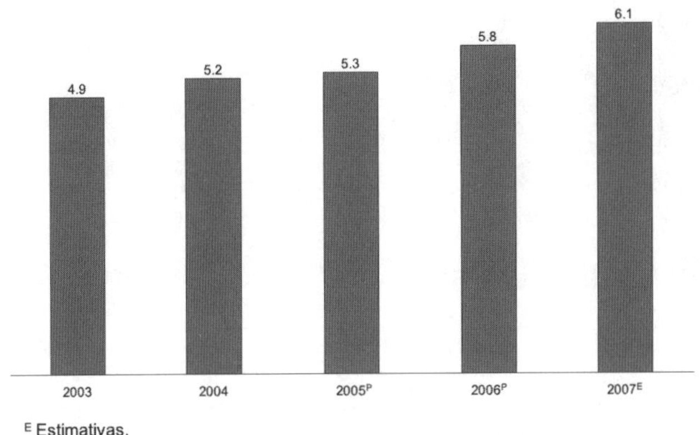


**Fontes**: INE, ES Research – Research Sectorial.

Paralelamente, como fonte geradora de emprego, o sector turístico ocupa igualmente um lugar de destaque ao empregar aproximadamente 7.6% da população activa (2004).

Em 2007, pela primeira vez, o número de turistas estrangeiros em Portugal acendeu a 12 milhões, o que torna o nosso país um dos 20 principais destinos turísticos a nível mundial.

A maioria dos turistas que visitam Portugal são provenientes da União Europeia (Figura 39), destacando-se, em 2006, a Espanha com 22.1% do total, seguindo-se o Reino Unido, a França e a Alemanha com 20%, 13.3% e 10.6%, respectivamente. Durante o período compreendido entre 2004 e 2006, é de assinalar o forte dinamismo que países como a Irlanda, a Bélgica e os EUA têm vindo a demonstrar.

**FIGURA 39**

**Principais emissores de turistas não residentes em Portugal, 2006**
(Milhares de turistas)

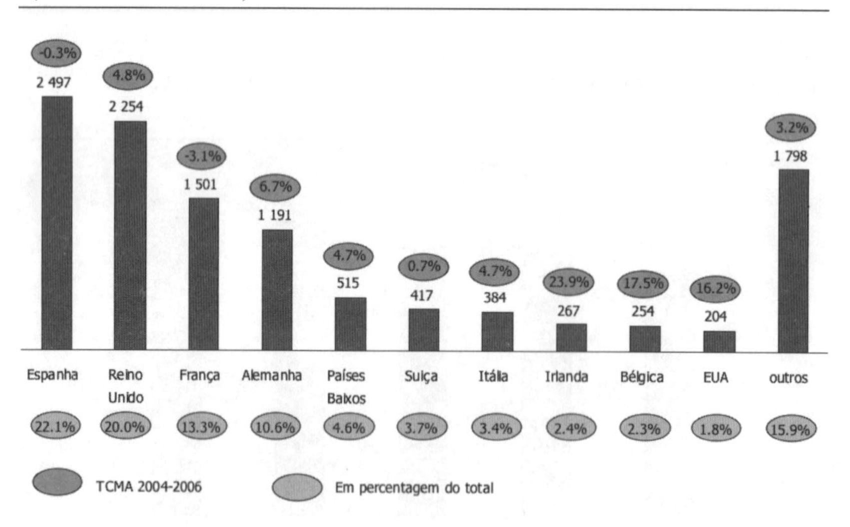


**Fontes**: Gabinete de Estratégia e Estudos – Ministério da Economia e da Inovação, ES Research – Research Sectorial.

Em termos de estrutura regional, em 2006 o Algarve surgiu como a região que recebeu o maior número de visitantes, 14.2 milhões de dormidas (37.7% do total), e que usufruiu de mais proveitos, cerca de 532 milhões de euros, ou seja, 30.4% do total. De seguida, surgia a região de Lisboa com 21.7% das dormidas e proveitos na ordem dos 498 milhões de euros (28.4% do total). A região Norte, o terceiro destino turístico, representou 10.2% das dormidas e gerou 195 milhões de euros em proveitos (11.1% do total).

O dinamismo que o sector do turismo tem vindo a demonstrar encontra correspondência no nível de investimento que tem vindo a receber, quer por via do sector privado, quer em termos de investimento público, devendo ter totalizado aproximadamente 4 mil milhões de euros no período compreendido entre 2000 e 2006.

Entre os principais investimentos privados realizados destaca-se o conjunto dos efectuados em regiões com menor expressão no sector, nomeadamente no Oeste e no Alentejo, estando prevista a criação de um número significativo de postos de trabalho directos.

Em termos de motivação principal para a realização da viagem, entre 2004 e 2006, 73.8% dos turistas que visitaram Portugal fizeram-no por motivos de lazer, recreio e férias, 12.1% em virtude de actividades profissionais e de negócios, 10.4% para visitar familiares e amigos e 3.7% por motivos não especificados (Figura 40).

Na área do turismo de lazer, recreio e férias, o Turismo de Natureza tem vindo a ganhar um peso e importância acrescidos, quer a nível europeu, quer no plano nacional.

FIGURA 40

**Entrada de turistas, por motivo principal da viagem, acumulado de 2004-2006** (Percentagens)

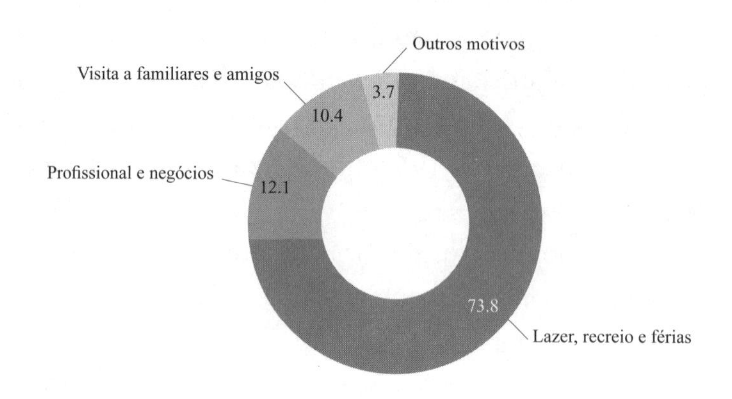


**Fonte**: INE.

## *Turismo de Natureza*

A busca de valores naturais, paisagísticos e culturais, associados ao usufruto da natureza nas suas diversas dimensões, tem levado ao desenvolvimento de uma nova vertente no sector do turismo – o Turismo de Natureza. Este produto turístico, composto por estabelecimentos, actividades de animação ambiental e serviços de alojamento, engloba um conjunto de práticas muito diversificadas, que vão desde o alojamento em habitações tradicionais e o contacto directo com a natureza a diversos níveis, até à interacção com as populações e tradições locais.

O sector do Turismo de Natureza pode ser diferenciado em dois níveis:

- Natureza *soft*: Experiências baseadas na prática de actividades ao ar livre de baixa intensidade, como por exemplo passeios e percursos terrestres, excursões e observação da fauna;

- Natureza *hard*: Experiências ligadas à prática de actividades desportivas na natureza, como por exemplo *rafting* e *kayaking*.

Este tipo de produto turístico tem apresentado um dinamismo significativo. Em 2004, o Turismo de Natureza na Europa representava aproximadamente 22 milhões de viagens (9% do total), o que correspondia a uma taxa de crescimento médio anual de 7.2% no período compreendido entre 1997 e 2004 (Figura 41).

FIGURA 41

**Evolução do volume de viagens de Turismo de Natureza na Europa, 1997-2004** (Milhares de viagens)

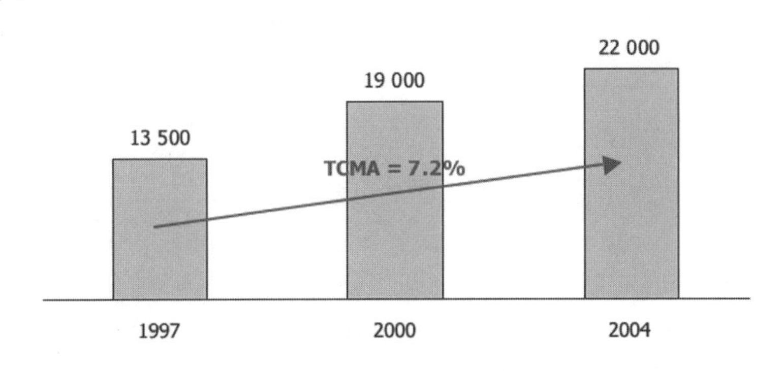


**Fontes**: *Asesores en Turismo Hotelería y Recreación*, ES Research – Research Sectorial.

Há ainda que considerar a procura secundária associada a este tipo de turismo, que inclui todas as viagens que obedecem a outras motivações principais (sol, praia, *touring*), mas nas quais os viajantes em questão podem, como maior ou menor grau de intensidade, desenvolver actividades relacionadas com o Turismo de Natureza. Neste caso, estima-se que aproximadamente 30 milhões de viagens poderão enquadrar-se neste cenário. Por último, há ainda que ter em conta toda a procura turística que, ao considerar um conjunto de valores, princípios, condutas e procedimentos (por exemplo em termos de direitos humanos, protecção cultural, biodiversidade), escolhe determinado destino turístico.

Como factores preponderantes para o sucesso deste segmento turístico deverá estar presente, entre outros, a diversidade de recursos naturais (ecossistemas, fauna, flora), a existência de espaços naturais protegidos (parques nacionais, reservas naturais) e a garantia de boas acessibilidades. No entanto, para se competir como destino de Turismo de Natureza, quer na vertente *soft*, quer na vertente *hard*, para além de se dispor de recursos naturais abundantes e em qualidade é necessário que os mesmos estejam devidamente preparados e organizados para a exploração turística, nomeadamente para que o usufruto destes recursos não ponha em causa a protecção e a conservação dos espaços naturais (Tabela 10).

Portugal conta com recursos e espaços naturais significativos, sendo 21% do território nacional formado por áreas protegidas, englobando parques e reservas naturais, paisagens protegidas, monumentos naturais, entre outros. No entanto, muitas das áreas protegidas ainda não possuem infra-estruturas e serviços de apoio ao Turismo de Natureza. Há a necessidade de se evoluir de uma gestão de protecção e conservação ambiental para uma gestão turística estruturada dos espaços naturais, que possibilite a criação dos recursos financeiros necessários para uma conservação e protecção mais eficaz dos espaços naturais em questão e também socialmente mais envolvente ao nível local.

TABELA 10

**Factores-chave para o desenvolvimento do Turismo de Natureza**

| Factores | Natureza *Soft* | Natureza *Hard* |
|---|---|---|
| Paisagens naturais únicas e com forte atractividade. | ■ | ■ |
| Flora e fauna abundante e diversa. | ■ | □ |
| Infra-estruturas de acolhimento, sinalização e equipamentos básicos adequados (áreas de descanso, centros de acolhimento e informação). | ■ | □ |
| Ampla e variada oferta de rotas e itinerários (extensão, dificuldade) adaptada a diversas tipologias de turistas/visitantes. | ■ | □ |
| Boa relação preço/qualidade | ■ | □ |
| Bom grau de tecnologia, *know-how* e experiência na gestão de actividades especializadas. | ■ | ■ |
| Bom funcionamento de prestadores de serviços de apoio: aluguer de equipamento e materiais, transporte. | □ | ■ |
| Cobertura de seguros eficaz. | □ | ■ |
| Funcionamento eficaz dos serviços de resgate e serviços médicos de urgência. | □ | ■ |
| Guias e monitores excelentes, com domínio de idiomas. | □ | ■ |
| Alojamento integrado na envolvente natural. | □ | ■ |
| Sistema de certificação de espaços naturais. | ■ | □ |
| Sistema de certificação das empresas | □ | ■ |

■ Factor-chave, imprescindível □ Factor importante, mas não imprescindível

**Fonte**: *Asesores en Turismo Hotelería y Recreación.*

Em 2004, a procura em Portugal de Turismo de Natureza ou turismo activo elevava-se a 500 mil pessoas. Destas, somente quatro por eram estrangeiras, sendo que na sua maioria correspondiam a visitantes que, uma vez no país, tinham sido atraídos de algum modo para actividades relacionadas com o Turismo de Natureza.

No entanto, e de acordo com um inquérito realizado aos consumidores com experiência de viagens ao estrangeiro nos seis principais mercados emissores na Europa (Tabela 11), Portugal surge como um destino bem posicionado, evidenciado assim um potencial significativo neste segmento turístico.

TABELA 11

**Percepção de Portugal como destino adequado para Turismo de Natureza**

| País emissor | Tipo de respostas | | | |
|---|---|---|---|---|
| | Sim, muito adequado | Sim, o suficiente | Um pouco | Não é adequado |
| Itália | 43.9 % | 47.2 % | 8.3 % | 0.7 % |
| Espanha | 46.5 % | 36.9 % | 14.0 % | 2.7 % |
| França | 26.3 % | 48.3 % | 20.7 % | 4.7 % |
| Países Baixos | 16.1 % | 43.4 % | 29.1 % | 11.4 % |
| Alemanha | 23.1 % | 32.4 % | 34.8 % | 9.7 % |
| Reino Unido | 5.5 % | 20.9 % | 45.7 % | 28.0 % |

**Fonte**: Turismo de Portugal, I.P.

## 4.8 Serviços Financeiros

O sector financeiro é um elemento-chave para a disponibilização de financiamento para o desenvolvimento de novos projectos que visem potenciar e melhorar o desempenho ambiental. Lentamente, os diversos agentes que compõem o mundo financeiro, como por exemplo os bancos, os bancos de investimento, os gestores de fundos e as seguradoras, começam a adoptar critérios de natureza ambiental e a incluir preocupações com a sustentabilidade da biodiversidade na gestão quotidiana de financiamentos, de activos e de títulos mobiliários. Devido à interacção de diferentes *stakeholders* que estão associados à actividade financeira, tornou-se necessário incorporar vários aspectos não financeiros na actividade de concessão de crédito, aspectos que traduzem, por exemplo, riscos de natureza social e ambiental. Assim, dos agentes que poderão influenciar a actividade financeira neste novo contexto de actuação, podem destacar-se:

- O Estado: Pela sua capacidade legislativa, nomeadamente a de cariz ambiental, o Estado influencia de um modo directo e indirecto a actividade dos diversos agentes económicos;

- As empresas: Através da actividade que desempenham, podem assumir riscos e consequências que, por um lado, ponham em causa a respectiva capacidade para honrar compromissos financeiros e, por outro, transmitir uma má reputação às entidades financeiras que lhes estejam associadas;

- As famílias: Como são cada vez mais sensíveis e exigentes relativamente a questões que ponham em causa a sustentabilidade ambiental, poderão ser altamente penalizadoras para as instituições financeiras que apoiem projectos que não estejam de acordo com os padrões ambientais exigidos;

- As ONGs: Pela sua capacidade de mobilização da opinião pública, podem constituir uma ameaça à actividade das empresas que não sigam uma conduta ambiental adequada e às entidades financeiras que viabilizem projectos que prejudiquem os critérios de biodiversidade exigíveis;

- A comunicação social: Com a capacidade que tem para informar e influenciar a opinião pública, a comunicação social pode funcionar como agente amplificador de condutas menos próprias do ponto de vista ambiental.

Neste contexto, as instituições financeiras mostram-se cada vez mais atentas à avaliação do risco associado aos projectos de financiamento que lhes são propostos. Além de questões relacionadas com a gestão de consumos, de resíduos e de emissões, abordam a biodiversidade mediante a análise do cumprimento de critérios legais para áreas protegidas e reservas e a existência de responsabilidades legais relacionadas, por exemplo, com a desflorestação ou sítios degradados. O sector financeiro assinala o seu compromisso para com a conservação da biodiversidade através de políticas específicas de risco empresarial sobre florestas e outros recursos naturais e valores ambientais.

FIGURA 42

**Influência dos diversos *stakeholders* na política de sustentabilidade das instituições financeiras**

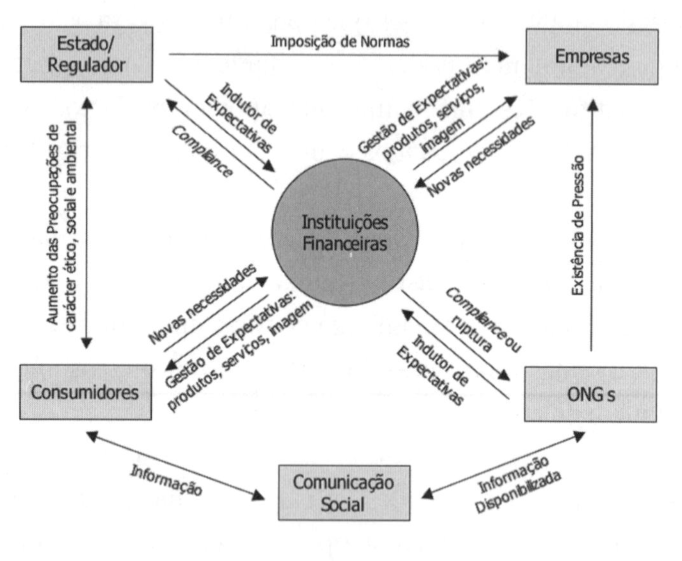


**Fonte**: Sustentare.

Assim, inúmeras entidades financeiras, quer nacionais quer estrangeiras, mostram-se cada vez mais pró-activas na promoção de acções de potenciem a biodiversidade no seu campo de acção possível. Por exemplo, começa a ser cada vez mais prática comum dos bancos adoptar os Princípios do Equador e incluir em diversas fases da sua actuação preocupações ambientais na gestão dos riscos de crédito, ou seja, garantir que os activos financeiros que são postos à disposição são investidos num contexto em que os riscos ambientais que essas empresas enfrentam são acautelados.

O conjunto de orientações associado aos Princípios do Equador exige que os bancos sigam procedimentos socioambientais rigorosos e políticas de segurança estipuladas pela *International Finance Corporation* (IFC) relativamente a empréstimos superiores a 50 milhões de dólares. Os procedimentos da IFC não se restringem apenas à protecção da biodiversidade quando na fase de avaliação ambiental para o financiamento de um projecto. A observação desses princípios estende-se à avaliação do risco do crédito e a cláusulas contratuais com preocupações socioambientais, utilizando critérios que vão além da obediência às exigências legais do país onde o projecto será desenvolvido.

Assim, podemos encontrar situações de instituições bancárias que, após avaliação dos riscos ambientais, negam a concessão de empréstimos que apresentem dúvidas quanto ao seu desempenho socioambiental, podendo também ocorrer exemplos de bancos que prefiram encontrar formas de usar o crédito como uma alavanca para melhorar o desempenho socioambiental dos seus clientes.

Paralelamente, sendo a reputação um factor importante para o sucesso das empresas, a constituição do *Dow Jones Sustainability World Index* (DJSI) veio contribuir para o aumento da visibilidade das empresas mais ambientalmente responsáveis. Para serem incluídas neste índice, as empresas têm que cumprir elevados padrões de desempenho ambiental, são obrigadas a prestar informação detalhada no âmbito ambiental e a seguir critérios específicos relativos à indústria em que estão inseridas. Ao observar-se a Figura 43, pode constatar-se que as empresas que seguem critérios mais exigentes do ponto de vista ambiental têm um melhor desempenho bolsista, não constituindo a persecução de boas práticas ambientais um travão ao desenvolvimento empresarial. Note-se que mecanismos como o *Dow Jones Sustainability World Index*, para além da visibilidade que transmitem às empresas que o compõem, são uma garantia de exigência e qualidade relativamente aos critérios cujo cumprimento exigem. Por exemplo, em 2006, 36 empresas foram incluídas no DJSI, enquanto outras 36 foram excluídas por não cumprirem os critérios exigidos.

FIGURA 43

***Dow Jones Sustainability World Index* vs. *Dow Jones World Developed Index*, Outubro 2006-2008** (Pontos)

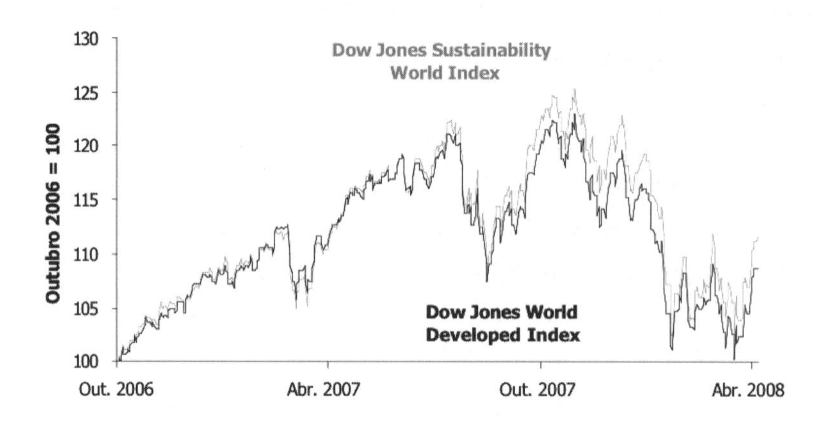


**Fontes**: *Bloomberg*, ES Research – Research Sectorial.

A adopção de tecnologias e práticas de negócios favoráveis à biodiversidade depende, em muitos casos, da disponibilidade de meios de financiamento para a conservação. Empresas que desejam manter-se competitivas em mercados cada vez mais globais descobrem que precisam de investir na conformidade dos seus produtos com critérios sociais e ambientais; caso contrário, a sua competitividade e reputação poderão ser ameaçadas.

Fundos de capital privado e parcerias envolvendo o co-financiamento com recursos globais têm apoiado projectos inovadores. No entanto, por vezes podemos encontrar algumas dificuldades de compatibilização entre as necessidades de financiamento e as rendibilidades exigidas por quem é detentor dos capitais.

Apesar dos avanços evidenciados durante os anos mais recentes, o crédito privado convencional para práticas de produção favoráveis à biodiversidade é ainda um fenómeno pouco generalizado. Sendo o potencial para novos produtos e indústrias baseado nos recursos da biodiversidade, frequentemente referido como a motivação primária para a conservação dos ecossistemas, surgem alguns constrangimentos para a implementação do projecto e respectivo financiamento quando se apoiam principalmente em valores intangíveis e sem preço de mercado, o que resulta num desencontro entre os potenciais valores associados pela sociedade global à conservação da biodiversidade e a real criação de valor de mercado.

No entanto, apesar das dificuldades em associar alguns mercados ao sector financeiro no âmbito da biodiversidade, algumas oportunidades estão já identificadas. O desenvolvimento do mercado de carbono criou oportunidades de negócio para as instituições financeiras, nomeadamente para a Banca de Investimento. Por exemplo, podendo equiparar-se o mercado de carbono à transacção de uma mercadoria, a participação de um banco de investimento pode dar-se a vários níveis:

- Proporcionar o acesso ao mercado de carbono a clientes institucionais e empresariais;
- Contribuir para a liquidez dos activos transaccionados nos mercados *spot* e *forward**;
- Permitir a execução da gestão de risco de mercado e proporcionar o acesso a informação de mercado em tempo real;
- Proporcionar o acesso ao mercado accionista, de forma a financiar com capitais próprios novos negócios, nomeadamente através de IPOs;
- Participar em projectos "verdes", cuja rentabilidade seja alavancada pela existência do mercado de carbono;
- Desenvolver estratégias de arbitragem de activos transaccionáveis no mercado de carbono;
- Criar fundos de investimento vocacionados para produtos de poupança de banca de retalho;
- Proporcionar o estabelecimento de novos negócios com recurso a *Project Finance*;

* **N. A.** Mercados *spot* são mercados à vista e mercados *forward* são mercados de futuro.

- Prestar assessoria a indústrias poluidoras e "verdes", no âmbito de fusões e aquisições despoletadas pelos mecanismos introduzidos no mercado de carbono;
- Participar em processos de reestruturação de dívida, tanto para empresas com dificuldades financeiras como para empresas beneficiadas pelo mercado de carbono.

Um outro exemplo é a utilização de capital de risco em projectos que promovam a sustentabilidade da biodiversidade. Este tipo de investimento tenta facilitar o financiamento de projectos promovidos por empreendedores/empresas com grande capacidade de valorização que, pelo risco associado, têm dificuldade na obtenção de crédito junto dos bancos comerciais.

Uma das áreas de investimento do capital de risco é o investimento em empresas *cleantech*, ou seja, empresas cuja actuação promova a redução ou eliminação de impactos negativos para o ambiente e que promova o uso responsável de recursos naturais. Nos EUA, o investimento de sociedades de capital de risco em empresas *cleantech* tem aumentado de um modo muito significativo, atingindo em 2007 cerca de 2.2 mil milhões de dólares (Figura 44).

**FIGURA 44**

**Investimento de sociedades de capital de risco em empresas *cleantech** norte-americanas, 2002 e 2007** (Milhões de dólares)

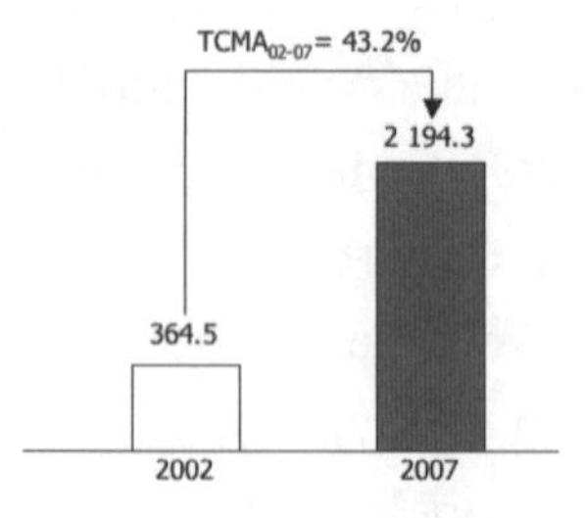


**Fontes**: *PricewaterhouseCoopers*, ES Research – Research Sectorial.

* **N. A.** Empresas que operam na área de produtos, serviços e processos elaborados no sentido de reduzir ou eliminar impactos ambientais.

Exemplos de actuações do sector financeiro no âmbito da biodiversidade:

a) Entidades estrangeiras:

- ABN – AMRO: Este banco holandês tem mostrado um elevado dinamismo na persecução de uma política responsável e instigadora de elevados padrões de sustentabilidade da biodiversidade. Para além de ter sido um dos bancos fundadores dos Princípios do Equador, é o banco líder do DJSI e foi eleito como o Banco Sustentável de 2007 pelo *Financial Times* e pelo IFC. Paralelamente, lançou no mercado o *Climate & Environment Total Return Index* que se dedica apenas a investimentos que privilegiem a produção de energias alternativas, o tratamento de lixos e resíduos tóxicos e a distribuição de água.

- Barclays Bank: Foi um dos fundadores dos Princípios do Equador e tem tido um papel de destaque ao nível do mercado de carbono. Em 2006, o *Barclays Capital* foi eleito pelos leitores das revistas *Environmental Finance* e *Risk* como a melhor entidade a operar no *Emissions Trading Scheme* da União Europeia. Também tem estado particularmente activo no campo das energias renováveis, detendo aproximadamente 16% da empresa líder mundial de biocombustíveis, a *Greenenergy International Limited.*

- Goldman Sachs: A instituição financeira norte-americana tem vindo a implementar uma política ambiental muito bem definida que visa, por exemplo, a criação e o financiamento de um Centro para o Desenvolvimento de Mercados, onde se destaca a:

  – Investigação de políticas que levem ao desenvolvimento de mercados que potenciem produtos e serviços financeiros na área do ambiente;

– Manutenção da posição de *market maker* no mercado de emissões de $CO_2$ e de $SO_2$;
– Disponibilização de mil milhões de dólares para investimentos na área das energias renováveis.

Paralelamente, a Goldman Sachs actua de um modo extremamente rigoroso quanto à concessão de financiamento a projectos que ponham em causa a biodiversidade.

- Banco do Brasil: A instituição financeira brasileira foi eleita, em 2007, Banco Sustentável do Ano na América Latina, numa distinção concedida pelo *Financial Times* e pelo IFC. Tendo sido um dos primeiros bancos brasileiros a aderir aos Princípios do Equador, lançou um fundo de investimento que tem como *benchmark* o Índice de Sustentabilidade da Bolsa de Valores de São Paulo. Em conjunto com diversas empresas brasileiras, colabora activamente num projecto de sensibilização da sociedade brasileira para os efeitos do carbono ao nível do ambiente e da saúde pública.

b) Entidades portuguesas:

- Banco Espírito Santo: O BES desenvolveu um programa próprio para colocar em prática as suas políticas que visem a sustentabilidade – o Realizar Mais. Tendo sido, em 2007, a primeira instituição financeira portuguesa a integrar o índice FTSE4GOOD, em 2006 recebeu o prémio *Renewable Deal of the Year* atribuído pela *Project Finance International*. Esta distinção surgiu no seguimento do financiamento dos projectos eólicos levados a cabo pela Enersis, no valor total de 985 milhões de dólares. Sendo um dos bancos portugueses signatários dos Princípios do Equador, o BES comercializa fundos éticos e foi um dos fundadores e é investidor do *Luso Carbon Fund* – o primeiro fundo privado de carbono em Portugal. Em 2007, numa sondagem efectuada pela Marktest para a Mediaedge, o Banco Espírito Santo foi considerado o Banco mais amigo do ambiente e, paralelamente, foi eleito a melhor empresa portuguesa quanto à protecção climática através do índice ACGE (Alterações Climáticas & Gestão de Empresas) da Euronatura.

- Caixa Geral de Depósitos: O banco estatal tem vindo a implementar um conjunto de procedimentos que visam promover a redução das emissões resultantes do funcionamento da sua actividade, tendo como objectivo ser "Carbono 0" até 2010. Desenvolveu uma linha de crédito específica para investimentos em energias renováveis, com benefícios em termos de taxa de juro e do período de reembolso dos empréstimos para clientes que queiram instalar equipamentos favoráveis ao ambiente nas suas habitações.

- Millennium BCP: O maior banco privado português inclui as suas preocupações em termos de ambiente nas suas políticas de concessão de crédito e de investimento. Para além de ser um dos signatários dos Princípios do Equador, o Millennium BCP monitoriza as práticas dos seus fornecedores através de inquéritos que efectua no âmbito dos princípios do *Global Compact* das Nações Unidas.

- Banco Santander Totta: Como financiador e investidor, está associado a diversos projectos de investimento em energias renováveis e de tratamento de água. Sendo um dos investidores do *Luso Carbon Fund*, o Santander Totta na sua actividade corrente tem como política ambiental activa reduzir, reciclar e reutilizar. Tem, também, a preocupação de inventariar e monitorizar o impacto da sua actividade em termos de emissão de gases com efeito de estufa.

- Banco Internacional do Funchal: o Banif é investidor e um dos principais promotores do *Luso Carbon Fund*, sendo a Banif Gestão de Activos SA a entidade gestora.

A par das acções que cada um dos bancos portugueses tem vindo a desenvolver, foi criado em 2006 o *Luso Carbon Fund*, resultante da parceria entre várias entidades financeiras portuguesas. Este fundo é um fundo especial de investimento gerido pela Banif Gestão de Activos SA, tendo como entidades promotoras a Fomentinvest SGPS, o Banif Investimento, o BES Investimento e a Climate Change Capital, sendo a Ecoprogresso (uma participada da Fomentinvest) o consultor de investimentos. O fundo iniciou a sua actividade a 15 de Dezembro de 2006 com um montante de 30.8 milhões de euros, valor que deverá crescer até aos 100 milhões. Os investimentos do *Luso Carbon Fund* são dirigidos para o mercado de carbono, nomeadamente para projectos geradores de créditos de carbono, no contexto legislativo e regulamentar decorrente do Protocolo de Quioto. Permite, assim, às empresas sujeitas aos limites de emissão de dióxido de carbono a aquisição de créditos a um valor potencialmente mais baixo.

O Fundo conta com cerca de 22 investidores institucionais, que vão desde instituições financeiras a empresas industriais. O principal investimento do Fundo é a celebração de Contratos ERPAs – *Early Reduction Purchase Agreements*, para a aquisição de créditos resultantes do desenvolvimento de projectos de redução de emissões ou de sequestração das mesmas, através dos mecanismos denominados "Implementação Conjunta" ou de "Desenvolvimento Limpo" (Secção 4.6, Quadro 5). Estes contratos estipulam as condições de aquisição dos créditos, a estrutura financeira e os riscos da operação. Os ERPAs permitem co-investir em projectos com outros fundos, tais como o C4F – *Climate Change Carbon Fund*. Em 2007, já tinham sido analisados aproximadamente 20 projectos, sendo que 20% já se encontravam em fase de contratualização.

CAPÍTULO 5

# Ganhar com a Biodiversidade

*Não basta saber, é preciso também aplicar;*
*não basta querer, é preciso também fazer.*
Johann Wolfgang von Goethe

## Exemplos de experiências

No contexto da economia portuguesa é possível detectar, já hoje e num conjunto diversificado de sectores, exemplos de projectos empresariais que, partindo da biodiversidade como elemento central de estruturação da actividade, seja numa perspectiva estratégica ou como elemento de suporte da respectiva viabilização presente, ilustram com clareza até que ponto a capacidade de aproveitamento destas novas áreas de oportunidade se converte em valor acrescentado para o negócio, por vezes no cerne do próprio negócio.

A abordagem adoptada para os projectos seleccionados tem a preocupação de identificar em que medida, no conjunto dos produtos/serviços por eles oferecidos, a biodiversidade, ou se pretendermos os serviços ecossistémicos que ela proporciona, emerge como elemento potenciador do negócio. De certa forma, e voltando à frase com que se lançou este trabalho – "A protecção da natureza e da biodiversidade não é um domínio apenas reservado a ecologistas e amantes das aves..." – , o que se procura evidenciar é até que ponto os amantes das plantas e das aves da nossa memória passada e/ou desconhecimento presente deram lugar a empresários esclarecidos para quem a *planta* é hoje uma empresa sustentável, cujas *pétalas* são frequentemente um conjunto de negócios em nichos de invejável crescimento, exigentes nas competências solicitadas, mas igualmente recompensadores de uma visão estratégica relativamente às questões da sustentabilidade em geral e da biodiversidade em particular.

O conjunto de projectos seleccionado, não sendo, bem pelo contrário, exaustivo na identificação das iniciativas em desenvolvimento no contexto nacional, tem, contudo, a pretensão de atingir uma ampla representatividade sectorial, sinalizando, em diferentes áreas da vida económica e em múltiplos pontos das respectivas cadeias de valor, o modo como os investidores portugueses, na agricultura, no turismo, na energia ou no sector financeiro manifestam, já hoje, estar despertos para a importância que o pilar ambiental representa no horizonte estratégico dos seus negócios. A biodiversidade, enquanto elemento fundamental de suporte, é para todos estes agentes, como é evidente pela análise dos casos seleccionados, uma dimensão claramente não negligenciável.

## 5.1 Herdade dos Fartos e confinantes

A Herdade dos Fartos situa-se na freguesia de São Cristóvão, concelho de Montemor-o-Novo (Figura 45), sendo constituída por um único prédio rústico. Com uma área de 714 hectares, dimensão superior à média para a região onde se insere, a Herdade dos Fartos distingue-se da maioria das que a envolvem pelo facto de nela se praticar, ainda hoje, uma agricultura verdadeiramente extensiva, baseada num encabeçamento pecuário muito inferior ao normal

(0.18 CN/ha)[1]. A gestão promovida pelos proprietários favoreceu a manutenção, na Herdade, de condições particularmente favoráveis à ocorrência e conservação de diversas espécies de fauna e flora com interesse ao nível da conservação da natureza.

Localizada em áreas com especial interesse para a conservação tanto a nível nacional como europeu, a Herdade constitui um refúgio importante para algumas espécies protegidas, com destaque para a avifauna aquática e estepária. Aqui se encontram também algumas espécies de flora e *habitats* protegidos, que apresentam uma excelente representatividade e/ou bom estado de conservação no contexto regional.

**FIGURA 45**

**Localização da Herdade dos Fartos**

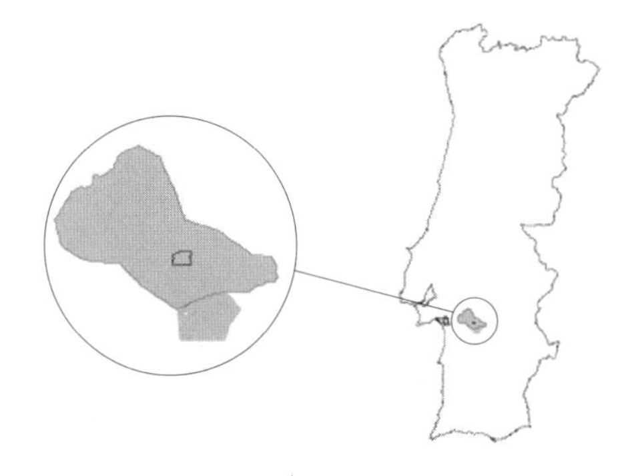

Nota: Localização da Herdade dos Fartos relativamente ao Sítio de Cabrela e IBA (*Important Bird Area*) Cabrela.

**Fonte**: Herdade dos Fartos.

Tendo presente o objectivo de conservar estes valores e, complementarmente, diversificar a gestão, usos e meios de produção associados à exploração da Herdade, encontram-se em desenvolvimento um conjunto de trabalhos complementares, em parceria com diversas instituições nas quais se destacam a Universidade de Évora e a Direcção Regional de Agricultura do

Alentejo, os quais irão abranger não só a Herdade mas também áreas confinantes (incluindo a totalidade de uma das áreas delimitadas como prioritárias para a conservação do sisão no Sítio de Cabrela). Baseando-se no contributo técnico, opiniões e propostas de um grupo de trabalho constituído informalmente com esse objectivo, pretende-se formalizar essas parcerias e assegurar, no médio prazo, o desenvolvimento de um plano de acção para a Herdade e zona envolvente, de forma a garantir a compatibilização dos objectivos de conservação da natureza e biodiversidade com os de desenvolvimento rural, numa lógica de sustentabilidade.

A Herdade dos Fartos e algumas das propriedades que lhe são contíguas podem ser encaradas como um verdadeiro abrigo da biodiversidade que originou a designação do Sítio de Cabrela.

TABELA 12

***Habitats* da Herdade dos Fartos**

| **Descrição dos *Habitats*** |
|---|
| • Charcos temporários mediterrânicos. |
| • Cursos de água dos pisos basal e montano com vegetação da *Ranunculion fluitantis* e da *Calitricho-Batrachion* (em delimitação). |
| • Salgueirais (*Salicetum atrocinero-australis*) incluídos nos cursos de água mediterrânicos intermitentes da *Paspalo-Agrostidion* (em delimitação). |
| • Matagais arborescentes de *Juniperus* spp. (em delimitação). |
| • Matos termomediterrânicos pré-desérticos (medronhais) (em confirmação). |
| • Montados de *Quercus* spp. de folha perene. |
| • Pradarias húmidas mediterrânicas da *Molinion-Holoshoenion*. |
| • Galerias e matos ribeirinhos meridionais (*Nerio-Tamaricetea* e *Securinegion tinctorae*) (em delimitação). |
| • Florestas de *Quercus ilex* ou *Quercus rotundifolia*. |

**Fonte**: Herdade dos Fartos.

Encontram-se vários *habitats* na Herdade, conforme apresentado na Tabela 12, com uma elevada representatividade e em excelente estado de conservação. Abrangem, na Herdade dos Fartos, uma área significativa: cerca de 50 hectares.

Ainda neste âmbito, é de salientar a presença da albufeira, que proporciona a existência de *habitats* importantes em termos de conservação, como charcos temporários e pradarias húmidas mediterrânicos. Em conjugação com outras que existem na área do Projecto (as albufeiras da Abrunheira e da Caldeira), este *habitat*, embora artificial, possui na actualidade um valor elevado para a conservação da avifauna aquática da região.

No que respeita à flora com estatuto de protecção, os inventários promovidos apontam para a presença não só do jacinto-silvestre, mas também de outras espécies com importância conservacionista elevada. No que respeita ao jacinto-silvestre, é de referir que as suas populações locais, para além de abundantes, se apresentam distribuídas pelas várias tipologias de *habitat* em que a espécie é conhecida (margens de cursos de água, clareiras de matos e prados e pousios com encharcamento temporário).

Ao nível da fauna destaca-se:

- A presença regular, nas zonas abertas, do sisão (*Tetrax tetrax*), espécie que tem vindo a ser objecto de estudo por uma equipa da Universidade de Évora, desde 2001;

- A presença, em alimentação, da águia-perdigueira (*Hieraaetus fasciatus*), do peneireiro (*Elanus caeruleus*), da águia-cobreira (*Circaetus gallicus*) e do bufo-real (*Bubo bubo*), espécies que têm nidificação externa (exceptuando a águia-cobreira, com nidificação na Herdade), mas que aqui se alimentam devido ao mosaico agro-silvo-pastoril bem conservado e com fraca perturbação;

- A presença do zarro-castanho (*Aythia nyroca*) e do mergulhão-de-poupa (*Podiceps cristatus*), na albufeira dos Fartos e outras da envolvente;

- A ocorrência de um conjunto de aves aquáticas com importante valor de conservação, como o flamingo (*Phoenicopterus ruber*), o corvo-marinho (*Phalacrocorax carbo*), a garça-branca-grande (*Egretta alba*), a garça-real (*Ardea cinerea*), a cegonha-negra (*Ciconia nigra*), o colhereiro (*Platalea leucorodia*), a piadeira (*Anas penelope*), a galinha-de-água (*Gallinula chloropus*), o galeirão-comum (*Fulica atra*), o pernalonga (*Himantopus himantopus*), o abibe (*Vanellus vanellus*), a narceja (*Gallinago gallinago*), entre outras;

- A presença regular da lontra (*Lutra lutra*), tanto na albufeira como na ribeira do Cai-Água;

- A presença do cágado-mediterrânico (*Mauremys leprosa*).

Com o objectivo de assegurar a conservação dos valores naturais existentes no Sítio de Cabrela, o *Plano Sectorial para a Rede Natura 2000* propõe a aplicação de um conjunto de orientações de gestão, direccionadas para as espécies e *habitats* a conservar. Quando considerada a localização geográfica da Herdade dos Fartos, área na qual se perspectiva desde já a possibilidade de aplicação/concretização de medidas, bem como os valores naturais nela conhecidos, foi possível discriminar um conjunto de medidas que poderão ser promovidas desde já, sem a recolha de informação biológica adicional. Neste seguimento, o Projecto visa a implementação de um conjunto de medidas e trabalhos direccionados para:

- O aumento do conhecimento e informação sobre algumas das espécies e *habitats*, destacando-se neste contexto trabalhos de inventariação biológica direccionados para verificar e/ou validar a sua ocorrência/distribuição;

- A protecção/conservação de *habitats* e espécies de flora importantes, através da restrição do acesso que o gado tem às suas áreas de distribuição;

- A restrição de acesso e regulamentação da pesca desportiva na albufeira, através da criação de uma zona de pesca reservada, de forma a garantir a minimização da perturbação da avifauna aquática existente e potencial;

- O fomento da qualidade e melhoria do estado de conservação das áreas de montado aberto e prados permanentes, incluindo a reinstalação de prados em parcelas ocupadas por matos com reduzido interesse conservacionista, em simultâneo com a manutenção de um mosaico de "ilhas" de refúgio e abrigo para a fauna, com incidência em áreas que são potencial *habitat* do sisão e de outros animais – como a perdiz e o coelho-bravo – que são fonte de alimentação importante para a conservação de rapinas como a águia de Bonelli;

- O fomento das disponibilidades hídricas, para o gado e fauna silvestre em geral, através de uma reorganização da rede de distribuição de água na Herdade, de forma a assegurar, simultaneamente, um recurso importante e escasso nos períodos mais críticos e a protecção de zonas húmidas, actualmente utilizadas para fins de abeberamento (como a própria albufeira, algumas das charcas e os cursos de água temporários);

- Em ligação com as medidas atrás referidas, a recuperação e/ou expansão de galerias ripícolas (salgueiral) e/ou reforço de áreas de caniçal/atabual (na albufeira e ao longo dos principais cursos de água, de forma a assegurar uma rede de circulação/refúgio para a fauna, que possibilite a deslocação e o abrigo, entre a albufeira e a Ribeira do Cai-Água);

- A monitorização dos resultados das medidas atrás referidas em alguns grupos da fauna local, com destaque para a avifauna protegida (sisão, águia de Bonelli, zarro-castanho, abetouro, peneireiro e outros);

- A produção/disponibilização de recursos forrageiros adicionais, com recurso a técnicas que substituem o regadio, sendo mais eficientes no consumo de água e restantes recursos (agricultura hidropónica), de forma a garantir as necessidades alimentares do efectivo pecuário sem que o mesmo tenha de aceder a áreas protegidas/condicionadas através das medidas atrás referidas;

- O desenho, implementação e operação de um conjunto de actividades complementares das produções e serviços tradicionais, com destaque para as áreas da cinegética, turismo de natureza, educação ambiental e produção de espécies vegetais autóctones, que possibilitem a diversificação de usos e fontes de rendimento da Herdade – tornando-a mais sustentável do ponto de vista económico – ao mesmo tempo que potenciam a conservação da biodiversidade local.

Este projecto poderá receber apoios do QREN, pois encontra-se direccionado para acções de qualificação e valorização ambiental, bem como para acções relacionadas com a conservação dos valores naturais da área, conduzidas pela gestão activa dos espaços classificados.

Este é um projecto que claramente apostou no desenvolvimento e exploração sustentável da Herdade, com respeito pela biodiversidade e acreditando que a protecção dos *habitats* naturais da fauna e da flora se traduzirão, no futuro, num património ainda mais valorizado, respeitado e admirado pela sociedade, o que resultará em mais valias para o projecto.

## 5.2 Grupo Sousa Cunhal Agrícola

A actividade central das empresas que constituem o Grupo Sousa Cunhal Agrícola consiste na produção, transformação e distribuição de produtos agro-pecuários, florestais e cinegéticos como carne, vinho, hortícolas, azeite, cortiça, madeira e frutos silvestres, bem como a disponibilização de uma série de serviços associados à gestão agrícola e ao ecoturismo.

**FIGURA 46**

**Localização geográfica das herdades do grupo**

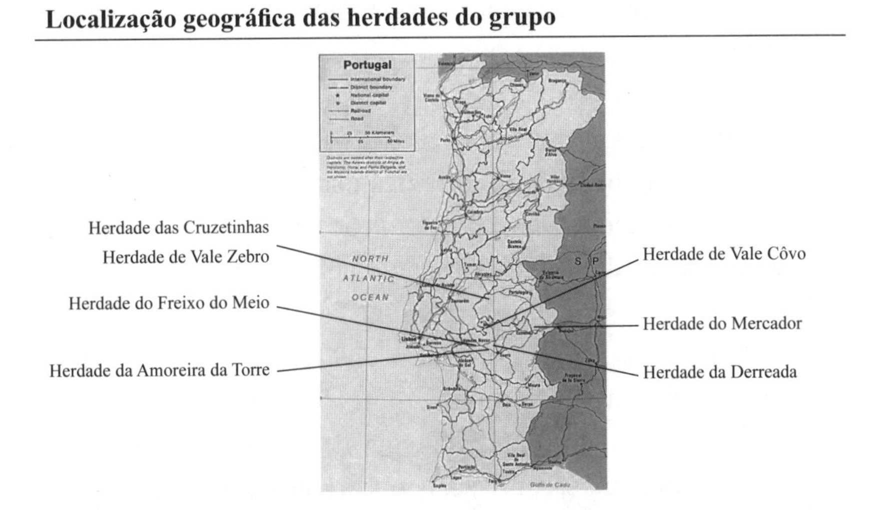


**Fonte**: Sousa Cunhal Investimentos SGPS, S.A.

A Sousa Cunhal gere actualmente cerca de 6 300 ha de propriedades (5 400 ha concentram-se na Herdade das Cruzetinhas e na Herdade do Freixo do Meio), que se localizam nos concelhos de Chamusca, Coruche, Mourão e Montemor-o-Novo.

A Sousa Cunhal compreende a empresa como uma entidade multifuncional que, a par de uma função económico-financeira, deve desempenhar de modo complementar e interdependente funções de natureza social e ambiental – garantindo a sustentabilidade das suas explorações.

No quadro da sua parceria com o ICNB, a Sousa Cunhal assume um compromisso duradouro relativo à biodiversidade, que consiste em objectivos muito concretos:

- Manter o modo de produção biológico (Reg. CEE 2092/91);

- Manter uma administração correcta do património fundiário gerido pela empresa, na sua maioria constituído por montado, e dos *habitats* que nele marcam presença, preservando assim a elevada biodiversidade que lhe é característica e que actua em sinergia com o modo de produção biológico;

- Efectuar uma gestão ecoeficiente, procurando minimizar os impactos ambientais decorrentes das suas actividades, produtos e serviços, evitando a poluição e efectuando uma utilização racional dos recursos naturais;

- Efectuar uma gestão adequada dos resíduos, zelando pela correcta recolha e encaminhamento de resíduos gerados pela empresa, visando uma estratégia de redução dos resíduos produzidos, sua reutilização e correcto encaminhamento, nomeadamente para os centros de triagem de resíduos para a respectiva reciclagem;

- Promover o aumento crescente da eficiência energética, fomentando a redução dos consumos de energia e apostando em tecnologias de maior eficiência energética, com o objectivo de minimizar a poluição resultante da sua actividade;

- Desenvolver procedimentos de avaliação do desempenho ambiental e indicadores associados que possibilitem esta avaliação, aderindo a sistemas de certificação que orientem este trabalho;

- Divulgar o posicionamento da empresa face à biodiversidade, reforçando o seu papel estratégico nas actividades da empresa;

- Promover práticas de protecção da biodiversidade entre os membros da administração, colaboradores, fornecedores e adjudicatários;

- Considerar a gestão da biodiversidade como parte integrante de qualquer projecto durante as fases de planificação e execução.

No âmbito de acções relacionadas com o apoio a projectos de conservação da natureza a nível regional, destaca-se o plano de conservação do gato-bravo na Herdade do Freixo do Meio[2] e a manutenção de uma população selvagem de cavalos Sorraia[3] em Vale de Zebro. Igualmente muito relevantes e indiciadoras da aposta muito clara da Sousa Cunhal na área da biodiversidade, como factor de negócio presente e de grande potencial futuro, são as parcerias encetadas com a EDP, no seu programa de minimização do impacto que o envio das facturas aos respectivos clientes tem sobre a biodiversidade. Neste contexto, insere-se o programa de protecção de ninhos no solo[4], a agricultura de sementeira directa[5] e o uso eficiente da água de rega.

Ao mais alto nível da sua gestão, é muito claro que o desempenho de funções de natureza ambiental e social não é somente uma condição de reforço da legitimidade da empresa, traduzindo-se também num factor fundamental de competitividade.[6] A matriz de desenvolvimento estratégico da Sousa Cunhal baseia-se, assim, na produção de bens (agrícolas, pecuários e derivados) e de serviços (ecoturismo e turismo sustentável) que se distingam e se valorizem em virtude da sua qualidade intrínseca e ambiental:

1) Agro-pecuária e silvicultura

Esta é a área central da actividade da empresa compreendendo um conjunto de produções diversificado:

- Cereais e leguminosas (trigo, arroz, milho, cevada, entre outros);
- Hortícolas;
- Vinha;
- Olival;
- Produção pecuária extensiva de raças autóctones (ovinos, caprino, bovino, suíno, e perus);
- Cortiça;
- Madeira (eucalipto, pinheiro, sobro e azinho).

No quadro das opções estratégicas da empresa, foi promovida a adesão a processos adequados de certificação externa credível da qualidade das explorações e dos produtos:

- Em 1999, a Sousa Cunhal adoptou como orientação estratégica fundamental a conversão para o modo de produção biológico, realizada no âmbito do Regulamento comunitário n.º 2092/91/CEE, constituindo a maior área de produção biológica do país (5 035 ha – em que se destacam 3 852 ha de Montado, mas também 146 ha de Pinhal e 62 ha de Olival, entre outras culturas diversas). A produção vegetal destina-se maioritariamente à alimentação do efectivo pecuário existente.

- A Sousa Cunhal foi também pioneira na produção de *carne fresca biológica* certificada em Portugal, produzindo desde 2002 o primeiro produto do género: o peru preto do Alentejo (produto de agricultura biológica). Toda a produção pecuária é efectuada sob o modo de produção biológico, integrando bovinos, suínos, ovinos, caprinos e perus.

- Encontra-se em curso o processo de certificação florestal FSC.

- Também se encontra a decorrer o processo de certificação ambiental EMAS[7], no âmbito do projecto *ExtEnSity*.

A par da certificação externa, promove-se a "certificação" directa através do consumidor final, transmitindo – mediante as tecnologias de informação disponíveis e o contacto pessoal – informação objectiva e verificável sobre as matérias-primas utilizadas e as condições de produção e de transformação. De igual modo se optou pela produção de bens que tenham uma especificidade regional marcada, resultante, por exemplo, de processos de produção tradicionais. Neste contexto, está em desenvolvimento um cabaz de produtos transformados associados ao conceito "mundo rural/quinta", todos produzidos sob o modo de produção biológica.

No que respeita à silvicultura – actividade essencial do grupo – a Sousa Cunhal adoptou desde 1990 um conjunto de práticas monitorizadas através de um sistema de informação geográfica, destinadas a promover uma gestão sustentável do montado de sobro e de pinhal. Visa-se, assim, conservar, minimizar impactos ambientais e potenciar a regeneração natural do montado através da:

- Gestão do balanço mineral dos solos;
- Realização de programas regulares de análise de solo;
- Fertilização orgânica adequada;
- Mobilização mínima do solo, efectuada sempre em curvas de nível e interdita em declives acentuados;
- Utilização de sistemas alternativos ao controlo do mato sem mobilização de solos;
- Marcação e protecção de árvores e arbustos jovens de interesse;
- Gestão do encabeçamento animal atendendo aos efeitos de captação do solo e ao excesso de pastoreio;
- Não utilização de queimadas;
- Controlo de vegetação com vista à diminuição do risco de incêndios com meios mecânicos através do pastoreio animal;
- Sistema de recolha e tratamento de afluentes domésticos e pecuários com vista à não contaminação de linhas de água;
- Recolha total de resíduos sólidos e líquidos não biodegradáveis (por exemplo óleos, plásticos, embalagens);
- Sistemas de vigilância e monitorização de pragas vegetais;
- Sistemas de vigilância e de combate a incêndios.

Um outro aspecto significativo na gestão sustentável do montado de sobro é a coordenação e planificação das medidas referidas através da adopção de planos de gestão florestal adequados.

Por fim, a Sousa Cunhal foi pioneira na implementação de Sistemas de Informação Geográfica (SIG) de todas as áreas florestais, o que permitiu desde 2000 optimizar a planificação, o ordenamento e a monitorização destas zonas. Em complemento com o montado de sobro, a Sousa Cunhal explora uma área de 146 ha de pinhal e uma área de 679 ha de eucaliptal.

Em termos da gestão da biodiversidade ao nível do produto, prevê-se também dar preferência à utilização de variedades locais/regionais de árvores, frutas e vegetais, assim como raças tradicionais e autóctones de gado e criação.

2) Turismo sustentável e imobiliário

O turismo sustentável e imobiliário constitui uma segunda importante área de negócio da Sousa Cunhal. Nesta área, procura também valorizar e distinguir os serviços e produtos em função da sua qualidade ambiental, entendida como resultante não só do próprio espaço em que se integram, mas também das suas próprias características intrínsecas (baixa densidade, qualidade arquitectónica e urbanística de referência, adequação dos espaços públicos, integração de usos).

Na área do turismo, a Sousa Cunhal tem em desenvolvimento dois projectos. Um primeiro de ecoturismo na Herdade do Freixo do Meio e um segundo na Herdade do Mercador:

*Herdade do Mercador*

O projecto turístico do Mercador abrange uma área com cerca de 280 ha, localizada na orla do plano de água da barragem do Alqueva, que já foi classificada no Plano Regional de Ordenamento do Território da Zona Envolvente da Albufeira do Alqueva (PROZEA) como uma das cinco zonas turísticas estruturais previstas para a orla da barragem. O conceito de desenvolvimento proposto para o projecto do Mercador respeita as orientações estratégicas previstas no PROZEA, nomeadamente na área da sustentabilidade ecológica, sendo esse também um factor de valorização e diferenciação.

*Herdade do Freixo do Meio* (Ver Quadro 6)

O projecto abrange uma área de cerca de 1200 ha e traduz-se fundamentalmente na recuperação – através de técnicas construtivas tradicionais – de um conjunto de montes alentejanos e de dois moinhos de água. Pretende-se, assim, criar um conjunto de unidades de alojamento que permitam a fruição de um espaço rural de grande tranquilidade e com qualidade ambiental e paisagística. O elemento integrador central é a estalagem rural, onde poderão funcionar espaços lúdicos e pedagógicos e um centro de interpretação do ambiente e da paisagem. O projecto concedeu especial atenção à valorização de espaços paisagísticos rurais, através da criação de percursos e de unidades de paisagem rural.

**QUADRO 6**

**Herdade do Freixo do Meio**

A Herdade do Freixo do Meio (HFM) é uma instituição de referência no mercado de carne e hortícolas biológicos em Portugal. Trata-se de uma herdade alentejana formada por 1700 ha de montado de sobro e azinho, limitada pelas margens do Rio Almansor, próxima de Montemor-o-Novo, totalmente convertida ao modo de produção biológico, desde 2001.

A morfologia da HFM é condicionada pela presença marcante, em todo o seu limite sul, do rio Almansor. São também inúmeras as ribeiras e pequenas linhas de água que, em direcção ao Almansor, vão sulcando o terreno e criando relevos. Encontram-se ainda em toda a HFM nascentes naturais, bem como charcas e duas albufeiras, que conferem um ambiente de alguma humidade. Outro aspecto típico desta herdade é a quantidade de afloramentos graníticos e as formações de matos que lhes estão associados e que oferecem importantes abrigos para a fauna.

A HFM caracteriza-se, na zona mais a norte, pela existência de montados que se estendem em óptimo estado de conservação e, mais a sul, por um relevo mais ondulado, resultante do encaixe das ribeiras que desaguam no Almansor. Esta zona possui assim maior quantidade de matos, galerias ripícolas, corredores e abrigos para a fauna, sendo uma zona privilegiada para o javali e outros mamíferos e aves.

Devido à morfologia rica da HFM (rio Almansor, albufeira, charcas, vales encaixados, zonas rochosas, zonas planas e sem árvores) e à grande diversidade de *habitats* que acompanham estas diferentes zonas, a biodiversidade faunística atinge nesta herdade valores realmente elevados (aves, répteis, anfíbios, mamíferos, peixes e insectos).

QUADRO 6 (cont.)

## Herdade do Freixo do Meio

A HFM efectuou, durante o mês de Março de 2007, a sua adesão à iniciativa "CountDown 2010 – Travar a Perda da Biodiversidade na Europa", assumindo os seguintes compromissos a nível da administração e gestão de projectos:

**Administração**

- Encorajar e apoiar a Câmara Municipal de Montemor-o-Novo a reconhecer e a participar na visão da HFM em termos de Conservação da Natureza, Sustentabilidade e Desenvolvimento Regional que envolva o Património Natural;
- Manter o caminho da Agricultura Biológica e Desenvolvimento Sustentável;
- Utilizar variedades locais/regionais de árvores, frutas e vegetais, assim como raças tradicionais e autóctones de gado e criação;
- Promover a ligação entre projectos de conservação da natureza e os Relatórios de Sustentabilidade GRI, ao incluir indicadores específicos de desempenho referentes a projectos a decorrer na HFM, assim como de futuros projectos;
- Incluir acções e compromissos ligados ao "Countdown 2010" em planos de *marketing* sempre que justificável;
- Apresentar os compromissos do "Countdown 2010" como parte da Política da Empresa;
- Encorajar outras entidades a adoptar compromissos em termos de biodiversidade e sustentabilidade;
- Promover práticas de ecoeficiência entre os membros da administração, colaboradores, fornecedores e adjudicatários;
- Desenvolver programas e *workshops* sobre os assuntos da Sustentabilidade, Gestão Ambiental e Conservação da Natureza no âmbito dos serviços prestados pela HFM.

**Gestão de Projectos**

- Considerar a Gestão da Biodiversidade parte integrante de qualquer projecto durante a fase de planificação e execução;
- Definir indicadores de Gestão de Risco da Biodiversidade ("Bioindicadores") a serem utilizados na avaliação de cada projecto;
- Integrar o projecto de Ecoturismo e *Bird-watching*, desenvolvido em parceria com a SPEA (Sociedade Portuguesa para o Estudo das Aves) e a CAP (Confederação dos Agricultores de Portugal) nas metas dos compromissos do "Countdown 2010";
- Prosseguir com o Plano de Acção de Conservação do Gato-Bravo;
- Iniciar um Plano de Acção de Conservação de Sebes e Divisórias;
- Promover a conservação da natureza durante as iniciativas de ecoturismo;
- Preferir a utilização de espécies nativas na recuperação de *habitats*;
- Considerar a adopção de esquemas de certificação pró-biodiversidade;
- Utilizar a Gestão de Riscos Ambientais como uma ferramenta de planificação;
- Incluir os indicadores de gestão de biodiversidade (espécies, *habitats* e paisagens) em Sistemas de Informação Geográfica (SIG);
- Sempre que possível, procurar parceiros, fornecedores e adjudicatários com políticas ambientais e preocupações semelhantes sobre a sustentabilidade.

As estratégias de gestão sustentável do projecto são enquadradas num plano de ordenamento e constituem-se pela adopção de medidas dirigidas à gestão de *habitats* e à conservação da biodiversidade.

Em ambos os projectos, as questões ambientais e os respectivos factores de valorização e diferenciação situam-se nas seguintes áreas:

- Qualidade e sustentabilidade da arquitectura;
- Integração e valorização paisagística;
- Avaliação global dos impactos;
- Minimização e compensação dos impactos associados;
- Gestão de resíduos;
- Gestão eficiente de energia;
- Integração com a envolvente agro-pecuária.

Estas preocupações estão também presentes na actividade imobiliária que a Sousa Cunhal vem desenvolvendo desde 1993 através da participada QUATTOR. A aplicação do conceito de desenvolvimento sustentável ao sector do imobiliário tem sido objecto de várias abordagens nos últimos anos e constitui, segundo se supõe, uma tendência marcante do desenvolvimento do sector.

## 5.3 Herdade da Poupa

O território onde se insere a Herdade da Poupa apresenta um clima marcadamente mediterrânico, onde os usos do solo e os aproveitamentos são de cariz predominantemente extensivo e onde a densidade populacional é bastante baixa, sendo das mais baixas no país e na Europa. Destaca-se a presença de biótopos de grande valor e de um elevado número de espécies ameaçadas a nível nacional e europeu, que esteve na origem da classificação da zona do Tejo Internacional como Parque Natural e Zona de Protecção Especial (ZPE/ZEPA) de ambos os lados da fronteira, estando a Herdade da Poupa quase integralmente incluída no Parque Natural do Tejo Internacional.

A Herdade da Poupa, com cerca de 3 mil hectares de propriedade plena e 2 mil hectares de enclaves arrendados, tem por base da sua gestão a exploração do Hotel Rural da Poupa. Paralelamente, desenvolve uma área importante de turismo cinegético englobando as duas vertentes de caça, seja maior (veados e javalis) ou menor (perdiz, pombos, rolas e tordos). É uma das reservas de caça turística mais antigas, com o número 11 a nível nacional, e foi registada em 1987 pela Direcção-Geral de Florestas.

Para além destes dois grandes eixos de actuação geradores de receitas importantes que têm sustentado a viabilidade do projecto há cerca de 18 anos, avançou-se recentemente para o chamado turismo de natureza, ancorando este elemento a toda uma filosofia de desenvolvimento sustentável apoiado na conservação da biodiversidade.

Na Herdade da Poupa o conceito de turismo de natureza passa por um levantamento da fauna e flora existentes no terreno, a execução de cartografia temática adequada e a preparação de listagens para contactos com operadores turísticos especializados a nível nacional e internacional.

Conjuntamente, todo o processo passa ainda pela formação contínua de técnicos da empresa e vigilantes (guardas florestais auxiliares) no terreno, sobretudo nos aspectos que se prendem com a distribuição e a ecologia geral das espécies presentes na propriedade com interesse e potencial.

Face à interioridade da área, também é preciso desenvolver a formação de um conjunto de técnicos residentes na região, que possam constituir uma "bolsa de trabalho externo" permanentemente disponível para acompanhar os visitantes à Herdade da Poupa, mediante acordos estabelecidos posteriormente.

*A flora*

Ao nível da flora são conhecidas na Herdade da Poupa e sua envolvente imediata cerca de 500 espécies de plantas vasculares. Esta região não apresenta qualquer endemismo florístico exclusivo, embora tenha algumas particularidades ao nível da vegetação. O carácter mediterrânico é bastante evidente, dado 40% das espécies presentes na região terem uma distribuição exclusivamente mediterrânica, mediterrânico-macaronésica, ibérica, ibero-norteafricana e franco-ibérica, muito embora surjam também espécies de climas frios. Existem na Herdade da Poupa algumas espécies raras tanto a nível local como nacional, com populações de pequenas dimensões e que se encontram fora ou no limite da sua área de distribuição conhecida.

As comunidades que se destacam por apresentarem uma flora de elevado valor são principalmente a vegetação rupícola, os zambujais e os tamujais, predominantemente associada às vertentes inclinadas do rio Tejo e aos cursos de água temporários seus afluentes.

*A fauna*

Do ponto de vista faunístico, o biótopo claramente mais importante presente na Herdade é o rupícola (ou seja, as escarpas), localizado nas vertentes inclinadas do rio Tejo e seus afluentes, devido a apresentar um valor muito elevado e insubstituível para muitas espécies de conservação prioritária. Os restantes biótopos mais bem representados na Herdade da Poupa são os prados e pastagens, os montados de azinho, os azinhais e os matagais.

No que respeita à fauna de vertebrados, existem na Herdade da Poupa e sua vizinhança imediata cerca de 250 espécies, das quais 16 de peixes, 12 de anfíbios, 13 de répteis, 136 de aves e cerca de 30 de mamíferos.

Relativamente aos invertebrados, a informação é ainda muito escassa, mas é de realçar a ocorrência de quatro espécies de borboletas cujo estatuto de conservação é considerado preocupante.

A fauna na Herdade da Poupa é muito diversificada, mas poderemos dividi-la em dois sectores dominantes, seja em ocupação do espaço e *habitats* ou em número de espécies:

*Animais Cinegéticos*:

Caça Menor – Perdiz, Pombo, Rola e Tordo

A Perdiz é a espécie mais marcante no território, não só por ser endógena, mas também pelo número de casais estabelecidos, cerca de 2 500. Estes censos são realizados todos os anos, não só para análise da população, mas também para conhecimento das áreas de eleição desta espécie, onde é induzido algum complemento alimentar, água e melhorado o seu *habitat*. Quanto ao Pombo Torcaz, Rola e Tordo, são espécies cinegéticas migratórias, que permitem diversas jornadas de caça ao longo do ano.

Caça Maior – Veado, Javali

O Veado (*cervus elaphus*) é das espécies mais marcantes. O facto de a Herdade não ser uma propriedade totalmente vedada permite que se desenvolva uma população flutuante entre Portugal e Espanha, através do Tejo Internacional. De acordo com os censos populacionais realizados, tem havido uma estabilidade das populações. Isto deve-se sobretudo a diversas intervenções nos *habitats* ao longo dos anos, nomeadamente a construção de cerca de 50 charcas repartidas pelos 5 mil hectares, assim como cerca de 500 hectares de prados permanentes que foram implantados nos últimos dez anos.

O Javali (*Sus scrofa*) é uma espécie praticamente impossível de confinar pois este animal faz movimentos diários que podem atingir os 20 quilómetros. No entanto, dependem desta espécie dezenas de jornadas de caça ao longo do ano.

*Animais Protegidos*

A Herdade da Poupa assume maior relevo ao nível da preservação da biodiversidade por aí exisirem mais de 35 espécies de conservação prioritária, das quais mais de metade são aves (23 espécies). No entanto, também se encontram exemplos no grupo dos peixes, dos anfíbios, dos répteis, dos mamíferos (o gato-bravo e algumas espécies de morcegos). Nas aves, destaca-se a cegonha-preta, a águia-imperial, a águia-real, a águia de Bonelli, o milhafre-real, o britango, o abutre-negro, o grifo, a ganga e o chasco-preto.

Dentro das espécies de conservação prioritária referidas, assumem particular relevância no contexto nacional a cegonha-preta, que conta com o maior efectivo populacional do país dentro de uma única propriedade (seis casais); a águia-imperial, sendo que dois casais desta ave de rapina, que conta com um efectivo mundial de cerca de 230 casais, frequentam a propriedade como território de caça; a ganga ou cortiçol-de-barriga-branca, que possui aí a única população reprodutora conhecida em Portugal, com cerca de dez a doze casais; e o abutre-negro, que frequenta regularmente a herdade (cerca de 80 a 100 indivíduos) e onde um casal efectuou tentativas de nidificação natural em 2003 e 2004, o que não acontecia em Portugal desde que a espécie se extinguiu como reprodutora na década de 1970.

Estas espécies ameaçadas estão dependentes de áreas muito localizadas e são particularmente sensíveis à perturbação e alteração dos seus *habitats*, podendo as suas populações extinguir-se ou declinar fortemente se estas áreas forem modificadas, degradadas ou sujeitas a perturbação significativa.

A preservação da biodiversidade existente na Herdade da Poupa, e em particular das espécies com estatuto de ameaça, torna clara a necessidade de uma gestão cuidadosa e adequada, no sentido de manter um mosaico heterogéneo de biótopos com áreas abertas, matagais e áreas florestadas com diferentes densidades arbóreas e de subcoberto.

Se a vertente cinegética é hoje a base fundamental da actividade turística na Herdade da Poupa, é bastante evidente para a sua gestão a importância da área da conservação, não só como suporte das espécies cinegéticas, mas também como suporte da área de turismo de natureza, em que já se observa uma procura em franco crescimento, assim haja capacidade para sinalizar as ofertas em termos de disponibilidade e qualidade. É por isso necessária a compatibilização entre a salvaguarda dos requisitos ecológicos e da tranquilidade destas espécies e a actividade cinegética, quer na vertente da exploração (ou seja, do acto de caça propriamente dito), quer na vertente das acções de gestão dirigidas às espécies cinegéticas. As acções de recuperação do bosque mediterrânico levadas a cabo nos últimos 20 anos e as práticas de uma gestão cinegética racional e cuidada têm contribuído de forma significativa para a preservação e mesmo aumento da biodiversidade na Herdade da Poupa.

Em paralelo, a emergência dos mercados da conservação, ainda que no contexto nacional possuam actualmente formas muito embrionárias e assentes em acordos bilaterais com empresas que pretendem compensar impactos decorrentes da sua actividade, vem demonstrar que o investimento neste domínio poderá a prazo assumir-se como uma importante área de negócio. Projectos como o da Herdade da Poupa, em simultâneo com o negócio do presente e por exigência desse mesmo negócio, estão a criar aquela que constituirá a sua oferta futura em mercados cujo desenvolvimento se começa a perspectivar.

É precisamente neste contexto que se pode observar a parceria estabelecida entre a Herdade da Poupa e o Banco Espírito Santo, encontrando-se em curso diversas acções que visam a manutenção ou mesmo o incremento da biodiversidade na Herdade, sendo que algumas delas são especificamente dirigidas à preservação de espécies ameaçadas (águia-imperial, cegonha-preta e lontra). Desta forma, está a ser dado um contributo de grande importância para a salvaguarda da diversidade genética, para a conservação de um ecossistema de inegável valor natural e histórico-cultural e para a manutenção de um ambiente saudável. Esta parceira caracteriza-se pela concessão de um apoio anual por parte da instituição financeira à Herdade.

Na área da conservação, assume também particular importância para a Herdade da Poupa a participação no projecto LIFE (Secção 2.2), tendo impactos muitos positivos para os seus *habitats* e actividades, quer pelo reconhecimento que lhe é implícito, quer para enriquecimento do seu próprio processo de aprendizagem.

Este projecto, a ser implantado na região transfronteiriça em que a Herdade da Poupa se encontra, tem como principais objectivos recuperar as populações da águia-imperial-ibérica, da águia-imperial-oriental e do abutre-negro, assim como eliminar factores de perigo para outras aves de rapina necrófagas ameaçadas pela falta de alimento. As áreas geográficas de trabalho são propriedades privadas (Espanha e Portugal) e áreas da rede Natura 2000 que sejam muito importantes para as espécies em causa (Bulgária, Espanha e Portugal). Serão realizadas acções de maneio dos exemplares, de minimização de factores de mortalidade e de melhoria da disponibilidade trófica, de forma directa e através da recuperação do *habitat* que é ocupado por estas espécies e pelas suas principais presas (coelho-bravo e *suslik*).

As ideias gerais do projecto mais directamente relevantes para a Herdade da Poupa são:

- Promover acções que contribuam para melhorar o estado de conservação das populações de três espécies de aves ameaçadas prioritárias, a águia-imperial-ibérica, a águia--imperial-oriental e o abutre-negro, em Espanha, Portugal e Bulgária;
- Transferir conhecimentos e experiências para a conservação das espécies-alvo;
- Resolver os problemas de redução de disponibilidade de alimento para as espécies-alvo e restantes aves necrófagas ameaçadas, devido à aplicação das normas sanitárias de remoção de cadáveres de gado (Regulamento 1774/202/CE);
- Envolver diversos sectores sociais, nomeadamente os proprietários de herdades privadas com importância para as espécies-alvo e o sector pecuário, nas tarefas de conservação e protecção, mediante a execução de acções de melhoria do *habitat* e mediante apoio para aumentar a disponibilidade de alimento para as aves necrófagas com subprodutos animais;
- Eliminar factores de mortalidade acidental de origem humana sobre as espécies-alvo, em particular no caso da electrocussão em linhas eléctricas perigosas;
- Aumentar a taxa de sobrevivência de exemplares juvenis e adultos das espécies-alvo, tanto por fornecimento de alimento suplementar como pelo salvamento de indivíduos doentes ou feridos.

Entre as acções e meios envolvidos, será particularmente relevante para o esforço de sinalização do projecto da Herdade da Poupa as acções de divulgação através de cartazes informativos e página *web* e edição de manuais de boas práticas para os *habitats* ocupados pelas espécies-alvo e suas presas. Os meios a utilizar para a elaboração dos materiais são os dos sócios do projecto (técnicos).

A Herdade da Poupa pode ser vista como um exemplo bem sucedido de exploração sustentável de serviços ecossistémicos, permitindo o desenvolvimento de diferentes vertentes negociais que mutuamente se potenciam, inclusivamente através do aproveitamento de complementaridades de concretização diferenciada no tempo.

## 5.4 Grupo Portucel Soporcel

*grupo* Portucel Soporcel

O *grupo* Portucel Soporcel (gPS) é hoje responsável pela gestão em Portugal de mais de 120 mil hectares de área florestal – área essa maioritariamente composta por plantações de eucaliptos (74% do total), mas que acolhe também outros usos diversificados, como a produção de vinho, de mel ou de cortiça, entre outros.

Consciente da grande importância ambiental da área florestal que tem sob gestão, até porque parte desta está localizada em zonas abrangidas pela Rede Natura 2000 e pela Rede Nacional de Áreas Protegidas, o gPS assumiu há muito o compromisso de colaborar activamente com as entidades tutelares destas áreas no quadro de uma estratégia mais vasta de desenvolvimento sustentável dos seus negócios, que se traduz na fixação de metas e na obtenção de resultados que vão muito para além das exigências legais.

Na certeza de que a área florestal que gere é representativa à escala nacional e de que a gestão florestal interage com outros ecossistemas, o Grupo criou e concretizou um conjunto diversificado de projectos no âmbito da conservação da biodiversidade, através dos quais foi já possível identificar diferentes valores de conservação prioritários.

Neste contexto, o gPS assinou um protocolo com o Instituto da Conservação da Natureza e da Biodiversidade (ICNB) enquadrado na filosofia de gestão *Business & Biodiversity*, que visa garantir que todas as futuras iniciativas desenvolvidas pelo Grupo, especialmente aquelas em que sejam previsíveis impactos sobre a biodiversidade, devem assegurar que globalmente não há perda de valores naturais (*no net loss*) e devem idealmente reflectir um ganho sobre esses mesmos valores naturais (*net positive gain*).

No âmbito desta parceria com o ICNB, que pretende contribuir para o objectivo europeu de travar a perda da biodiversidade até ao ano de 2010, consideraram-se três linhas de acção distintas:

1) A promoção de iniciativas de alcance de médio e longo prazo que promovam a interpretação e a avaliação do impacto dos modelos de gestão florestal e industrial do Grupo sobre a biodiversidade e o território, centradas numa perspectiva de desenvolvimento sustentável e de responsabilidade ambiental e social;

2) A colaboração em iniciativas centradas na questão das alterações climáticas e da biodiversidade;

3) A promoção de iniciativas de curto/médio prazo que permitam aferir, avaliar e monitorizar as causas e consequências das actividades socioeconómicas na perda da biodiversidade e nas funcionalidades ecológicas dos ecossistemas.

Entre as várias iniciativas promovidas pelo gPS encontra-se um conjunto de projectos no âmbito da gestão ambiental sustentável e da preservação da biodiversidade, dos quais se destacam:

*Certificação florestal*

O gPS obteve em 2007 a certificação florestal de larga maioria do património florestal sob sua gestão (mais de 102 mil hectares) pelo *Forest Stewardship Council* (FSC), o que lhe permite comprovar uma gestão florestal responsável e corresponder às exigências de um mercado internacional em que os consumidores dão uma crescente preferência a marcas de produtos que tenham origem em florestas geridas de forma sustentável e certificadas por entidades credíveis, vendendo papel certificado.

A certificação florestal integra-se no quadro das prioridades definidas pela Política de Responsabilidade Corporativa do Grupo, constituindo um contributo significativo para um maior envolvimento da empresa com a comunidade, já que potencia a geração de valor e de emprego através da optimização dos produtos nacionais necessários às actividades silvícolas e industriais.

Após a certificação pelo FSC, o Grupo pretende certificar a sua gestão de acordo com o PEFC (*Programme for the Endorsement of Forest Certification Schemes*) e fomentar a certificação da floresta privada não industrial existente em Portugal.

Com esse objectivo, o Grupo tem promovido uma série de iniciativas ao abrigo de protocolos que estabeleceu com as principais organizações do sector, como por exemplo a Confederação dos Agricultores de Portugal (CAP), a Federação dos Produtores Florestais de Portugal (FPFP), a Federação dos Produtores do Norte e Centro (Forestis) e a Federação do Movimento Cooperativo Florestal (Fenafloresta).

Desde o projecto "Floresta do Futuro" (concluído em 2005), destinado a melhorar as boas práticas silvícolas e a defender as florestas dos riscos de incêndio, ao apoio e envolvimento na criação de Zonas de Intervenção Florestal (ZIF[8]), passando por formação e sensibilização de associações de produtores florestais, várias têm sido as linhas de acção empreendidas pelo Grupo no sentido da promoção de uma gestão florestal sustentável e do incentivo à certificação dos proprietários florestais privados que abastecem em mais de 80% a matéria-prima das suas fábricas.

*Áreas de Alto Valor de Conservação*

Identificar, classificar e intervir sobre áreas consideradas de Alto Valor de Conservação que se encontrem no território administrado pelo Grupo é o objectivo central da parceria estabelecida com a *World Wide Fund for Nature Mediterranean Programme* – WWF Mediterrâneo. Neste contexto, está a ser aplicada uma metodologia de trabalho desenvolvida pela WWF directamente relacionada com a escala territorial (nacional, regional, local) e adaptada ao contexto específico português. Admitindo diferentes níveis de abordagem, as Áreas de Alto Valor de Conservação (AAVC) são áreas que, no plano eco-regional, da paisagem ou da unidade de gestão, contêm valores relevantes no plano da biodiversidade, espécies ou ecossistemas raros, ou que fornecem serviços ambientais ou culturais relevantes. A nível nacional, foram classificadas como AAVC à escala da paisagem as seguintes Unidades de Paisagem:

FIGURA 47

**Unidades de paisagem classificadas como AAVC a nível nacional**

| Unidade de Paisagem | Critérios de Classificação |
|---|---|
| Mogadouro | Sítio de Rede Natura do Sabor, Parque Natural do Douro Internacional |
| Malcata | Parque Natural da Malcata |
| Tejo Internacional | Parque Natural do Tejo Internacional |
| Charneca do Tejo | Serviço ambiental essencial de conservação de solos, paisagem dominada por Montado de Sobro |
| Vale do Sado | Parque Natural do Estuário do Sado, Sítio de Rede Natura de Cabrela, paisagem dominada por Montado de Sobro |
| Sudoeste Alentejano | Parque Natural do Sudoeste Alentejano e sítio de Rede Natura de Monchique |
| Serra de Monchique | Sítio de Rede Natura de Monchique |

**Fonte**: Grupo Portucel Soporcel.

Simultaneamente, também podem ser identificadas e classificadas AAVC à escala local, em função dos valores de biodiversidade nelas presentes em termos de *habitats* e espécies classificadas. Um exemplo desta abordagem é a classificação destas áreas no património abrangido pela Unidade de Paisagem do Sudoeste Alentejano, onde foram identificados, pelo WWF e por técnicos florestais do Grupo, vários *habitats* classificados como AAVC à escala da unidade de gestão e avaliado o seu estado de conservação. Nessas áreas, com o apoio de especialistas em biodiversidade, foi ainda feito um levantamento das espécies com interesse para a conservação e definidas as medidas de gestão adequadas à sua conservação assim como dos *habitats* associados.

Partindo do cruzamento das medidas de gestão para a conservação das espécies e dos *habitats* avaliados, foram elaborados modelos de gestão-tipo, cuja aplicação e especificações técnicas se relacionam com o estado de conservação encontrado em cada situação. As acções desenvolvidas pelo Grupo nas AAVC são alvo de um sistema de monitorização e avaliação de biodiversidade.

*Projecto Cansino*

Em colaboração com a WWF e envolvendo a Silvicaima, a Direcção-Geral dos Recursos Florestais (Núcleo do Algarve) e outros proprietários privados, o gPS tem vindo a participar no Projecto Cansino, uma iniciativa que tem como objectivo promover a gestão e a recuperação de linhas de água relevantes, que tenham sofrido impactos negativos por acção humana em áreas da região Sul do País.

*Conservação da Águia Bonelli*

Num projecto liderado pelo Centro de Estudos da Avifauna Ibérica (CEAI) e no âmbito da gestão dos seus povoamentos de eucalipto, o Grupo comprometeu-se a desenvolver um conjunto de acções que visam preservar e recuperar a Águia Bonelli, espécie classificada com estatuto de "ameaçada". Este projecto desenvolve-se no Alentejo e conta com a colaboração do Instituto da Conservação da Natureza e da Biodiversidade.

*Projecto de conservação de valores naturais*

O gPS encontra-se igualmente a desenvolver um projecto complementar com especialistas na área da biodiversidade, que visa também a conservação de valores naturais nas diferentes áreas do património sob sua gestão e cuja abordagem é compatível e coordenada com a seguida no projecto com a WWF. Neste caso, estão a ser desenvolvidas metodologias de identificação de valores naturais a conservar e um plano de acção de conservação destes valores, a ser integrado no plano de gestão florestal do Grupo.

O projecto inclui ainda acções de formação à equipa interna de técnicos em biodiversidade e o enquadramento das questões da conservação da natureza na actividade do Grupo.

*Redução de gases com efeito de estufa e utilização de energias alternativas*

Também a redução dos gases com efeito de estufa no quadro da luta contra as alterações climáticas tem sido uma preocupação no programa desenvolvido pelo gPS no âmbito da sustentabilidade.

Neste contexto, é de realçar o facto de a floresta gerida pelo Grupo funcionar como um importante sumidouro de carbono, contribuindo assim para a redução dos gases com efeito de estufa na atmosfera.

De facto, o carbono ($CO_2$ equivalente) retido nas suas florestas em 2007 correspondeu a aproximadamente 26 vezes o montante das emissões de $CO_2$ registadas durante o ano no conjunto das instalações fabris e energéticas do Grupo. Os processos produtivos adoptados são também um exemplo de sustentabilidade e eficiência energética, na medida em que utilizam um combustível renovável, a biomassa florestal, como principal fonte de energia, assumindo o gPS o estatuto de maior produtor nacional de energia a partir desta fonte.

Hoje, o Grupo é praticamente auto-suficiente em termos energéticos: cerca de 92% da sua produção energética em 2007 foi assegurada a partir de combustíveis renováveis. A produção de energia eléctrica do Grupo correspondeu a 2% do consumo total em Portugal em 2007.

*Uma estratégia coerente*

No seu conjunto, a estratégia implementada pelo gPS para a área da biodiversidade deixa transparecer uma dupla vertente que se expressa não só em relação ao seu posicionamento face ao negócio, mas também em termos do fluxo temporal de retribuições, mais ou menos expectáveis, que lhe estão associadas.

Se é um facto que uma gestão florestal sustentável se traduz, num curto espaço de tempo, em ganhos reais no relacionamento com *stakeholders*, na penetração em mercados mais exigentes ou até na diminuição de riscos de produção, afectando com isso o *core* do próprio negócio, não é menos verdade que, a prazo, se está a construir um capital de conservação que poderá concretizar-se em novas áreas de negócio a somar às já hoje, porventura menos relevantes, associadas aos outros produtos da floresta – NTFP (*Non Timber Forest Products*).

## 5.5 Espírito Santo Ventures – Metacortex

A Espírito Santo Ventures é uma empresa de capitais de risco (*venture capital*) do Grupo Banco Espírito Santo que se posiciona como um veículo de financiamento direccionado para empreendimentos em fases iniciais de desenvolvimento, com grande potencial de valorização e níveis de risco elevados. Tratam-se, em geral, de empresas muito jovens que naturalmente ficariam arredadas do acesso ao crédito convencional, mais vocacionado para o financiamento das fases de expansão e das necessidades financeiras das empresas maduras, encontrando nos especialistas em capitais de risco profissionais particularmente concentrados na detecção de projectos inovadores, com grande potencial de crescimento, envolvendo empreendedores responsáveis, mas igualmente ambiciosos e determinados.

Normalmente, a operação de investimento passa por um aumento de capital da empresa, que o financiador subscreve. A empresa passa então a ter dois accionistas, o promotor e o financiador, que partilham resultados, uma vez que ambos perderão o seu capital se o projecto falhar e ambos dividirão os proveitos em caso de sucesso. Procuram-se projectar, desde o início, cenários e horizontes temporais para o desinvestimento do financiador. Mais do que capital, o investidor traz ao projecto um sócio interessado, disponibilizando valências acrescidas que, no caso da ES Ventures, passam pelo *networking* e presença nacional e internacional do Grupo Espírito Santo e pela experiência acumulada na área da gestão.

A ES Ventures gere actualmente um fundo de investimento de aproximadamente 90 milhões de euros, em que a área das *Cleantech* (a par das CMT – Comunicações, *Media* e Tecnologia e dos CS - Cuidados de Saúde) aparece com um conjunto muito relevante de projectos a financiar.

FIGURA 48

***Deal Flow*** [9] **e Investimento por sector, 2005 (4º trimestre) - 2007**
(Percentagens do número de projectos)

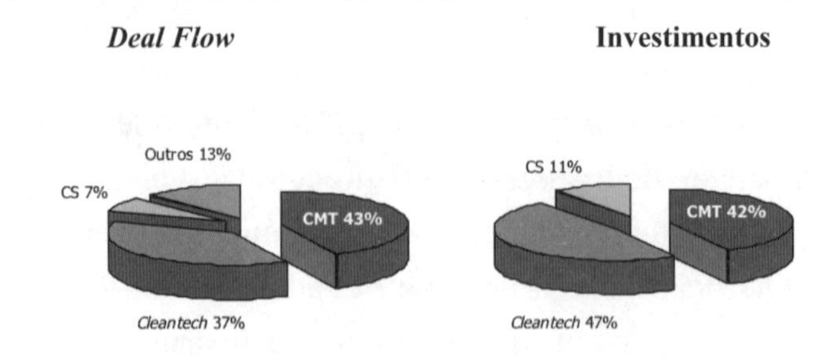


**Fontes**: ES Ventures, ES Research – Research Sectorial.

A área das *Cleantech*, que compreende produtos, serviços e processos elaborados no sentido de reduzir ou eliminar impactos ambientais; o desenvolvimento de métodos de exploração dos recursos naturais no sentido de uma maior eficiência e responsabilidade; e, em geral, o alcance de desempenhos superiores a menores custos, constitui, no contexto dos capitais de risco, um nicho de elevado crescimento (Secção 4.8). Neste campo, integra-se naturalmente o conjunto de negócios que, associados à biodiversidade, vão surgindo em áreas muito diversas e que, quando se reúne o conjunto de características descritas anteriormente, os tornam elegíveis em termos de financiamento por esta via.

A consultoria, objecto da actividade da Metacortex – Consultoria e Modelação de Recursos Naturais, S.A., é precisamente, em virtude das novas necessidades de informação e *know-how* resultantes de novas áreas ou diferentes abordagens ao negócio, associadas à conservação ambiental e também à maior consciência ambiental de empresas e particulares, uma das áreas (Secção 3.1.2) que revela: grande potencial de crescimento, exigência de soluções inovadoras e possibilidade da sua replicação em diferentes contextos regionais, dada a matriz comum dos problemas abordados, embora necessariamente adaptadas.

A Metacortex, *spin off* de um centro de investigação na área dos recursos florestais da Universidade Técnica de Lisboa, mantém a sua proximidade ao tecido universitário e assume-se como uma empresa de consultoria especializada em soluções integradas e globais, abrangendo por isso todas as áreas de negócio no espaço rural. Em virtude da crescente preocupação relativamente ao pilar ambiental da gestão empresarial responsável, no que este significa de potenciação de oportunidades e gestão de riscos, e num tempo em que as empresas necessitam de desenvolver novos instrumentos e conhecimentos que suportem o seu processo de decisão, a Metacortex centra a sua atenção precisamente na elaboração e implementação de sistemas e tecnologias inovadores de informação e apoio à decisão e direccionados para a resolução de problemas associados ao planeamento e gestão dos recursos naturais. Seja ao nível da administração central e local, das organizações de desenvolvimento local e regional, da indústria, das associações, das ONGs ou dos proprietários privados, colocam-se muitas vezes problemas semelhantes, ainda que suscitados por diferentes perfis motivacionais.

Desenvolve a sua actividade em Portugal, Espanha e Brasil, nas áreas da consultoria em:

- Ambiente e certificação – Certificação florestal de acordo com os referenciais do FSC e do PEFC (Secção 4.2); implementação e manutenção de sistemas de Gestão Ambiental, de acordo com referenciais normativos internacionalmente reconhecidos; reconversão, certificação e auditoria de explorações agrícolas e pecuárias para MPB – Modo de Produção Biológico; certificação de produtos agrícolas; formação e auditoria de processos;

- Planeamento e gestão de recursos florestais – Inventário florestal; monitorização de recursos; apoio à gestão florestal (ver Quadro 7); avaliações económicas de propriedades e activos biológicos (valor produtivo, ambiental e social); análises de risco e sensibilidade ao nível do planeamento e gestão florestal[10];

- Planeamento de risco e emergência, nomeadamente ao nível da Defesa da Floresta Contra Incêndios (DFCI), doenças e pragas, e outras catástrofes naturais;

- Planeamento, gestão e ordenamento de recursos agro-pecuários – Compreende o ordenamento, planeamento e gestão de sistemas agro-silvo-pastoris;

- Geomática – Produção de cartografia temática; análise espacial e geoprocessamento[11]; implementação de sistemas de informação geográfica e detecção remota;

- Planeamento, arquitectura e implementação de sistemas de informação.

**QUADRO 7**

***metafarm*® – Sistema de apoio à gestão**

A Metacortex desenvolveu um sistema próprio: *metafarm*®. Trata-se de um sistema de apoio ao gestor agrícola, pecuário e florestal, que, através da Internet, apoia a gestão integral das explorações agro-florestais. Permite ao produtor e demais agentes das cadeias de valor agrícola, florestal e pecuária manter a rastreabilidade e garantia de qualidade dos produtos, bem como demonstrar essas características ao consumidor final.

Este sistema possui um conjunto de componentes e módulos que permitem ao cliente suportar as suas necessidades de gestão ao nível de uma ou várias propriedades fundiárias. O suporte *web* do *metafarm*® garante a disponibilidade permanente e completa dos dados e da informação produzida, a sua confidencialidade, a sua coerência, a sua adequação ao cumprimento dos requisitos oficiais e, por último, a salvaguarda da informação. Ainda dentro dos seus elementos mais inovadores, do ponto de vista tecnológico, o sistema destaca-se por permitir a integração de informação numérica e geográfica, possibilitando a incorporação da dimensão espacial no processo de decisão, fundamental para a análise de cenários de gestão de activos biológicos, potenciando assim a melhoria do processo de decisão.

Independentemente da diversidade de serviços oferecidos pela Metacortex na sua área de actividade específica, não deixa de se evidenciar a forma como todos eles encontram na área da conservação potenciais de aplicabilidade, alguns já cabalmente integrados no negócio (gestão florestal sustentável, MPB), outros de óbvia acrescida rentabilização futura (avaliação económica e geomática) no contexto do previsível desenvolvimento dos mercados da conservação.

Este exemplo, combinando contributos de áreas de actividade distintas, mas que mutuamente se potenciam, é particularmente relevante em termos demonstrativos de como soluções de financiamento inovadoras permitem oferecer soluções capazes de dar uma resposta eficaz ao lançamento e expansão de projectos com características comuns às que frequentemente se observam na fileira de negócio que tem surgido, de forma parcial ou mesmo total, em torno da área da conservação, de um modo geral, e da biodiversidade em particular.

## 5.6 Energias de Portugal – EDP

Pelas actividades que desenvolve, na produção e distribuição de energia eléctrica, a EDP foi pioneira na elaboração dos primeiros estudos de impacto ambiental efectuados na década de 80, antes mesmo da publicação da Lei de Bases do Ambiente.

Recentemente, assumindo a sua responsabilidade nesta matéria, a EDP publicou a sua Política de Biodiversidade, com compromissos claros e enquadrados no seu negócio. Esta política pretende, no essencial, reflectir práticas já existentes na empresa, mas procurando dar um enfoque mais corporativo, de forma a garantir uma maior eficácia e controlo dos impactos que tem na biodiversidade. O seu objectivo é conseguir actuar de forma globalmente positiva. Isto significa minimizar os impactos que a sua actividade tem na biodiversidade e, sempre que tal não seja possível, proceder a compensações que se demonstrem eficazes.

O compromisso da EDP passa por produzir energia de uma forma sustentada, nomeadamente através de:

- Adopção de compromissos ao nível do ambiente (emissões de $CO_2$);
- Aumento da quota de produção de electricidade através de fontes de energia renováveis;
- Promoção da eficiência energética (ao nível da oferta e da procura);
- Avaliação dos impactos ambientais decorrentes das suas actividades.

No Grupo EDP, a biodiversidade integra-se no seu sistema ambiental corporativo – os projectos de investimentos são geridos de forma a que seja criado um balanço globalmente positivo na interacção da actividade da EDP com a biodiversidade.

Em 2006, a EDP investiu cerca de 163.5 milhões de euros em acções ambientais, comparado com 75.6 milhões em 2005 (Figura 49). Em 2006, o investimento do Grupo em acções no domínio da biodiversidade ascendeu a 16.8 milhões de euros (10.3% do total de despesas em actividades no domínio do ambiente).

A EDP acredita que este investimento gerará mais-valias futuras, pois o Grupo espera que práticas e políticas ambientais bem delineadas, reflectidas na realização de objectivos concretos na área da conservação de espécies e *habitats*, venham a traduzir-se em fluxos financeiros futuros, ainda que no momento presente e no espaço europeu não existam mecanismos de mercado que o possibilitem (Secção 3.1.2.2.1).

FIGURA 49

**Despesas ambientais por domínio ambiental no Grupo EDP, 2006**
(Percentagens)

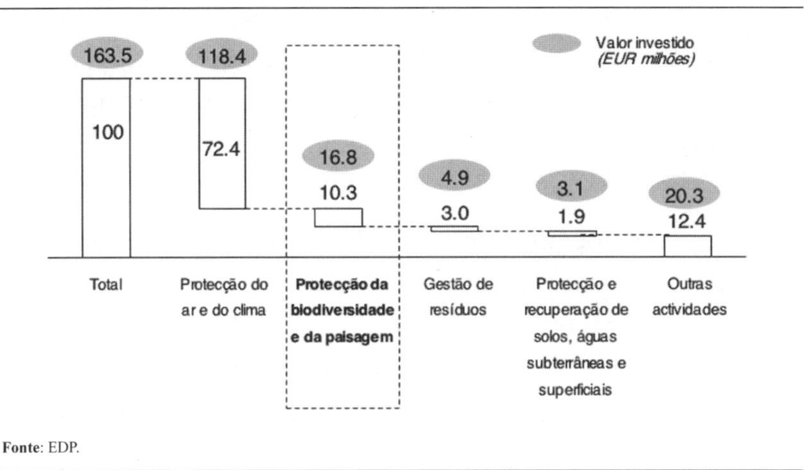


**Fonte**: EDP.

O Grupo EDP tem uma Política de Biodiversidade que se projecta activamente a vários níveis, comprometendo-se a:

- Integrar a avaliação dos impactos na biodiversidade em todas as fases das suas actividades: projecto, construção, exploração e desmantelamento de infra-estruturas de produção e distribuição de energia;

- Minimizar os impactos negativos na biodiversidade decorrentes das suas actividades e potenciar os positivos. Quando os primeiros não possam ser evitados, compromete-se recorrer a medidas de compensação consensuais, que permitam atingir um balanço global favorável;

- Contribuir para aprofundar o conhecimento científico sobre os diferentes aspectos da biodiversidade, designadamente através do apoio a instituições seleccionadas de forma transparente e de acordo com critérios de elevada competência técnica;

- Reforçar o diálogo e as parcerias com entidades públicas ou privadas em matéria de biodiversidade;

- Proceder ao relato regular e transparente do seu desempenho em matéria de biodiversidade, verificado por entidades independentes, e promover consultas regulares às diferentes partes interessadas.

Do conjunto de projectos que a EDP tem vindo a desenvolver neste âmbito, podem destacar-se os mais recentes, decorrentes de um Memorando de Entendimento estabelecido com o ICNB, no contexto da iniciativa *Business & Biodiversity*, onde se estabelece uma parceria de longo prazo que visa a realização de iniciativas de promoção e conservação da biodiversidade, que contribuam para o objectivo europeu de travar as taxas de perda de biodiversidade até ao ano de 2010. Foram consideradas duas vertentes distintas:

1) Iniciativas de alcance de longo prazo, com preferência para estudos de avaliação do impacto das alterações climáticas sobre a biodiversidade, tanto na vertente ecológica pura, como na componente económica, para que sejam sustentadas futuras propostas de intervenção na biodiversidade, numa lógica de melhor relação custo/benefício;

2) Iniciativas de curto/médio prazo que permitam, por um lado, recuperar ou melhorar as condições actuais dos sistemas naturais e, por outro, avaliar causas e consequências da intervenção humana na perda continuada da biodiversidade.

Em parceria com o ICNB, a EDP está a desenvolver o estudo "Perceber a influência das alterações climáticas na biodiversidade";

Ainda em parceria com o ICNB, desenvolvimento de um protocolo de colaboração para a execução de um "Plano de melhoria do estado de conservação dos peixes migradores e dos seus *habitats*, no troço a jusante do rio Cávado";

Merecem ainda referência os seguintes projectos:

- Protocolo de Colaboração com a Planeta Vivo para execução de um "Plano de recuperação da comunidade de peixes migradores na bacia hidrográfica do rio Douro";

- Estudo da distribuição e abundância de peixes migradores a jusante do Carrapatelo; ensaios de reprodução em cativeiro; estudo da eficácia da eclusa de peixes e identificação de *habitats* propícios para maternidades;

- Protocolo de colaboração para execução do "Plano de recuperação de emergência de três espécies de aves rupícolas (águia de Bonelli, abutre do Egipto e a cegonha-preta) no Parque Natural do Douro Internacional";

- Com a Quercus, a EDP está a desenvolver um programa de "maternidade de peixes" no antigo Aquário Vasco da Gama. Estes peixes não pertencem a *habitats* de rios que se encontram a ser explorados pela EDP, sendo o objectivo criar peixes para depois os levar para os seus rios autóctones, repondo o efeito eventualmente negativo que a EDP poderá ter nos rios onde detém explorações hídricas;

- Parceria com a Câmara Municipal de Seia: cedência de 136 ha da "Mata do Desterro" para a criação, em parceria, de uma reserva natural, contribuindo para o aumento da biodiversidade local. As árvores autóctones serão provenientes da germinação de sementes nas estufas da EDP, instaladas na Central Termoeléctrica de Setúbal;

- A EDP criou o Fundo para a Biodiversidade, no total de 2.5 milhões de euros a cinco anos, um instrumento de gestão para o financiamento de projectos associados à promoção e recuperação da biodiversidade, desenvolvidos por entidades públicas ou privadas, sem fins lucrativos, que demonstrem ter competências técnicas no domínio da conservação da natureza;

- A EDP Distribuição assinou um Protocolo com o ICN, a Quercus e a SPEA, em Maio de 2006 (que se manterá em vigor até ao final de 2008), com o objectivo de estudar e minimizar os impactos resultantes da interacção das linhas eléctricas de alta e média tensão com a avifauna (com acções ao nível dos ninhos, dos dispositivos de antipoiso e antinidificação).

  A segunda fase deste protocolo, de 2006 a 2008, contempla:
  - A correcção de 37 km de linha;
  - A monitorização de linhas protegidas: aproximadamente 110 km de linhas monitorizadas e 65 km de linhas de controlo;
  - Resultados que apontam para a redução de cerca de 50% de mortes por electrocussão;
  - Duas novas tecnologias de protecção.

Se actualmente os *drivers* do esforço que vem sendo realizado incidem, fundamentalmente, em objectivos na área do relacionamento com os *stakeholders* e com a pressão dos novos quadros regulatórios, é já claramente assumido pela gestão de topo da EDP que o desenvolvimento futuro de um negócio sustentável passa obrigatoriamente pela prática de conservação e preservação dos ecossistemas.

A estratégia pró-activa da EDP concretiza-se num conjunto de acções com objectivos de curto e de médio prazo, contribuindo para o objectivo mundial de redução da perda de biodiversidade decorrente da actividade humana e para uma melhor qualidade de vida no Planeta.

CAPÍTULO 6

# Notas finais

*Onde a força de vontade é grande, as dificuldades não podem sê-lo.*

Maquiavel

*As ilusões nunca são perdidas. Elas significam o que há de melhor na vida dos homens e dos povos. Perdidos são os cépticos que escondem sob uma ironia fácil a sua impotência para compreender e agir.*

Bento de Jesus Caraça

O facto de as políticas económicas e os mercados considerarem de forma deficiente os valores associados à biodiversidade e à conservação dos ecossistemas tem estado na origem da sua excessiva degradação ao longo do tempo. A razão principal, subjacente à erosão da biodiversidade, é precisamente a diferença observada entre os custos e os benefícios, sociais e privados, que lhe estão associados. Frequentemente, o que é bom para um indivíduo é penalizador para a sociedade ou, inversamente, o que é bom para a sociedade, podendo ser igualmente positivo para o indivíduo, depara-se com a inexistência de soluções institucionais capazes de captar esse valor do grupo, de forma a que este se possa reflectir sobre o indivíduo e, assim, influenciar as decisões tomadas a nível local.

Não é suficiente saber que os ecossistemas são valiosos. É necessário saber: Qual o seu valor? Para quem? De que forma é afectado por diferentes opções de gestão? O esforço de conservação de um ecossistema tem benefícios, mas também custos associados; não só os custos directos das acções de conservação, mas também os custos de oportunidade associados a usos alternativos.

Identificar e estimar o valor destes impactos pode permitir uma elaboração mais apropriada de acções de conservação ou mecanismos de compensação. O seguimento detalhado da distribuição de benefícios e custos pelos diferentes *stakeholders*, sobretudo a nível local na medida em que é normalmente a este nível que se "joga" a gestão efectiva da generalidade dos ecossistemas, permite antecipar as consequências da implementação de diferentes estratégias de intervenção.

Neste processo, é incontornável abordar a questão da valorização dos bens ambientais a partir da identificação e avaliação das diferentes formas de utilização que lhes estejam associadas. O progressivo aperfeiçoamento das técnicas disponíveis permite hoje captar um conjunto muito alargado de valores, tornando-se um instrumento indispensável no contexto de processos de tomada de decisão que se pretendem mais transparentes, racionais e sobretudo eficazes.

O estudo que agora se conclui, *Ganhar com a Biodiversidade – Oportunidades de Negócio em Portugal*, pretende contribuir para recolocar à discussão um tema tão fundamental como é a conservação da biodiversidade, no contexto em que ele de facto se coloca, o da multidisciplinaridade, e não onde diferentes observadores, condicionados por formações/desconhecimentos de natureza diversa, são frequentemente tentados a confiná-la, na ilusão de que a realidade não existe para lá da capacidade pessoal de percepção. Se os contributos da Biologia, da Química ou da Geologia são base científica fundamental para a compreensão dos processos com que todos nos confrontamos, as ciências sociais, económicas e jurídicas não são menos fundamentais para a compreensão dos mecanismos que envolvem e determinam a actuação de indivíduos e empresas.

Há que conhecer a realidade em que nos encontramos, mas também o valor que lhe atribuímos e de que forma as nossas acções são o reflexo de incentivos que derivam de contextos culturais, legais ou económicos. Intervenções diferentes sobre estes contextos, com óbvias divergências em termos de resposta no tempo e no espaço, irão traduzir-se em comportamentos diferentes, que por sua vez irão condicionar a evolução dos ecossistemas e dos respectivos serviços futuros, de que todos dependemos.

Embora o contexto proporcionado por governos e administrações públicas seja importante, é no sector privado que se deposita grande parte da expectativa em relação a uma alteração efectiva de comportamentos, que permita uma progressiva harmonização entre os interesses perseguidos pelos negócios e a conservação da biodiversidade. O desafio é identificar oportunidades que, no contexto dos negócios já existentes ou de novos agora emergentes, consigam atrair a iniciativa privada para actividades que potenciem a biodiversidade e simultaneamente a afastem daquelas que comprometam a sua conservação.

Este estudo, centrando-se sempre na realidade económica portuguesa, identifica de forma não exclusiva e/ou exaustiva experiências e oportunidades. Estas, apesar de se encontrarem em diferentes níveis de maturação, são já exemplos muito concretos de novas direcções empresariais capazes de reforçar o optimismo ou, pelo menos, de questionar o pessimismo em que se divide a comunidade científica e a empresarial quanto à possibilidade de trazer os mercados para a área da conservação da biodiversidade. Uma área onde, até há bem pouco tempo, a sua presença enquanto factor de equilíbrios novos e mais sustentáveis seria no mínimo suspeita.

Os elementos que estrategicamente se apresentam como principais determinantes do futuro próximo nesta área emergente do(s) negócio(s) da biodiversidade estão relacionados com o progresso que se venha a conseguir em termos de mobilização e organização dos potenciais compradores dos serviços ecossistémicos, de desenvolvimento de enquadramentos reguladores e institucionais, de definição clara de direitos de propriedade e mecanismos de protecção dos mesmos, capazes de possibilitar o aparecimento de mercados com custos de transacção comportáveis, e de veículos de financiamento diversificados.

Se adicionalmente for possível envolver comunidades locais e regiões, com uma distribuição equitativa dos benefícios gerados, então estarão criadas as condições para que, em conjunto, e no interesse de todos os envolvidos, sejam alcançáveis novos modelos de desenvolvimento que reconheçam a centralidade da biodiversidade no contexto do pilar ambiental de uma gestão que, talvez como nunca anteriormente, encontra na sustentabilidade um desafio que está obrigada a vencer.

# Notas

## Capítulo 1

1. *Millennium Assessment* – Relatório sobre o estado do planeta, lançado em 2005 pela ONU a nível mundial, que concluiu que as actividades humanas estavam a ameaçar a capacidade da Terra para manter as gerações futuras.
2. Produtividade primária – Rendimento da conversão da energia radiante em substâncias orgânicas.
3. Uma característica comum a todas as técnicas de avaliação económica de bens/serviços ambientais, quer a partir de preferências reveladas ou de preferências declaradas, é a sua fundamentação nos axiomas da Economia do Bem-Estar.
4. Segundo os termos do teorema de *Coase*, após um processo de negociação em que os direitos de propriedade estejam bem definidos, independentemente da sua atribuição, dois negociadores chegarão sempre a uma solução eficiente assumindo custos de negociação *zero*.
5. Os programas de troca de dívida por natureza (*debt for nature swaps*) – que envolvem a compra, normalmente por parte de um Governo ou de uma organização internacional, da dívida dos países em desenvolvimento no mercado de dívida internacional e seu posterior perdão em troca do compromisso por parte do país devedor em levar a cabo, normalmente através de uma ONG ambiental local, uma dada acção de conservação da natureza – e os programas de financiamento do mecanismo de cooperação internacional GEF (*Global Environment Facility*), que têm por missão verificar os custos adicionais que um país em desenvolvimento poderá suportar por prover um bem ambiental com benefícios globais, em detrimento de uma actividade justificada apenas numa óptica

interna, tendo-se tornado progressivamente o mecanismo de financiamento da CDB – Convenção sobre Diversidade Biológica (ver Secção 2.1); são exemplos de negociações de tipo *coasiano,* o que nos faz supor que tendencialmente os benefícios mais do que compensem os custos envolvidos.

6. *Call for Evidence on the preparation of a review on the Economics of Biodiversity Loss*. Os resultados deste apelo irão contribuir para a realização, numa primeira fase, de um relatório preparatório a ser apresentado na 9ª conferência dos participantes da CDB, a decorrer em Maio de 2008 na Alemanha.
7. Tradução: "*...iremos dar início ao processo de análise do benefício económico global da diversidade biológica, dos custos da perda de biodiversidade e da incapacidade em tomar medidas protectivas versus os custos de uma conservação eficaz.*"
8. Tradução: "*Embora as alterações induzidas pelo homem nos ecossistemas tenham gerado com frequência enormes ganhos económicos, a perda de biodiversidade prejudica o funcionamento de ecossistemas e conduz a um declínio em serviços essenciais, o que poderá trazer consequências económicas graves, especialmente a longo prazo. O estudo pretende melhorar a nossa compreensão dos custos económicos que poderão resultar de tendências presentes e futuras de perda de biodiversidade e de declínios em serviços do ecossistema com ela relacionados, e dos desafios económicos associados à inversão dessas tendências.*"

## Capítulo 2

1. A Convenção de Combate à Desertificação nos países afectados pela seca e/ou desertificação, particularmente em África, foi assinada em Paris a 17 de Junho de 1994, na sequência da cimeira do Rio. Procura dar reposta ao problema da desertificação, de grande dimensão económica, social e ambiental, e que já em 1977 tinha sido o objecto da conferência das Nações Unidas sobre a desertificação, dando origem ao PACD – Plano de Acção de Combate à Desertificação, com resultados insuficientes.
2. A Convenção de Ramsar, sobre zonas húmidas de importância internacional, foi assinada a 2 de Fevereiro de 1971 na cidade iraniana de Ramsar. O objectivo desta convenção é a eliminação da progressiva invasão e perda de zonas húmidas, áreas reguladoras dos regimes de água e *habitats* de flora e fauna características.
3. A iniciativa *Business & Biodiversity* da União Europeia tem como objectivo o desenvolvimento do relacionamento entre as empresas e a biodiversidade, permitindo que se dê um contributo significativo para a protecção da biodiversidade e para a prossecução do "objectivo 2010", que é parar a perda de biodiversidade a nível local, nacional, regional e global. Procura promover, através de acordos voluntários de longa duração, um campo comum para a colaboração entre estes dois sistemas distintos (*business* e biodiversidade), que favoreça a introdução da

biodiversidade nas estratégias e políticas das empresas, materializando-se num processo que implica a adesão a um conjunto de princípios, a que se segue a adopção de uma metodologia que visa a progressiva integração da biodiversidade na gestão das empresas nos seus vários determinantes.

4. Instrumento direccionado para a concretização do objectivo europeu de suster o declínio da biodiversidade até 2010. A Comissão Europeia lançou em 1992 o programa LIFE (Ambiente, Natureza e Países Terceiros). O LIFE Natureza incide especificamente sobre as espécies e os *habitats* incluídos na rede comunitária Natura 2000.
5. Cada Estado-membro elaborou uma lista nacional de sítios a afectar à Rede Natura. Após um processo de análise e discussão entre os Estados-membros e a Comissão Europeia, foram reconhecidos sítios de importância comunitária (SIC) por região biogeográfica. Os vários Estados-membros têm então seis anos para classificar esses sítios como zonas especiais de conservação, garantindo que o desenvolvimento de actividades económicas nos sítios designados é compatibilizado.
6. Comunicação da Comissão ao Conselho e ao Parlamento Europeu, datada de 27 de Março de 2001, [COM (2001) 162].
7. Directiva 96/82/CE (designada por Sveso II) sobre o controlo dos acidentes relacionados com determinadas substâncias perigosas.
8. O segundo pilar, o pilar social, já vinha da estratégia de Lisboa (2000).
9. As reformas da PAC de 2003/2004 promoveram, entre outras medidas, a utilização crescente de medidas agro-ambientais, as boas práticas agrícolas e da agricultura biológica e o apoio às zonas menos favorecidas com benefícios directos para a biodiversidade. O regulamento do "Desenvolvimento Rural" de 2005 prevê um maior apoio à rede Natura 2000 e mantém medidas agro-ambientais e apoios financeiros para zonas com desvantagens. Estabelece um conjunto de medidas de apoio à gestão sustentável das florestas (pagamentos silvo-ambientais) e mesmo de promoção do respectivo valor ecológico. Deste modo, constitui-se um terceiro pilar mais apto a apresentar soluções moduladas, adaptadas aos riscos, não só de mercado mas também ambientais, específicos de cada região ou sector.

   O apoio aos produtores está agora, em grande medida, dissociado de decisões de produção (RPU - Regime de Pagamento Único por exploração), eliminando um dos incentivos principais à produção intensiva e levando a que a PAC contribua cada vez mais para a prevenção de riscos de degradação ambiental e para o fornecimento dos bens públicos que lhe estão associados, reclamados pela sociedade europeia. O apoio aos produtores depende agora, entre outros aspectos, da observância de normas relativas ao ambiente. Outros exemplos são o apoio à formação de agricultores em métodos ambientais e a supressão de determinados tipos de subsídios.

10. No âmbito da PCP, instrumento da União Europeia vocacionado para a gestão da pesca e da aquicultura, foram acordadas medidas comuns na área da conservação e limitação do impacto ambiental da pesca. A PCP procura fixar quantidades e métodos de captura que não comprometam a necessária renovação dos recursos haliêuticos. Neste sentido, a reforma da PCP de 2002 considerou como medidas principais para a gestão das pescas a limitação do esforço de pesca, juntamente com a limitação das capturas e a adopção de medidas técnicas, pretendendo-se assegurar uma exploração sustentável dos recursos aquáticos, minimizando o impacto das actividades de pesca nos ecossistemas marinhos. Assume-se a intenção de se caminhar para uma aplicação progressiva de uma abordagem ecológica da gestão da pesca. A reforma de 2002 criou ainda a Agência Comunitária de Controlo das Pescas, tendo como objectivo o reforço da uniformidade e eficácia da aplicação da regulamentação.
11. A política de coesão da União Europeia foi concebida com o intuito de promover a redução das disparidades nos níveis de desenvolvimento entre as regiões europeias e simultaneamente contribuir para a coesão social e económica dentro do espaço europeu. A vertente ambiental não é esquecida, embora persistam diferenças substanciais entre Estados-membros, e entre regiões, na área da protecção ambiental, as quais se acentuaram com o alargamento da União. Neste contexto, têm-se observado significativos investimentos em áreas ligadas à construção de infra-estruturas de abastecimento, tratamento e reciclagem de efluentes e resíduos e adopção de tecnologias mais limpas. No entanto, fundamentalmente no âmbito da UE-15, já se verifica um deslocar deste tipo de investimentos para a área das energias renováveis, protecção e prevenção de solos. Um desafio que se coloca aos novos programas de coesão para o período 2007-2013, e no contexto da Estratégia de Lisboa, é precisamente que a estratégia ambiental esteja mais proximamente integrada nas estratégias globais de desenvolvimento económico. Para este objectivo muito concorre a necessidade, obrigatória a partir de 2007, de efectuar uma Avaliação Ambiental Estratégica relativamente a todos os planos e programas para os quais sejam requeridos fundos comunitários.
12. Criado em 1992, o instrumento financeiro para o ambiente, LIFE, posteriormente substituído pelo LIFE+ (2007-2013), constitui a "trave principal" da dotação de fundos para a implementação da política ambiental da União Europeia, oferecendo nomeadamente oportunidades de financiamento da Rede Natura 2000. O LIFE+, na sua componente LIFE+ Biodiversidade, destina-se precisamente a co-financiar projectos que contribuam para a implementação dos objectivos preconizados na comunicação da comissão: "Travar a perda da biodiversidade até 2010 – e mais além".
13. Resolução de 22 de Maio de 2007 [P6_TA(2007)0195].

14. Directiva 2004/35/CE do PE e do Conselho, 21 de Abril de 2004.
15. Projecto criado com o intuito de desenvolver um conjunto de indicadores de biodiversidade a nível europeu segundo o acordo estabelecido pela União Europeia e o Conselho da PEBLDS.
16. Secção 2.3.
17. "Kyiv Resolution on Biodiversity" (Maio, 2003).
18. Tradução: "*Até 2008, ficará operacional na região pan-europeia um programa europeu coerente relativamente à monitorização e descrição da biodiversidade, levado a cabo pela* European Biodiversity Monitoring and Indicator Framework, *como suporte das políticas para a natureza e para a biodiversidade, incluindo o acordo até 2006 num conjunto de indicadores centrais de biodiversidade desenvolvido com a participação activa dos* stakeholders *relevantes.*"
19. Decisão VII/30.
20. Iniciadas em 2001 no âmbito da PEBLDS.
21. EEA Technical Report n.º11/2007.
22. As áreas centrais da CDB correspondem às já descriminadas na Tabela 2, com a única excepção da área central "estado do conhecimento tradicional, inovação e práticas", área particularmente destinada a observar o estado da protecção às populações, conhecimento e tradição indígenas. No espaço europeu, deu lugar à inclusão da área central "sensibilização pública".
23. Alterada pela Lei nº 13/2002, de 19 de Fevereiro.
24. São enumerados no Art.º 27º, nomeadamente: i) a estratégia nacional de conservação da natureza; ii) o plano nacional; iii) o ordenamento integrado do território a nível regional e municipal, incluindo a classificação e criação de áreas, sítios ou paisagens protegidas sujeitos a estatutos especiais de conservação; iv) a reserva agrícola nacional e a reserva ecológica nacional; v) a avaliação prévia do impacto provocado por obras, pela construção de infra-estruturas, introdução de novas actividades tecnológicas e de produtos susceptíveis de afectarem o ambiente e a paisagem; e vi) o sistema nacional de prevenção de fogos florestais.
25. *In dubio pro* – expressa o princípio jurídico de que, em caso de dúvida, por exemplo por insuficiência probatória, se favorecerá uma das partes.
26. A Estratégia Nacional de Desenvolvimento Sustentável 2015, RCM 109/2007 de 20 de Agosto de 2007, refere no seu terceiro objectivo a intenção de "assegurar um modelo de desenvolvimento que integre a protecção do ambiente numa sociedade em que … o património natural seja assumido como valor a evidenciar e factor de diferenciação positivo." Na dimensão ambiental, é reconhecida a existência em Portugal de um património natural e de biodiversidade que constitui uma mais-valia no contexto da União Europeia, mas também uma responsabilidade acrescida a exigir investimento e protecção mais determinados.

27. A resolução do Conselho de Ministros 451/2006 aprova a Estratégia Nacional para o Mar, em cujas acções estratégicas previstas é explicitamente contemplada a Protecção e Recuperação dos Ecossistemas Marinhos. Neste enquadramento são contempladas medidas tão relevantes como, por exemplo: a promoção e estabelecimento de uma Rede Nacional de Áreas Marinhas Protegidas, implementação da Rede Natura 2000 no meio marinho, promoção da conservação, conhecimento e valorização da biodiversidade marinha, manutenção dos *habitats* num estado de conservação favorável e recuperação dos *habitats* degradados, implementação de medidas de gestão sustentável na exploração de recursos vivos e monitorização do estado de saúde do ambiente marinho.
28. O documento "Bases para a gestão integrada da zona costeira" prevê, entre outros objectivos fundamentais, a conservação de recursos e do património natural e paisagístico, sendo a necessidade de compatibilizar a utilização da zona costeira com a conservação da natureza e da paisagem uma opção estratégica.
29. Resolução do Conselho de Ministros 114/2006, 17 de Agosto de 2006. Entre os serviços ambientais do espaço florestal é destacada a protecção da biodiversidade. É considerado como princípio básico da estratégia que "os direitos e deveres da propriedade florestal devem ser assegurados e considerados na sua globalidade, incluindo não só a produção lenhosa, mas também todos os outros valores de produção directa e indirecta".
30. Contempla a valorização da vertente do desenvolvimento rural e a perspectiva da competitividade das produções do sector agroflorestal. Neste contexto, no âmbito da reforma da PAC e do eixo temático 2 (Ordenamento do Território) do PENDR – Plano Estratégico Nacional – *Desenvolvimento Rural*, são defendidas medidas referentes à manutenção da actividade agrícola em zonas desfavorecidas, valorização de modos de produção (alteração de modos de produção agrícola, protecção da biodiversidade e conservação e melhoramento de recursos genéticos), gestão do espaço florestal e agroflorestal (minimização de riscos, ordenação e recuperação de povoamentos, valorização ambiental de espaços florestais), intervenções territoriais integradas.
31. Resolução do Conselho de Ministros 86/2007, de 3 de Julho de 2007. O QREN está organizado em três áreas temáticas concretizadas em programas operacionais temáticos, regionais, de cooperação territorial e de assistência técnica. No contexto do Programa Operacional Temático Valorização do Território, e no seguimento das opções estratégicas do PNPOT – Programa Nacional da Política de Ordenamento do Território, assume a forma de "grande objectivo de natureza estratégica", entre outros a conservação e valorização da biodiversidade, dos recursos e do património natural.

32. O *State of the assessment report* de Portugal – PtMA (2004) manifesta a intenção de produzir um atlas da biodiversidade portuguesa. Os primeiros resultados apresentados apontam para uma concentração de áreas com maior riqueza em espécies e mais dificilmente substituíveis na costa sul, no Nordeste e na região envolvente de Lisboa. O PtMA, que tinha inicialmente conclusão prevista até 2005, estará actualmente em fase de revisão final.
33. 90% do território continental e os arquipélagos da Madeira e dos Açores.
34. De acordo com a última revisão, *Hotspots revisited Earth's Biologically Richest and Most Endangered Terrestrial Ecoregions* (Mittermeier, R. *et al.*, 2005), do *seminal paper* de Normas Myers (1988): "*Hot spots*" *in tropical forests*. Myers define pela primeira vez o conceito, associando-o a zonas de grande concentração de espécies com elevado nível de endemismo e ritmos acentuados de delapidação de *habitats*.
35. Áreas importantes para as aves (*Important Bird Areas*, IBA) de acordo com a classificação da *Bird Life International*.
36. Áreas endémicas para as aves (*Endemic Bird Areas*, EBA) de acordo com a classificação da *Bird Life International*.
37. Nas Regiões Autónomas dos Açores e da Madeira encontram-se definidas também redes regionais de áreas protegidas, entre as quais se pode destacar o Parque Natural da Madeira, que representa aproximadamente dois terços da área total da Ilha da Madeira, englobando áreas tão relevantes como a floresta Laurissilva, incluída na lista de Património Natural Mundial da UNESCO em Dezembro de 1999. A rede do continente integra ainda um conjunto de sítios classificados, áreas de paisagem protegida e monumentos naturais.
38. Decreto-Lei n.º 19/93, 23 de Janeiro de 1993.
39. Após vários anos de negociação entre o ICNB e a *PAN Parks Foundation*, foi anunciado um acordo, em Novembro de 2007, no sentido da certificação do Parque Nacional da Peneda-Gerês. O sistema de classificação *PAN Parks* visa a criação de uma rede das melhores áreas naturais da Europa, onde é garantida uma combinação da conservação da natureza e do desenvolvimento económico, através da promoção do turismo sustentável.
40. O montado é um sistema agro-silvo-pastoril explorado a vários níveis – arbóreo, arbustivo e herbáceo – de acordo com as potencialidades de cada região. O nível arbóreo pode ser constituído por carvalhos como o sobreiro, a azinheira e menos frequentemente o carvalho negral e o carvalho cerquinho, em povoamentos puros ou mistos com uma densidade variável. O subcoberto é ocupado por pastagens aproveitadas pelo gado (as pastagens naturais podem ser parcialmente ocupadas por matos) ou por culturas arvenses de sequeiro num sistema de rotação. O Homem é parte integrante deste ecossistema que, na ausência de intervenção humana, evolui naturalmente para uma formação do tipo bosque.

41. O ecossistema das *drylands* caracteriza-se por níveis de pluviosidade baixos e frequentemente erráticos, tornando-o especialmente vulnerável à seca. O grau de aridez observado varia, podendo em casos extremos inviabilizar qualquer tipo de prática agrícola ou florestal.
42. Inventário Florestal Nacional, 3ª revisão, e resultados preliminares do IFN 2005-06.
43. Avaliação Ambiental Estratégica do PDR 2007-2013 relativa ao continente.
44. Relatório Provisório de Incêndios Florestais, 30 de Setembro de 2007, DGRF. O valor de área ardida em 2007 não inclui as ocorrências do último trimestre.

## Capítulo 3

1. BBRs – *Biodiversity Business Risks.*
2. BBOs – *Biodiversity Business Opportunities.*
3. Tradução: "*Quanto é que a sociedade deve estar preparada para gastar a fim de proteger a natureza? A resposta irá determinar, em larga medida, se a humanidade irá acabar a viver num mundo de baleias, tigres selvagens e zonas húmidas ou num mundo de estradas pavimentadas, iPods e poluição. Melhor ainda, podemos ter a esperança de que (...) os mecanismos do mercado tornem possível que as estradas pavimentadas e os iPods coexistam confortavelmente com as baleias e as zonas húmidas.*"
4. *Delivering Social Value via the Private Sector*, L. Boorstin 2004.
5. A Secção 4.1 observa com maior detalhe alguns dos sectores de actividade mais relevantes neste contexto.
6. Conjunto de procedimentos utilizados espontaneamente por instituições financeiras na gestão de questões socioambientais associadas a operações de financiamento a grandes projectos, de todos os sectores de actividade, com valores superiores a 10 milhões de dólares. Em Portugal, são signatários o Grupo Banco Espírito Santo (Agosto 2005) e o Millennium bcp (Janeiro 2006).
7. Entre Abril de 2005 e Janeiro de 2006, a convite do Secretário-Geral da Nações Unidas, Kofi A. Annan, foi conduzido, pela Iniciativa Financeira das Nações Unidas para o Meio Ambiente (UNEP FI) e pelo Pacto Global das Nações Unidas, um processo cujo resultado se traduziu no documento dos "Princípios para o Investimento Responsável", que constitui um compromisso para com a incorporação da temática do ambiente, desenvolvimento social e governação corporativa nas práticas de investimento. O *Global Compact* é também uma iniciativa, lançada em 26 de Julho de 2000 no quadro das Nações Unidas, em que voluntariamente empresas, agências das Nações Unidas e organizações da sociedade civil se propõem "abraçar" um conjunto de princípios na área dos direitos humanos, direitos

do trabalho, valores ambientais e eliminação da corrupção. (O BES, o Millennium bcp, a EDP, a Delta e a Brisa são grandes empresas portuguesas que aderiram aos princípios do *Global Compact.*)

8. *Report on Socially Responsible Investing Trends in the United States, Social Investment Forum.*
9. Existem múltiplos sistemas de certificação já desenvolvidos, alguns de natureza mais sectorial, outros mais abrangentes: FSC– *Forest Stewardship Council*, SFI– *Sustainable Forest Initiative*, PEFC– *Pan European Forest Certification Scheme* (empresas da área florestal); MSC- *Marine Stewardship Council* (empresas da área das pescas); MAC- *Marine Aquarium Council* (comércio de peixes ornamentais); *GlobalGAP- Global Good Agricultural Practice* (agricultura); *Rainforest Alliance* (agricultura, floresta e turismo); *The Flower – EU Eco Label Scheme* (múltiplos produtos e serviços).
10. A Tragédia dos Comuns é uma parábola que ilustra como os recursos comuns tendem a gerar excessos de procura que não são desejáveis para a sociedade. Como há externalidades negativas provocadas pelo excesso de procura do bem, os resultados podem ser tais que originem a extinção da oferta do bem ou torná-lo muito escasso.
11. Os denominados "Olsonian Cases", na sequência do *seminal paper* de Mancur Olson (1965), *The Logic of Collective Action.*
12. São múltiplas as experiências descritas de sistemas PES à escala local, por exemplo na área da conservação de uma bacia hidrográfica ou da gestão de uma área protegida.
13. Os sistemas PES podem desempenhar um papel importante, assegurando o financiamento para a conservação dos *global commons* (atmosfera, oceanos, biodiversidade global).
14. *International Tropical Timber Organization – Technical series 21, For Services Rendered. The current status and future potential of markets for the ecosystem services provided by tropical forests.*
15. *Agriculture and Fisheries 69/2007 - Different organic Farming patterns within EU-25. An overview of the current situation,* Eurostat.
16. A agricultura biológica é um método de produção que coloca a maior ênfase na protecção ambiental e no bem-estar animal. Evita ou reduz a utilização de *inputs* químicos e sintéticos como fertilizantes, pesticidas, aditivos e fármacos. São reconhecidas à agricultura biológica as seguintes vantagens: Reduz a quantidade de produtos químicos tóxicos na nossa alimentação, tendo por isso um efeito positivo na nossa saúde; emprega métodos que reduzem o nível de azoto utilizado, o que permite melhorar a qualidade os aquíferos; reforça a protecção do meio rural; melhora a qualidade do solo; cria *habitats* ecologicamente equilibrados; reduz o nível de

impactos ambientais, potenciando o desenvolvimento sustentável das explorações agrícolas. De igual modo, animais criados segundo o modo de produção biológico dispõem de uma área de movimentação livre, sendo o número de animais por unidade de superfície limitado, de forma a garantir uma gestão integrada da produção animal e vegetal na unidade de produção, minimizando-se assim todas as formas de poluição, nomeadamente do solo, das águas superficiais e dos lençóis freáticos.

17. Existem diversos sistemas de referência de produtos obtidos segundo métodos ecológicos. O Departamento de Agricultura dos EUA e a Comissão Europeia desenvolveram sistemas de identificação deste tipo de produtos criando logótipos próprios. Os consumidores têm a garantia de estar a adquirir produtos em que 95% dos ingredientes se produziram de acordo com métodos ecológicos, para além de outro conjunto de requisitos quanto à forma de apresentação, certificação e controlo do produto.
18. De acordo com o relatório do *world bank*, em colaboração com a *International Emissions Trading Association, State and Trends of the Carbon Market 2007*, este mercado tem sido dominado pelo *European Union Emissions Trading Scheme* (EU ETS), a que corresponde um *share* aproximado de 70% das transacções. A EU ETS, sistema europeu de transacções de direitos de carbono, foi lançado em Janeiro 2005 para ajudar a Europa a atingir as obrigações assumidas no quadro do protocolo de Quioto (Secção 4.6). Os mercados voluntários, onde as empresas preocupadas com a sua "pegada ecológica" podem adquirir licenças de emissão, estão também a começar a desenvolver-se; o maior é o *Chicago Climate Exchange*, em que os valores de transacção duplicaram em 2007.
19. Valor avançado, em Janeiro de 2008, pela consultora da área dos mercados ambientais e da energia *Point Carbon*.
20. A floresta tropical, que ocupa uma área de aproximadamente 5% da superfície terrestre e representa mais de 50% das espécies de animais e plantas, é um *habitat* que, fruto de pressões várias a nível da ocupação dos solos (agricultura, silvicultura, pecuária, exploração mineira), tem experimentado um ritmo de destruição muito acelerado. Este facto tem concentrado o interesse de múltiplas organizações na floresta tropical, no sentido de conseguir que os países em que elas se encontram (Brasil, Indonésia e Congo representam mais de dois terços do total) sejam compensados pelo serviço que prestam. Em Outubro de 2007, foi lançado pelo Príncipe Carlos de Inglaterra o *Prince's Rainforests Project*, precisamente com a intenção de actuar como facilitador do diálogo entre os vários interessados, visando a identificação e desenvolvimento de soluções no horizonte temporal dos próximos dois anos.

21. O estudo de 2005 do *Environment Law Institute* (ELI) refere ter sido possível obter esta segmentação para 291 dos 405 bancos observados.
22. Os bancos privados comerciais são promovidos por operadores privados, sendo os seus créditos disponibilizados para venda no mercado. Os bancos públicos comerciais são promovidos por entidades públicas para compensar impactos ocorridos em resultado de projectos públicos desenvolvidos por operadores privados. Os bancos de cliente único são bancos em que o promotor é também o principal utilizador dos respectivos créditos.
23. Vários Estados australianos desenvolveram legislação específica, tendo como objectivo a obtenção de ganhos líquidos ambientais na sequência de impactos provocados por projectos desenvolvidos (as experiências de *biodiversity banking*, em Nova Gales do Sul e do *BushBroker*, sistema de créditos de vegetação nativa, no Estado de Victoria, são particularmente significativas).
24. O *Canadian Fisheries Act* (1985) requer medidas de compensação para eventuais impactos sobre os *habitats*. A compensação é considerada a opção menos preferida, devendo acontecer apenas quando medidas de relocalização, mitigação e reformulação dos projectos não sejam suficientes.
25. O Sistema Nacional de Unidades de Conservação da Natureza (SNUC) foi instituído no Brasil, a 18 de Julho de 2000, através da Lei N.º 9985, de modo a ordenar as áreas protegidas, nos níveis federal, estadual e municipal. Este sistema permite às autoridades competentes obrigar qualquer entidade, que no exercício da sua actividade tenha um significativo impacto ambiental, a proceder à sua compensação através do apoio do SNUC. Também o código florestal brasileiro, Lei n.º 4771, estabelece obrigações de preservação florestal segundo critérios bem definidos.
26. *Ley General del Equilibrio Ecológico y la Protección al Ambiente, Artº 15, IV: "Quien realice obras o actividades que afecten o puedan afectar el ambiente, está obligado a prevenir, minimizar o reparar los daños que cause, así como a asumir los costos que dicha afectación implique...".*
27. Têm sido desenvolvidas linhas orientadoras na província do Cabo Ocidental para a compensação de impactos sobre a biodiversidade.
28. *Loi fédérale sur la protection de la nature et du paysage* (LPN). É expressamente requerida a reconstituição ou relocalização de biótopos em que ocorram impactos não evitáveis.
29. Espécies e respectivos *habitats* mencionados no n.º 2 do artigo 4º da Directiva das Aves ou no seu Anexo 1 e nos Anexos II e IV da Directiva dos *Habitats*. Igualmente abrangidos ficam os locais de reprodução ou áreas de repouso enumerados no Anexo IV Directiva dos *Habitats*, bem como os *habitats* naturais enumerados no Anexo 1 da mesma Directiva. Trata-se, assim, de um universo que abrange inclusivamente áreas ainda não integradas na Rede Natura 2000. Enquadram-se também outros *habitats* ou espécies que os Estados-membros entendam designar.

Nos termos do artigo 2º n.º 1 a) da Directiva 2004/35, são considerados danos às espécies e *habitats* naturais protegidos "quaisquer danos com efeitos significativos adversos para a consecução ou a manutenção do estado de conservação favorável desses *habitats* ou espécies". A avaliação desses danos deve ter como referência o estado observado no momento anterior à ocorrência do dano.

30. Directiva 97/11/CE do Conselho, de 3 de Março, que altera a Directiva 85/337/CEE relativa à avaliação dos efeitos de determinados projectos públicos e privados no ambiente.
31. Ver Tabela 4 para uma listagem mais abrangente de áreas de negócio da biodiversidade.
32. Plano Empresarial de Acções para a Biodiversidade.

## Capítulo 4

1. Destina-se a apoiar a manutenção de sistemas agrícolas e florestais relevantes para a conservação de valores naturais e da paisagem rural.
2. Destina-se a apoiar agricultores que queiram produzir para o mercado bens alimentares de qualidade diferenciada, adoptando modos de produção mais exigentes na preservação dos recursos naturais.
3. As normas para o modo de produção biológico (MPB) decorrem da aplicação directa do Regulamento Comunitário 2092/91. O normativo para a produção integrada é nacional, existindo normas específicas quer para a componente vegetal quer animal. Quando não especificado, aplica-se o normativo geral de produção integrada em que a exploração agrícola no seu conjunto é a unidade de implementação a considerar.
4. Destina-se a apoiar os criadores de raças autóctones na preservação das raças ameaçadas de extinção.
5. A norma de sustentabilidade garantida pretende constituir um compromisso entre os aspectos económicos, sociais e ambientais, sendo, neste sentido, mais exigente do que a produção integrada.
6. Sousa Cunhal SGPS, proprietária da Herdade do Freixo do Meio, uma das dez explorações agrícolas-piloto com que o projecto iniciou o seu trabalho (Secção 5.2). As explorações-piloto foram seleccionadas precisamente pela sua sensibilidade para as questões ambientais e por realizarem já algumas práticas agrícolas sustentáveis.
7. Estratégia Nacional para as Florestas, 2006.
8. O Projecto *Climate Change in Portugal. Scenarios, Impacts and Adaptation Measures* (SIAM) iniciou-se em meados de 1999, com o financiamento da Fundação Calouste Gulbenkian e da Fundação para a Ciência e a Tecnologia. O Projecto

SIAM teve como objectivo a realização da primeira avaliação integrada dos impactos e medidas de adaptação às alterações climáticas em Portugal continental no século XXI.

9. Espécies características das paisagens mediterrâneas, adaptadas, a nível fisiológico e morfológico, às condições de secura, mas também à contínua ocorrência de fogo.
10. A Secção 2.4.2 analisa com maior detalhe o impacto dos incêndios na perda de biodiversidade.
11. Certifica as indústrias e agentes que processam e vendem produtos florestais, rastreando a matéria-prima desde a floresta até ao consumidor.
12. A educação ambiental é um elemento fundamental para a criação de procuras mais exigentes relativamente à qualidade e preservação dos ecossistemas, o que naturalmente se reflecte em comportamentos mais responsáveis quanto à forma de utilização dos mesmos.
13. A Lei de Bases Gerais da Caça, Lei nº 173/99, de 21 de Setembro, prevê também as Zonas de Caça Nacionais – áreas que, dadas as suas características físicas e biológicas, permitem a formação de núcleos de potencialidades cinegéticas a preservar ou áreas que, por motivos de segurança, justifiquem ser o Estado o único responsável pela sua administração.
14. Plano Nacional da Água (PNA), aprovado pelo Decreto-Lei n.º 112/2002, de 17 de Abril.
15. Área terrestre a partir da qual todas as águas fluem, através de uma sequência de ribeiros, rios e eventualmente de lagos para o mar, desembocando numa única foz, estuário ou delta. A natureza transfronteiriça das bacias hidrográficas do Douro, do Tejo, do Guadiana, do Minho e do Lima obriga à concertação da sua gestão com o Estado espanhol, de modo a que as medidas relativas às águas de superfície e subterrâneas que pertençam ao mesmo sistema ecológico, hidrológico e hidrogeológico sejam coordenadas.
16. Directiva n.º 2000/60/CE, do Parlamento Europeu e do Conselho, de 23 de Outubro.
17. Aprovado através do despacho 2339/2007, do Ministério do Ambiente, do Ordenamento do Território e do Desenvolvimento Regional, de 14 de Fevereiro.
18. Lei n.º 54/2005, de 15 de Novembro.
19. "The Vittel payments for ecosystem services: A 'perfect' PES case?", Daniéle Perrot – Mâitre, Setembro 2006, IIED – *International Institute of Environmental Development*.
20. MOA – *New York City Memorandum of Agreement*, 21 de Janeiro, 1997.
21. Anderson, K. 2005. *Payments for Environmental Services: A Review of the Literature and Nine Case Studies in Bolivia*. La Paz, Bolivia, *Bolivian Human Development Index UNDP*.

22. Projecto da responsabilidade da Coca-Cola Company no Malawi e da *United States Agency for International Development* (USAID). O projecto será implementado no ecossistema do monte Mulanje e é um dos maiores já lançados por um operador privado na área da água.
23. RCM n.º 113/2005.
24. Um estudo do IRAR – Instituto Regulador de Águas e Resíduos, Janeiro de 2008, concluiu que cerca de três quartos da população portuguesa consome água engarrafada, aproximadamente 15% fá-lo habitualmente, apesar da boa qualidade da água da rede. O que, podendo traduzir uma deficiente percepção dessa qualidade, não deixa de constituir um problema ambiental e um alerta para a importância dada pelos consumidores à qualidade deste recurso.
25. Utiliza-se actualmente o termo "água virtual" precisamente para descrever a água contida em produtos agrícolas e produtos fabricados, bem como a água utilizada em processos de fabrico. Quando um país exporta bens, diz-se que esse país está a exportar "água virtual".
26. Em 2006, a factura energética portuguesa (importações de produtos energéticos/PIB) ascendeu a 5% do PIB português (7.8 mil milhões de euros).
27. Componente do grupo de informação especializada Greener World Media, Inc., na área da integração da responsabilidade ambiental na gestão empresarial.
28. Tradução:"*Num ano que assistiu à ascensão e queda do mercado da construção, construção sustentável foi um dos poucos pontos positivos da indústria.*"
29. $CO_2$ – dióxido de carbono, $CH_4$ – metano, $N_2O$ – óxido nitroso, FCs – Perfluorocarbonetos, HFCs – Hidrofluorocarbonetos, $SF_6$ - Sulphur hexafluoride.
30. As florestas adultas, naturais ou não, fixam e emitem carbono numa taxa equivalente, sendo denominadas de *reservatórios* de GEE; e as florestas em fase de crescimento, que fixam mais carbono do que emitem, são denominadas de *sumidouros* de GEE. Através do plantio de maciços florestais, podem fixar-se de 15% a 30 % do total de partículas GEE em suspensão na atmosfera. Considerando-se que, com a variação das espécies plantadas e outras condições concorrentes, a taxa de fixação varia de 100 a 400 toneladas de gás carbónico por hectare durante a fase de crescimento destes maciços.

## Capítulo 5

1. CN/ha – Cabeças normais por hectare.
2. Actualmente, a distribuição de gato-bravo restringe-se a pequenas populações fragmentadas na Península Ibérica e ocorre em regiões de baixa densidade humana, evitando ainda zonas de agricultura intensiva. O gato-bravo é actualmente considerado pelo livro vermelho da IUCN dos vertebrados uma espécie

Vulnerável e foi-lhe atribuído o estatuto de Pouco Preocupante. A detenção de gatos-bravos é proibida pela Convenção Internacional de Comércio de espécies e a destruição dos seus *habitats* está também proibida pela "Directiva dos *Habitats*". As medidas de conservação propostas visam a manutenção e melhoria das zonas de matos, zonas que oferecem abrigo ao gato-bravo. Destaca-se também a importância das zonas ribeirinhas, pois representam locais de passagem obrigatória e bons locais de refúgio e de caça. Outra medida prende-se com a questão da dieta do gato-bravo, salientando-se a importância da manutenção das populações de roedores e coelho-bravo.

3. Os cavalos da raça Sorraia são a população remanescente de um cavalo primitivo existente na Península Ibérica que sobreviveu nas zonas baixas do vale do Sorraia até ao início do século XX.
4. Neste projecto está contemplada a detecção e protecção de ninhos de espécies que nidificam nos solos, uma vez que muitas espécies de aves, algumas protegidas, nidificam em zonas abertas de culturas agrícolas.
5. As práticas agrícolas com recurso a operações mecânicas que requeiram o revolvimento do solo são responsáveis pela indução de fenómenos de erosão.
6. A Sousa Cunhal publicou o primeiro Relatório de Sustentabilidade realizado por uma empresa agrícola portuguesa, em 2005, de acordo com as directrizes internacionais da *Global Reporting Initiative*. Este Relatório de Sustentabilidade foi elaborado no âmbito do projecto *ExtEnSity* (Secção 4.1).
7. O sistema Comunitário de Ecogestão e Auditoria – EMAS (Eco Management and Audit Scheme) é um instrumento voluntário dirigido às empresas que pretendem avaliar e melhorar os seus comportamentos ambientais e informar o público e outras partes interessadas a respeito do seu desempenho e intenções a nível do ambiente, não se limitando ao cumprimento da legislação ambiental nacional e comunitária existente. O EMAS foi estabelecido pelo Regulamento (CEE) nº 1836/93 de 29 de Junho. Em 2001 foi publicado o novo regulamento EMAS (EMAS II), instituído pelo Regulamento (CE) nº 761/2001 do Parlamento Europeu e do Conselho de 19 de Março de 2001, que revoga o primeiro.
8. Uma ZIF é uma área florestal contínua, que pertence a vários proprietários que se organizam para proceder à gestão e defesa comuns do seu património florestal, apoiados por uma entidade gestora única com capacidade técnica adequada e dotada de um centro de custos. As ZIFs são uma aposta do Estado português que permitirão introduzir escala e profissionalização na acção de ordenamento e da gestão florestal, em zonas onde a dimensão da propriedade só o permite através da organização dos proprietários florestais em torno da gestão e defesa comuns do património individual. As ZIFs têm como objectivos gerais: promover uma gestão sustentável activa, integrada e permanente dos espaços florestais; reduzir eficazmente as condições de

ignição e de propagação de incêndios; coordenar de forma planeada a protecção dos espaços florestais; fomentar a recuperação dos espaços florestais afectados por incêndios; ter dimensão suficiente que permita eficácias das acções promovidas.

9. Fluxo de projectos apresentados para apreciação.
10. Os PGF - Planos de Gestão Florestal constituem instrumentos de planeamento e gestão ao nível da propriedade florestal: i) regulam espacial e temporalmente as intervenções de natureza cultural e/ou de exploração; ii) visam a produção sustentada de bens ou serviços originados em espaços florestais, determinada por condições de natureza económica, social e ecológica; iii) incorporam directivas de planeamento, fundamentadas em conceitos técnicos, na condução dos espaços florestais; e iv) operacionalizam e transferem para o terreno as orientações estratégicas contidas em planos de ordenamento de nível superior.
11. A percepção da distribuição espacial de dados provenientes de fenómenos ocorridos no espaço constitui um desafio para o esclarecimento de questões centrais em diversas áreas do conhecimento, nomeadamente em floresta, ambiente, agronomia, entre outras. Devido à disponibilidade de sistemas de informação geográfica, estes estudos de análise tornam-se cada vez mais comuns, pois permitem a visualização espacial das variáveis e do seu padrão espacial.

# Bibliografia


Abbott, C., de la Porte, C., Barrington, R., Bertrand, N., Carey, C., Fry, A., Prag, A., Vorhies, F. (2002), *As Empresas & A Biodiversidade, Um Manual de Orientação para as Ações Corporativas*, Earthwatch Europe, IUCN, WBCSD;

Abbott, C. de la, Porte, C., Barrington, R., Bertrand, N., Carey, C., Fry, A., Prag, A., Vorhies, F. (2002), *Business & Biodiversity – The Handbook for Corporate Action*, Earthwatch Institute, IUCN, WBCSD;

Athanas, A., Carbone, G., McCormick, N., Quaile, D., Rafiq, M. (2007), *Transforming business risks into conservation opportunities – Business and Biodiversity Programme – Annual Report 2006*, IUCN;

Bayon, R. (1999), *Financing Biodiversity Conservation*, IUCN;

Bayon, R., Hawn, A., Carroll, N. (2006), *Banking on Conservation, Species and Wetland Mitigation Banking*, Ecosystem Marketplace;

Bernstein, A. (2007), *Making Capitalism Work for Conservation, Sustainable Forestry Management*;

Bishop, J. (2008), *What can regulators do to kick-start markets for biodiversity and ecosystem services? Lessons from carbon markets*, IUCN;

Bishop, J., Kapila, S., Hichs, F., Mitchell P., Vorhies, F. (2008), *Building Biodiversity Business*, IUCN, Shell;

Bishop, J., Timberlake, L. (2007), *Business and Ecosystems – Markets for Ecosystem Services: New Challenges and Opportunities for Business and the Environment*, WBCSD, IUCN;

Boorstin, L. (2004), *Delivering Social Value via the Private Sector: A Framework for Market-Based Interventions*, IFC;

Business for Social Responsibility (2007), *The New Markets in Environmental Services: An Oil & Gas Industry Resource Guide to Air, Climate, Water and Biodiversity Assets*;

Calouro, F., (2005), *Actividades Agrícolas e Ambiente*, Sociedade Portuguesa de Inovação;

Carrol, N., Fox, J., Bayon, R. (2008), *Conservation & Biodiversity Banking*, Forest Trends;

Cassagne, C. (2008), *Investing in biodiversity*, IFC;

CE (2004), *Código Europeu de Boas Práticas para uma Pesca Sustentável e Responsável,* Comissão Europeia;

Centro de Biologia Ambiental da Faculdade de Ciências da Universidade de Lisboa (2004), *Portugal State of the Assessment Report*;

Constanza, R., D'Arge, R., Groot, R., Farber, S., Grasso, M., Hannon, B., Limburg, K., Naeem, S., O'Neill, R., Paruelo, J., Raskin, R., Sutton, P., Belt, M. (1997), "The value of the world's ecosystem services and natural capital", *Nature*;

Direcção-Geral de Energia e Geologia (2008), *Energias Renováveis*;

Direcção-Geral de Protecção das Culturas (2006), *Requisitos mínimos para o exercício da produção integrada*;

Direcção-Geral dos Recursos Florestais (2006), *Estratégia Nacional para as Florestas*;

Durbin, A., Herz S., Hunter, D., Peck, J. (2005), *Shaping the Future of Sustainable Finance: Moving from Paper Promises to Performance*, WWF;

European Commission (2007), *Growing regions, growing Europe, Fourth report on economic and social cohesion*;

European Environment Agency (2006), *Progress towards halting the loss of biodiversity by 2010*;

European Environment Agency (2007), *Halting the loss of biodiversity by 2010: proposal for a first set of indicators to monitor progress in Europe*;

Eurostat (2007), *Agriculture and Fisheries 69/2007 - Different organic Farming patterns within EU-25. An overview of the current situation*;

Faculdade de Ciências e Tecnologia da Universidade Nova de Lisboa (2007), *Avaliação Ambiental Estratégica das intervenções estruturais co-financiadas pelo FEDER e/ou pelo Fundo de Coesão, QREN 2007-2013*;

Frentz, J. (2006), *Scoping Study to Assist in Structuring of a Biodiversity Financing Technical Assistance Facility*, European Bank for Reconstruction and Development;

Gabinete de Planeamento e Política Agro-Alimentar (2006), *Envolvente Socio-económica 2005 ao Sector Agrícola Português*;

Gutman, P. (2003), *From Goodwill to Payments for Environmental Services: A Survey of Financing Options for Sustainable Natural Resource Management in Developing Countries*, WWF;

Heal, G. (2007), *A Celebration of Environmental and Resource Economics, Review of Environmental Economics and Policy*;

Herdade dos Fartos (2008), *Herdade dos Fartos e Confinantes – Programa de Acções de Qualificação e Valorização Ambiental*;

INE (2007), *Anuário Estatístico de Portugal 2006*;

INE (2007), *Estatísticas Agrícolas 2006*;

ISIS Asset Management (2004), *Is biodiversity a material risk for companies?*;

Jenkins, M., Scherr, S., Inbar, M. (2004), "Markets for Biodiversity Services", *Environment*;

Kapila, S. (2008), *The Biodiversity Business Landscape*, Shell;

Kate, K., Bishop, J., Bayon, R. (2004), *Biodiversity offsets: Views, experience, and the business case*, IUCN e Insight Investment;

KPMG (2005), *KPMG International Survey of Corporate Responsibility Reporting 2005*, Universidade de Amesterdão;

Kumar, P. (2005), *Market for Ecosystem Services*, IISD;

MADRP (2007), *Plano Estratégico Nacional – Desenvolvimento Rural*;

Makower, J. (2008), *State of Green Business 2008*, GreenBiz.com;

McNally R., Quesne T. (2002), *The Green Buck using economic tools to deliver conservation goals: a WWF field guide*, WWF;

Millennium Ecosystem Assessment (2005), *Ecosystems and Human Well-Being: Opportunities and Challenges for Business and Industry*;

Ministério da Defesa Nacional (2006), *Estratégia Nacional para o Mar*;

Mittermeier, R., Gil, P., Hoffman, M., Pilgrim, J., Brooks, T., Mittermeier, C., Lamoreux, J., Fonseca, G. (2005), *Hotspots Revisited Earth's Biologically Richest and Most Endangered Terrestrial Ecoregions*;

Mulder, I. (2007), *Biodiversity, the next challenge for financial institutions?*, IUCN;

Mulder, I. (2008), *Capturing interest from financial institutions in biodiversity conservation*, Nationaal Goen Fonds;

Myers, N. (1988), "Hotspots in Tropical Forests", *The Environmentalist*;

OCDE (2003) *Mobilizando os Mercados a Serviço da Biodiversidade – Para a Conservação e o Desenvolvimento Sustentável*;

Olsen, M. (1965), *The Logic of Collective Action*, Cambridge, MA: Harvard University Press;

Ostron, E., Keohanc, R. (1995), *Local Commons and Global Interdependence*, SAGE Publications;

Ozdemiroglu, E., Tinch, R., Johns, H., Provins, A., Powell, J., Twigger-Ross, C. (2006), *Valuing our Natural Environment*, report by EFTEC in association with Environmental Futures Limited;

Pagiola, S., von Ritter, K., Bishop, J. (2004), *Assessing the Economic Value of Ecosystem Conservation*, The World Bank Environment Department;

Pearce, D. (2007), *Do we really care about Biodiversity?*, Environment Resource Economics;

Pearce, D., Atkinson, G., Mourato, S. (2005), *Cost benefit analysis and the environment: recent developments*, OCDE;

Pearce, D., Moran, D. (1994), *The Economic Value of Biodiversity*, Earthscan, London;

Petley, S. (2008), *Beyond equity & debt: finance as a catalyst for sustainable management*, EnviroMarket;

PricewaterhouseCoopers, DBU (2007), *Sustainable Investments for Conservation – The Business Case for Biodiversity*, WWF;

Santos, S. (2007), *Banca e Seguros, Ambiente e Sociedade – Desafiar Mentalidades, Definir Novas Oportunidades de Negócio*, Sustentare;

Scherr, S., White, A., Khare, A. (2004), *For Services Rendered: The current status and future potential of markets for the ecosystem services provided by tropical forests*, International Tropical Timber Organization;

Social Investment Forum (2008), *Report on Socially Responsible Investing Trends in the United States*;

Turismo de Portugal (2007), *Plano Nacional Estratégico do Turismo*;

UNEP (2006), *Panorama da Biodiversidade Global 2*;

UNFCCC (United Nations Framework Convention on Climate Change) (1992), *Kyoto Protocol*;

WBCSD (2008), *Energia para um Futuro Sustentável*;

Wilkinson, J., Thompson, J. (2006), *2005 Status Report on Compensatory Mitigation in the United States*, Environmental Law Institute Report;

World Bank (2007), International Emissions Trading Association, *State and Trends of the Carbon Market 2007*;

WorldWatch Institute (2008), *2008 State of the World: Innovations for a Sustainable Economy*;

Young, T. (2007), *Evolving Certification – Creating a Tool for Sustainability*, IUCN.

# Notas biográficas

**Research Sectorial**

O Departamento de Research Sectorial do Banco Espírito Santo analisa e acompanha sectores seleccionados da economia portuguesa, enquadrados no contexto internacional. Estuda e avalia as respectivas características, o papel dos agentes económicos envolvidos e as tendências (estratégias, oportunidades, ameaças).

**Autores**

*João Pereira Miguel* é licenciado em Economia pela Universidade Católica Portuguesa e concluiu a parte escolar do Mestrado em Gestão e Estratégia Industrial do Instituto Superior de Economia e Gestão. Foi membro dos Gabinetes do Secretário de Estado do Tesouro e das Finanças e da Secretária de Estado da Segurança Social dos XV e XVI Governos Constitucionais, respectivamente. Actualmente é economista do departamento de Research do Banco Espírito Santo.

*Luís Ribeiro Rosa* é licenciado em Economia pela Universidade Católica Portuguesa e concluiu a parte escolar do Mestrado em Economia Agrícola da Universidade Nova de Lisboa e do Programa de Doutoramento da University College London. Leccionou nos Programas de Licenciatura em Economia da Universidade Nova de Lisboa e da Universidade Independente, nomeadamente na área da Economia do Ambiente e dos Recursos Naturais. Actualmente é economista do departamento de Research do Banco Espírito Santo.

*Susana Barros* é licenciada em Economia pela Universidade Católica Portuguesa e concluiu o Curso de Formação para Executivos de Gestão de Energias Renováveis da Universidade Católica. É co-responsável pelo estudo do ES Research sobre energias renováveis em Portugal e Espanha, no âmbito do programa Futuro Sustentável. Actualmente é economista do departamento de Research do Banco Espírito Santo.

**Coordenação**

*Francisco Mendes Palma* é licenciado em Economia pela Universidade Católica Portuguesa e possui um Mestrado em Economia pelo Colégio da Europa, Bélgica. Foi assessor para a Economia no Ministério dos Negócios Estrangeiros e na Entidade Reguladora dos Serviços Energéticos, além de consultor em empresas, projectos e estudos ligados a áreas temáticas da economia industrial, da regulação e concorrência, da energia e da inovação. É docente na Universidade Católica Portuguesa. Actualmente é Director do departamento de Research Sectorial do Banco Espírito Santo.

Espírito Santo Research


| Director Coordenador | Miguel Frasquilho | mfrasquilho@bes.pt |
|---|---|---|
| Direcção Research Sectorial | Francisco Mendes Palma | fmpalma@bes.pt |
| | Artur Alves Pereira | aapereira@bes.pt |
| | Miguel Malaquias Pereira | mbpereira@bes.pt |
| | Susana Barros | msbarros @bes.pt |
| | Luís Ribeiro Rosa | luis.c.rosa@bes.pt |
| | João Pereira Miguel | jpmiguel@bes.pt |
| | Paulo Talhão Paulino | pmpaulino@bes.pt |
| | Conceição Leitão | mcleitao@bes.pt |

Rua Alexandre Herculano, nº. 38 – 6º, Edifício Quartzo, 1269-161 Lisboa